# 国際通商法
# 実務の教科書

弁護士
宮岡邦生 ［著］
Kunio Miyaoka

| WTO | 貿易実務 | 輸出入通関・関税 | EPA・FTA |
| 貿易救済・アンチダンピング | 輸出管理 | 投資管理 |
| 経済制裁 | 人権・環境・デジタル貿易 |

日本加除出版株式会社

は し が き

　本書は、国際通商法の実務を分野横断的に解説した書籍である。
　企業法務で特に問題になることが多い分野として、貿易取引の実務、輸出入通関と関税、EPA・FTAと特恵関税、貿易救済とアンチダンピング、輸出管理、投資管理、経済制裁の7トピックを取り上げ（第2章～第8章）、関係する法制度の概要と実務対応のポイントを解説した。また、最終章（第9章）では、国際通商法実務のフロンティアとして、人権、環境、デジタル貿易をめぐる最近の動きを紹介している。さらに、これら各論を有機的・体系的に理解するため、第1章において、WTO協定を中心とする国際通商法の基本体系と、昨今注目を集めている経済安全保障との関係を概説した。
　本書の執筆を思い立った背景として、近年、国際通商法実務が急拡大し、企業法務の必須分野のひとつになりつつあるとの認識がある。かつて、通商法実務といえば、WTO協定、EPA、アンチダンピング、貿易関係の契約対応など、比較的テクニカルな対象を扱う分野という印象もあった。しかし、2010年代後半以降、米中対立の激化、主要国における経済安全保障への関心の高まり、ロシアのウクライナ侵攻などを背景に、輸出管理、投資管理、経済制裁をはじめとする規制分野を中心に各国の法制度がめまぐるしく変化し、多くの企業が日常的に通商法の問題に直面するようになった。さらに、足元では、人権、環境、ESGといった新しい課題と国際通商法が交錯する場面も生じている。そして、これらの問題が、企業の経営判断やサプライチェーン戦略に重大な影響を及ぼす場面も飛躍的に増えている。
　このように国際通商法実務のニーズが急拡大する一方で、これまで、国際通商法の諸分野における実務対応を網羅的・横断的に解説した書籍は存在していなかった。もちろん、個別分野については、例えばWTO協定を中心とする国際経済法の体系書には定評あるものがいくつも存在するし、輸出管理や投資管理など特定分野では優れた専門書も存在する。しかし、

i

前者については企業法務目線というよりは研究者目線で書かれたものが多く、また、後者については内容が高度であるがゆえに初学者にとってはハードルが高い部分もあった。

そこで、本書は、企業の法務部員、経済安全保障担当の役職員、国際通商法案件に携わる弁護士、将来この分野を志す学生、さらには通商法を専門としないが全体像を概観したいという方々（政府関係者や研究者を含む）を主な読者として想定しつつ、国際通商法実務の主要分野をオムニバス形式で紹介したものである。「国際通商法実務の教科書」というタイトルのとおり、初学者に分かりやすい内容でありつつも、企業法務の現場で役立つ実践的な内容とすることを目指し、執筆にあたっては次の3点に留意した。

第一に、簡潔・明快な内容とすることである。個別分野の解説は、本書を冒頭から通読しなくても理解できるよう各章完結形式とするとともに、1章あたりの分量も平均30頁程度に抑えている。また、制度や法令の内容を直感的にイメージしやすいよう、図表を多く挿入した。

第二に、各分野の制度解説にあたっては、できるかぎり法令の根拠条文を明示した。これは、企業法務の現場では、具体的な法令の根拠に基づく意思決定が重要であるところ、分かりやすさを重視するあまりイメージ頼みの解説になっては実用性・応用性に欠けるためである。また、外為法をはじめ、通商法分野の法令はしばしば極めて難解であるところ、適宜図表も活用しながら法令の構造を分かりやすく示すよう工夫した。

第三に、日本法だけでなく、関連する国際ルールや米国を中心とする主要国の法制度も可能な範囲で紹介した。これは、モノ、サービス、資本等の国境をまたぐ取引を扱う通商法の性質上、日本法だけでなく外国の法令が問題になる場面が多いことに加え、日本の法制度を理解する上でも国際ルールの理解や比較法的視点が有用であるとの考慮による。

なお、各章の末尾には、個別分野をより深く学びたい読者のための参考文献リストも示している。関心のある読者は適宜参照いただければ幸いである。

はしがき

　今年（2024年）は、著者が国際通商法の世界に足を踏み入れてちょうど10年の節目となる。著者は、政府（経済産業省）職員、国際機関（WTO）職員、民間弁護士と異なる立場から通商法実務に携わってきたが、この間の本分野の拡大・進化には目を見張るものがあった。同時に、この分野で新しい問題に直面した際には、手軽に参照できる参考書が少なく、難解な法令の原文、政府資料、専門書、海外事務所のニュースレターなどと格闘して苦労することも多かった。本書が、この分野に足を踏み入れる読者がまず手に取れる身近な教科書となり、複雑さを増す法環境に対応する上でのひとつの手がかりとなれば何よりの喜びである。とはいえ、国際通商法は、個別分野が極めて専門的・技術的であり、分かりやすさと正確性・実用性を両立させることは容易でなかった。分かりにくい点、踏み込みが足りない点、不正確な点があれば責めはすべて著者に帰する。読者の叱正を仰げれば幸甚である。

　最後に、本書の執筆は、クライアント企業からの日々の相談に加え、著者が所属する法律事務所（特に通商法プラクティスグループ）における同僚・先輩・後輩との日々の研鑽、秘書や図書担当スタッフのサポート、過去に所属した組織（経済産業省及びWTO事務局）における同僚や上司からの学び、その他国際通商法コミュニティに属する知人・友人との議論から得た知見なくしては成し得なかった。また、本書が何とか形になったのは、執筆に粘り強くお付き合いいただき、読者目線で忌憚のないコメントを多数いただいた日本加除出版の盛田大祐氏のサポートに負うところが大きい。関係者の皆様に心より感謝したい。

※　本書の内容は、2024年6月末時点の情報に基づいており、その後のアップデートは原則として反映されていない。国際通商法分野の法制度は日々変化しているため、実務対応にあたっては必ず最新の法令を確認されたい。

2024年9月

著　者

# 著 者 紹 介

宮岡　邦生（みやおか　くにお）
　弁護士、米国ニューヨーク州弁護士、森・濱田松本法律事務所パートナー。

　国際通商法、訴訟・国際仲裁、危機管理を専門とする。
　2009年に森・濱田松本法律事務所に入所し、訴訟、危機管理、倒産等の業務に従事。米国留学、シンガポールの法律事務所及び国際仲裁機関での勤務を経て、2014年から2016年まで経済産業省通商政策局に出向し、WTO協定に基づく国家間紛争解決手続を担当。中国のレアアース禁輸措置をめぐる紛争、中国の対日アンチダンピング措置をめぐる紛争、ブラジルの税制恩典措置をめぐる紛争など、日本が当事国になった紛争案件の主担当官を務めるとともに、中国の産業補助金・過剰供給問題に関する政策立案にも関与。その後、2017年から2020年までスイス・ジュネーブの世界貿易機関（WTO）上級委員会で法務官として勤務し（日本人としては史上唯一）、エアバス・ボーイング補助金をめぐる米国・EU間の紛争、豪州のたばこ政策をめぐる紛争など重要事件の審理を担当。
　2020年に森・濱田松本法律事務所に復帰し、2023年からは通商法プラクティスグループ責任者を務める。通商法分野では、WTO協定、EPA、アンチダンピング、輸出管理、経済制裁、経済安全保障推進法、人権、環境などを広く扱う。米国BIS、OFAC、DOJなど海外当局対応の経験も豊富。理系のバックグラウンドを活かして半導体など技術分野にも明るい。訴訟・危機管理分野では、複雑・難解な事件、クロスボーダー事案の対応を得意とする。
　最近の主な著書・論文として、『経済安全保障時代の対抗措置　日・米・EU・中・露と国際秩序』（文眞堂、2024）、「〈実務解説〉経済安全保障推進法　基幹インフラ事前審査制度の運用開始と実務上のポイント」（ビジネス法務2024年7月号）、「〈実務解説〉半導体をめぐる主要国の規制と産業支援の最新動向」（ビジネス法務2024年3月号）、「『2050年カーボンニュートラル』と国際通商法」（「国際経済法雑誌　創刊号」所収、2023）、『国際通商秩序の地殻変動　米中対立・WTO・地域統合と日本』（勁草書房、2022）、「通商法の『最高裁』での3年間〜国際法分野で法の支配を実現する醍醐味〜」（自由と正義2021年7月号）など（共著を含む）。

【学歴・役職等】
　2004年東京大学工学部卒業、2007年東京大学法科大学院卒業、2013年米国コロンビア大学ロースクール卒業（LL.M.）。日本国際経済法学会理事、日本弁護士連合会法律サービス展開本部（国際業務推進センター）幹事。

# 目　　次

はしがき　i
著者紹介　v

## 第1章　国際通商法の基本体系 ―――――― 1

1　はじめに ……………………………………………………… 2
2　国際通商法を形づくるルールの種類 ……………………… 3
　(1)　国際ルール　3
　　ア　貿易に関するルール　4
　　**コラム**　GATT、WTO 協定、EPA・FTA の関係　5
　　イ　投資に関するルール　6
　　ウ　その他　6
　(2)　国内法　7
　　ア　国境措置　7
　　イ　非国境措置　8
　(3)　国際ルールと国内法の関係　8
3　「国際通商法の基本法」WTO 協定の基本原則 …………… 9
　(1)　WTO 協定の構成　9
　(2)　自由・無差別な貿易を実現するための原則　11
　　ア　最恵国待遇　11
　　イ　内国民待遇　12
　　ウ　数量制限の一般的禁止　14
　　エ　関税譲許　14
　　**コラム**　補助金に関する規律　14
　(3)　自由貿易の例外　15
　　ア　一般的例外　16
　　イ　安全保障例外　16
　　**コラム**　企業法務と WTO 協定　17
　(4)　WTO 紛争解決手続　18
　　**コラム**　WTO 上級委員会問題　19
4　経済安全保障と国際通商法 ………………………………… 20
　(1)　経済安全保障の定義　20

ア　自律性・優位性・不可欠性の確保　21
　　　イ　外交・安全保障目的の経済力の利用　21
　　　ウ　国際秩序の維持・強化　21
　　　　**コラム**　経済安全保障への関心の高まりの背景　22
　　(2)　経済安全保障を実現するための施策の種類　23
　　(3)　経済安全保障と国際ルールの関係　24

## 第2章　貿易取引の実務―――29
1　はじめに………………………………………………………30
2　国際的な売買契約――カミの流れ…………………………32
　　(1)　契約書の形式　32
　　　ア　注文書・注文請書　32
　　　イ　売買契約書　33
　　　ウ　基本契約書・個別契約書　34
　　　　**コラム**　貿易取引における契約成立の流れと書式の戦い　34
　　(2)　取引条件　35
　　　ア　品質条件　35
　　　イ　数量条件　37
　　　ウ　価格条件　38
　　　エ　決済条件　38
　　(3)　費用と危険の負担――インコタームズ　39
　　　ア　すべての輸送手段に適用する規則　40
　　　イ　海上及び内陸水路輸送に適用する規則　42
　　(4)　ウィーン売買条約（CISG）　43
　　(5)　紛争解決条項　44
3　国際的な貨物輸送――モノの流れ…………………………45
　　(1)　海上輸送　46
　　　ア　海上輸送の形態　46
　　　イ　船荷証券（B/L）　47
　　　　**コラム**　船積書類　48
　　(2)　航空輸送　48
　　　ア　航空輸送の形態　48
　　　イ　航空運送状（Air Waybill）　49
　　(3)　国際複合一貫輸送　49

　　　　コラム　貿易取引と保険　50
　4　国際的な代金決済──カネの流れ……………………………………52
　　(1)　外国送金（T/T）による代金決済　52
　　(2)　荷為替手形（B/C）による代金決済　54
　　(3)　信用状（L/C）による代金決済　55

# 第3章　輸出入通関と関税 ―――――――――――――59

　1　はじめに……………………………………………………………………60
　2　輸出入通関…………………………………………………………………60
　　　　コラム　通関業者、海貨業者、フォワーダー　61
　(1)　輸出通関　61
　　ア　概要　61
　　　　コラム　内国貨物・外国貨物と保税地域　62
　　　　コラム　AEO制度　64
　　イ　輸出申告書の記載項目　64
　　ウ　輸出申告書の添付書類　65
　　エ　他法令手続　65
　　オ　税関による貨物の検査　67
　　カ　輸出してはならない貨物　67
　　　　コラム　輸出時の消費税等の免税　68
　(2)　輸入通関　68
　　ア　概要　68
　　イ　輸入申告書の記載項目　70
　　　　コラム　輸入時の消費税の課税　71
　　　　コラム　HSコード　71
　　ウ　輸入申告書の添付書類　73
　　エ　他法令手続　73
　　オ　税関による貨物の検査　76
　　カ　輸入してはならない貨物　76
　　キ　輸入許可がされない場合　77
　　　　コラム　原産地規則　78
　3　関税………………………………………………………………………79
　　(1)　関税の納税義務者　80
　　(2)　申告納税方式と賦課納税方式　80

(3) 関税額の計算　82
　　　ア　概要　82
　　　イ　課税標準（課税価格）の決定　83
　　　ウ　関税率の決定　86
　　　　**コラム**　一般特恵関税制度（GSP）　88
　　　　**コラム**　経済制裁としてのWTO譲許税率の適用停止　89
　　　　**コラム**　入国者の携帯品や少額輸入貨物に適用される簡易税率　90
　　(4) 関税の納期限　91

## 第4章　EPA・FTAと特恵関税 ── 93

 1　はじめに……………………………………………………………94
 2　経済連携協定（EPA）の概要とメリット…………………………94
　　(1) EPAの定義　94
　　(2) WTO協定とEPAの関係　96
　　(3) EPAの締結状況　96
　　(4) EPA特恵関税のメリットと
　　　　企業のサプライチェーン戦略　97
 3　日本企業のビジネスと特に関係の深いEPA………………………99
　　(1) CPTPP　99
　　(2) 日EU経済連携協定　100
　　(3) 地域的な包括的経済連携（RCEP）協定　100
　　(4) 日タイEPA　101
　　(5) 日・ASEAN包括的経済連携（AJCEP）協定　101
　　(6) NAFTA／USMCA　101
 4　EPA特恵税率を利用するための要件と手続………………………102
　　(1) EPAの対象国かを確認する──ステップ1　103
　　(2) 輸出入しようとする産品のHSコードを特定する──ステップ2　103
　　(3) 関税率を調べる──ステップ3　104
　　(4) 産品の原産性を確認する──ステップ4　106
　　　ア　原産地基準　107
　　　　**コラム**　ロールアップとロールダウン　112
　　　イ　救済規定　113
　　　ウ　積送基準　116

(5)　原産地証明書の準備——ステップ5　117
　　　**コラム**　原産地証明書類を入手・作成するための手続　119
　(6)　書類の保存——ステップ6　121

## 第5章　貿易救済とアンチダンピング ―― 123

1　はじめに……………………………………………………………124
2　貿易救済措置の種類と概要………………………………………125
　　——アンチダンピング、相殺関税、セーフガード
　(1)　アンチダンピング　126
　　ア　ダンピング要件　127
　　　**コラム**　中国の市場経済国問題　130
　　イ　損害要件　130
　　　**コラム**　損害認定における競争・代替関係の考慮　131
　　ウ　調査手続　132
　　エ　救済措置　133
　　　**コラム**　各国によるアンチダンピング措置の利用状況　133
　(2)　相殺関税　135
　　ア　相殺対象となる補助金の存在　137
　　イ　損害要件　138
　　ウ　調査手続　138
　　エ　救済措置　138
　　　**コラム**　各国による相殺関税の利用状況　138
　(3)　セーフガード　139
　　ア　事情の予見されなかった発展による輸入数量の増加　140
　　イ　損害要件　141
　　ウ　調査手続　141
　　エ　救済措置　142
　　　**コラム**　各国のセーフガード利用状況　142
3　外国政府によるアンチダンピング調査への対応………………143
　(1)　自社製品についてアンチダンピング調査が開始された場合の初動対応　144
　(2)　申請書の検討ポイント　145
　　ア　調査対象産品の範囲の確認　145
　　イ　実体要件に関する反論の検討　146

(3) 質問状への回答　146
　　　**コラム**　アンチダンピング調査対応を行うことのメリット・デメリット　147
　(4) 現地調査　148
　(5) 公聴会（ヒアリング）　149
　(6) 仮決定と暫定措置　149
　(7) 重要事実の開示と最終決定　150
　(8) 不当な措置に関する救済手段　150
4　日本企業によるアンチダンピング申請の手順……………………151
　(1) 日本におけるアンチダンピング申請と調査の流れ　152
　(2) 申請要件の確認　152
　(3) 申請書の作成　154
　　ア　申請書の内容と構成　154
　　イ　調査対象産品の定義　154
　　　**コラム**　迂回について　156
　　ウ　ダンピング輸入の事実　156
　　エ　損害・因果関係　158
　　オ　秘密情報の取扱い　158
　(4) 共同申請を行う場合の留意点　159

# 第6章　輸出管理 ── 161

1　はじめに………………………………………………………………163
　　**コラム**　輸出管理の性質変化　164
2　外為法に基づく輸出管理……………………………………………165
　(1) 概要　165
　(2) 規制対象行為──貨物の輸出と技術の提供　167
　　ア　貨物の輸出（法48条1項）　167
　　　**コラム**　仲介貿易規制　167
　　イ　技術の提供（法25条1項・3項）　168
　　　**コラム**　みなし輸出管理の運用明確化（2022年5月1日施行）　169
　(3) リスト規制　171
　　ア　概要　171
　　　**コラム**　レジーム合意に基づかないリスト規制品目の追加　172
　　イ　該非判定　173

　　　　コラム　マトリクス表を用いた該非判定の手順　174
　　　　コラム　該非判定リスクへの対応　176
　　　ウ　許可例外　177
　　　エ　許可手続　179
　　(4)　キャッチオール規制　182
　　　ア　概要　182
　　　イ　大量破壊兵器キャッチオール規制　183
　　　ウ　通常兵器キャッチオール規制　185
　　　エ　許可手続　186
　　　　コラム　通常兵器キャッチオール規制拡大の動き　186
　　(5)　企業における輸出管理体制の構築　187
　　　ア　輸出者等遵守基準　187
　　　イ　輸出管理内部規程（CP）　189
　3　米国輸出管理規則（EAR）に基づく再輸出規制　……………190
　　(1)　概要　190
　　　　コラム　日本企業がEARを遵守すべき理由　191
　　(2)　EARの適用対象品目──subject to the EAR　191
　　　ア　米国に所在するすべての品目　192
　　　イ　米国原産品目　192
　　　ウ　組込品　193
　　　エ　直接製品　193
　　　　コラム　直接製品規則について　194
　　(3)　規制対象行為　194
　　　ア　輸出（export）　194
　　　イ　再輸出（reexport）　195
　　　ウ　国内移転（transfer (in-country)）　195
　　　　コラム　米国法におけるみなし輸出規制　195
　　(4)　リスト（CCL）規制　195
　　　ア　規制品目リスト　195
　　　イ　許可要否の判定　197
　　　ウ　許可例外　198
　　(5)　リスト規制以外の規制（補完的規制）　199
　　　　コラム　半導体分野における対中輸出管理の強化　201
　　　　コラム　輸出管理法令違反が発覚した場合の対応　202

## 第7章　投資管理 ─────────────── 203

- 1　はじめに ……………………………………………………… 205
  - **コラム**　対外投資規制について　205
- 2　外為法に基づく「対内直接投資等」の審査制度 ……………… 206
  - (1)　対内直接投資等に係る審査制度の概要　207
  - (2)　事前届出の3要件　209
    - ア　外国投資家　209
    - イ　指定業種　210
    - **コラム**　業種別の事前届出割合　212
    - ウ　対内直接投資等　212
    - **コラム**　事前届出が必要になる取引の典型例　214
  - (3)　事前届出の手続　216
  - (4)　財務大臣及び事業所管大臣による審査　216
    - **コラム**　財務省及び事業所管省庁が審査の際に考慮する要素　218
  - (5)　取引の実行と実行報告　218
  - (6)　事前届出免除制度　219
    - ア　概要　219
    - イ　免除基準　221
    - ウ　事前届出免除制度を利用できない外国投資家　221
    - エ　免除事後報告　222
  - (7)　指定業種以外に係る対内直接投資等の場合──事後報告　223
  - (8)　特定取得に関する規制　224
- 3　米国CFIUSによる投資審査 …………………………………… 225
  - (1)　CFIUSによる審査制度の概要　225
  - (2)　CFIUSの審査対象となる取引　225
    - ア　対象支配取引（covered control transaction）　226
    - イ　対象投資（covered investment）　226
    - ウ　対象不動産取引（covered real estate transaction）　227
  - (3)　任意届出と義務的届出　228
    - ア　任意届出　228
    - イ　義務的届出　228
  - (4)　届出の方式──略式申告と正式申告　229
  - (5)　CFIUSによる審査のプロセス　229
    - ア　略式申告の場合　229

　　　　イ　正式申告の場合　230
　　　　ウ　審査における考慮要素　232
　　　　**コラム**　CFIUS審査における政治の影響　233

## 第8章　経済制裁 ——————————————— 235

### 1　はじめに …………………………………………………………………237
### 2　日本における経済制裁の法体系 …………………………………………238
　(1)　概要　238
　(2)　協調制裁と独自制裁　238
　(3)　規制対象取引の種類と法令の構造　240
　(4)　「点」の制裁と「面」の制裁　242
　　　**コラム**　資本取引について　242
　　　**コラム**　経済制裁措置の主務大臣　243
　(5)　外為法以外の法令に基づく制裁　245
### 3　日本の対ロシア経済制裁 …………………………………………………245
　(1)　概要　245
　　　**コラム**　対ロシア経済制裁拡大の時系列　246
　(2)　金融系の制裁　248
　　　ア　資産凍結等　248
　　　イ　ロシア政府・政府機関等及び主要銀行による証券の発行等の禁止　249
　　　ウ　ロシア事業に関連する対外直接投資の禁止　250
　　　エ　役務取引（サービス提供）の禁止　254
　(3)　貿易系の制裁　255
　　　ア　ロシア及びベラルーシを仕向地とする特定の貨物・技術の輸出等禁止　255
　　　イ　ロシアを原産地とする特定の貨物の輸入禁止　257
　　　ウ　特定団体向けの輸出等の禁止　258
　　　エ　両共和国に対する包括的輸出入禁止措置　258
　　　オ　審査方針　259
　(4)　外為法以外の措置——最恵国待遇（MFN）の停止　259
### 4　米国の経済制裁 ……………………………………………………………259
　(1)　概要　260
　　　ア　制裁措置の種類と所管官庁　260

xv

イ　経済制裁に関する法令の構造　260
　　　ウ　包括的制裁と標的型制裁　261
　(2)　金融制裁　262
　　　ア　リストベースの制裁　262
　　　イ　制裁の適用範囲——一次制裁　263
　　　ウ　二次制裁　264
　(3)　貿易制裁　265
　　　ア　輸出規制　265
　　　イ　輸入規制　265
　(4)　米国制裁対応に関するガイドライン及びツール　266

# 第9章　国際通商法のフロンティア ─── 269

## 1　はじめに……270
## 2　人権……270
　(1)　人権DD法制　271
　(2)　強制労働産品の輸入規制　273
　(3)　人権の観点からの輸出管理　275
## 3　環境・気候変動……277
　(1)　炭素国境調整メカニズム（CBAM）　278
　　　**コラム**　経済的手法とカーボンプライシング　280
　(2)　補助金　282
　　　**コラム**　米国インフレ抑制法に基づくEV補助金　283
　(3)　製品の環境負荷に着目した規制　285
## 4　デジタル貿易……287
　(1)　データの越境移転とDFFT　287
　(2)　電子送信に関する課税　289
　(3)　デジタル・プロダクトのWTO協定上の扱い　289

事項索引　291

# 第 1 章
# 国際通商法の基本体系

# 1 はじめに

　本書は、国際通商法の主要分野を対象に、実務で用いる基礎的な知識をひととおりカバーすることを目指している。第１章では、次章以下で解説する個別分野の道しるべとして、国際通商法という分野の全体像を概観しておくこととしたい。

　本書が扱う「国際通商法」(international trade law) という概念には、必ずしも確立された定義があるわけではない。もっとも、一応の整理としては、「国際」「通商」という文字のとおり、国境を越えて行われる商取引にかかわるルール全般を含む概念と捉えることができる。

　国際通商法が扱う商取引の範囲は時代によっても変化する。伝統的には、国際通商法の主な関心事は**物品貿易**、すなわち国境を越える**モノ**の取引であった。しかし、最近では、モノの貿易にとどまらず、国境を越える**サービスの提供（サービス貿易）**、**資本（カネ）の移動**、**技術**や**データ**といった情報の移転、さらには人の移動など、様々な事象が国際通商法の文脈で議論されるようになってきている。

　こうした流れも踏まえ、本書では、「国際通商法」を、モノ、サービス、資本、技術、データといった客体の国際取引に影響を及ぼすルールの集合体、といった意味で捉えることとしたい。本書の章立てに則していうと、

図表1-1　本書第２章～第９章でカバーするトピック（主なもの）

|  | モノ | サービス | 資本 | 技術 | データ |
|---|---|---|---|---|---|
| 第２章　貿易取引の実務 | ✓ | | | | |
| 第３章　輸出入通関と関税 | ✓ | | | | |
| 第４章　EPA・FTAと特恵関税 | ✓ | | | | |
| 第５章　貿易救済とアンチダンピング | ✓ | | | | |
| 第６章　輸出管理 | ✓ | | | ✓ | |
| 第７章　投資管理 | | | ✓ | | |
| 第８章　経済制裁 | ✓ | ✓ | ✓ | ✓ | |
| 第９章　国際通商法のフロンティア | ✓ | | | | ✓ |

1）国際通商法の概念をこのように広く捉えた場合、その範囲は「国際経済法」という語とも概ね重なると考えられる。

第2章〜第5章では主にモノの貿易に関する制度を扱い、第6章〜第9章ではモノの貿易以外も含むトピックを扱う（図表1-1）。

以下、まず国際通商法を形づくるルールの種類を概説した上で（下記2）、「国際通商法の基本法」ともいわれるWTO協定の基本原則について説明する（下記3）。また、近時、国際通商法の文脈で語られることが増えている**経済安全保障**について、この概念の意味と国際通商法との関係を解説する（下記4）。

## 2 国際通商法を形づくるルールの種類

上に述べた意味での国際通商法を形づくるルールは、大きく**国際ルール**と**国内法**に分けられる（図表1-2参照）。

### (1) 国際ルール

国際通商法という語は、狭義には、WTO協定を中核とする通商分野の**国際ルール**を指して使われることも多い。これらの国際ルールは、多くの

図表1-2　国際ルールと国内法の関係（イメージ）

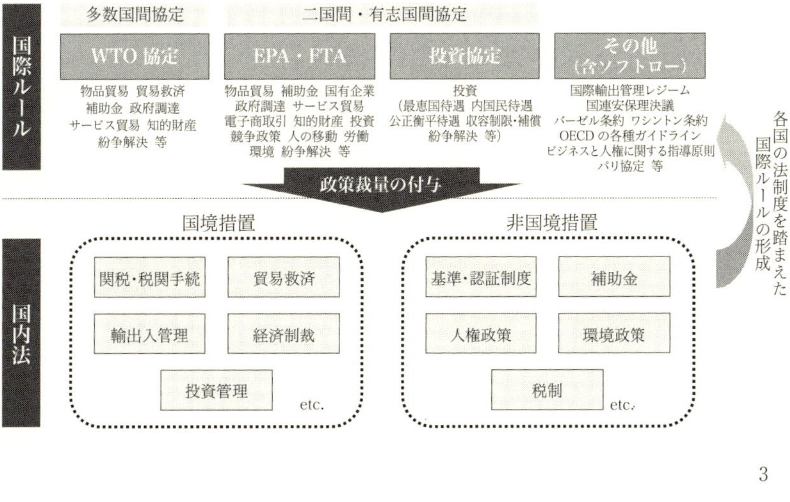

場合、国境を越える商取引の自由化・円滑化の観点から、関税や各国の国内規制といった貿易障壁を撤廃・緩和したり、各国の法制度の調和（ハーモナイゼーション）を図ることを目的として形成される。

### ア　貿易に関するルール

モノやサービスの貿易に関する国際的な枠組みとしては、1995年1月に発効した**WTO協定**（正式名称は「世界貿易機関を設立するマラケシュ協定」）と、同協定によって設立された**世界貿易機関（WTO）**が重要である。

WTO協定は、最恵国待遇・内国民待遇・関税譲許をはじめとする自由貿易の基本原則を定めた多国間（multilateral）の貿易協定（**多角的貿易協定**）であり、物品貿易のほか、サービス貿易や知的財産の貿易的側面に関するルールも含まれている。WTOには世界の国の大半（2024年6月時点で164か国・地域）が加盟しており、WTO協定はこれら加盟国すべてに適用される。この意味で、WTO協定は通商分野における事実上の世界共通ルールとなっており、「**国際通商法の基本法**」と呼ばれることもある。

貿易分野におけるWTO協定以外の国際協定としては、**経済連携協定（EPA）**ないし**自由貿易協定（FTA）**と呼ばれるものが存在する（→第4章）。これらは、二国間（bilateral）又は有志国間（plurilateral）で、関税の撤廃・大幅削減等、WTOの水準を超える貿易自由化（WTOプラス）を実現する国際協定をいう（図表1-3）。最近のEPAでは、物品貿易の自由化に加え、サービス貿易、投資、労働、環境、人の移動等に関するルールが設

**図表1-3　WTO協定とEPA・FTAの関係（イメージ）**

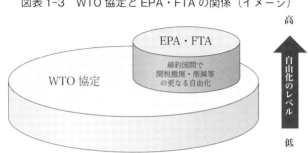

出典：経済産業省通商政策局経済連携課資料を基に作成

けられることも多い。日本が参加している EPA としては、環太平洋パートナーシップに関する包括的及び先進的な協定（CPTPP、2018 年発効）、日 EU 経済連携協定（2019 年発効）、地域的な包括的経済連携（RCEP）協定（2022 年発効）といった**メガ EPA** が有名であるが、このほかにも二国間で多数の EPA が締結されている。

> **コラム　GATT、WTO 協定、EPA・FTA の関係**
>
> 　通商に関する国際ルールは、古くは、日本が幕末・明治期に締約した通商航海条約のような二国間（bilateral）通商協定が主流であり、関税、最恵国待遇・内国民待遇、入国・居住の権利等が個別に合意されていた。
> 　しかし、戦前、1930 年代の世界恐慌等も背景に、保護主義の横行やブロック経済化により最恵国待遇等の理念が形骸化し、主要国間の経済的対立が激化してついには第二次世界大戦の一因にもなった。この反省を踏まえ、戦後、より強固な多国間の自由貿易の枠組み（**多角的貿易体制**）を確立すべきとの機運が高まった。そして、1947 年、23 か国が署名して**関税及び貿易に関する一般協定（GATT）**が成立し、1948 年 1 月に発効した[2]。
> 　GATT の下では、8 度にわたる**ラウンド交渉**と呼ばれる自由化交渉を通じて関税の引き下げや貿易自由化に関するルール整備が行われ、締約国数も 1994 年には 128 を数えるまでになった（日本は 1955 年に加盟した）。こうした多角的貿易体制の強化・拡大の流れも踏まえ、1986〜1994 年の GATT ウルグアイ・ラウンド交渉を経て、1995 年 1 月、GATT を国際機関に格上げする形で WTO が発足した。同時に、GATT のルールを発展的に引き継ぐ形で WTO 協定が発効した。
> 　しかし、WTO 発足後、加盟国数の拡大や先進国・開発途上国間の利害対立等から、さらなる貿易自由化に向けたルール交渉が難航するようになった。そのため、2000 年代ころから、WTO の枠外で、二国間（bilateral）ないし有志国（plurilateral）間で EPA・FTA を締結し、「WTO プラス」の貿易自由化を目指す動きが活発化した。特に 2010 年代から 2020 年代はじめにかけては、CPTPP、日

---

2）GATT は、もともと第二次世界大戦後に米国が主導した国際貿易機関（ITO）構想の一部として交渉された経緯を持つ。ITO 構想は、物品貿易だけでなく雇用や開発等幅広い分野をカバーする野心的な試みであったが、あまりに理想主義的であったこともあり、構想を主導した米国自身を含め多くの国の批准を得られず、結果的に頓挫した。こうした状況の中、物品分野における貿易自由化の暫定的な枠組みとして GATT が調印され、発効した。

EU経済連携協定、RCEP協定といったメガEPAが相次いで発効し、地域経済の統合が大きく進んだ。

もっとも、WTO協定のほかに二国間・有志国間で多数のEPA・FTAが乱立する状況は、「スパゲティボウル現象」とも評され[3]、多国間の統一ルールの下で自由・無差別な貿易を行うという多角的貿易体制の理想と緊張関係に立つ部分もある。

### イ 投資に関するルール

投資分野については、WTO協定のような多国間の統一ルールは今のところ存在せず[4]、二国間ないし有志国間で、投資の自由化や外国投資家の保護を合意した**投資協定**が締結されている。日本も、アジア、中南米、欧州、中東、アフリカ等の諸国との間で多くの二国間投資協定を締結している。また、3国間の投資協定として日中韓投資協定がある。

こうしたスタンドアローンの投資協定のほか、例えばCPTPP、日シンガポールEPA、日スイスEPAのように、EPAの中に投資に関するルール（投資章）が設けられているケースがあり、これらも実質的には投資協定と同様の機能を有する。投資協定とEPA投資章を総称して「**投資関連協定**」と呼ぶこともある。

### ウ その他

国境を越える商取引に影響を与える国際ルールには、上に挙げたもののほかにも様々なものがある。

例えば、国際的な売買契約に関するウィーン売買条約や国際商業会議所（ICC）が制定した貿易取引条件であるインコタームズ（→第2章）、武器拡散防止のための国際輸出管理レジーム（→第6章）、経済制裁の実施に関する国連安保理決議（→第8章）、有害物質を含む廃棄物等の輸出入に関するバーゼル条約、絶滅のおそれのある野生動植物の国際的な取引を規制するワシントン条約、国際的な取引における二重課税の排除や租税回避

---

3) See e. g. Jagdish Bhagwati, "US Trade Policy: The Infatuation with FTAs" (The AEI Press, 1995)
4) 投資分野でも、多国間投資協定（MAI: Multilateral Agreement on Investment）の交渉を行う動きもあったが、現在まで実現していない。

の防止等を目的に締結される租税条約、OECDの各種ガイドライン（移転価格に関するガイドライン、公的輸出信用アレンジメント等）が挙げられる。これらの中には、法的強制力を持たないガイドラインや紳士協定的ルール（ソフトロー）も含まれるが、これらも、国境を越える商取引に影響を及ぼすという点では、本書で扱う国際通商法の範疇に含めて考えることが可能である。さらに、例えば国連のビジネスと人権に関する指導原則、気候変動に関するパリ協定など、非通商的な目的・考慮に基づいて形成されたルールの中にも、国際的な商取引に一定の影響を与えるものが含まれている。

## (2) 国内法

各国の**国内法**にも、輸出入規制その他、国境を越える取引に影響を及ぼす法制度は多数存在する。むしろ、企業法務の現場では、WTO協定のような国際ルールが直接問題になる場面よりも、各国の国内法の遵守が問題になる場面の方が圧倒的に多い。

国際通商法実務で扱う国内法制度は、大きく**国境措置**と**非国境措置**に分けられる。

### ア 国境措置

通常、国際通商法実務と聞いてイメージするのは、関税のように、モノの輸出入を直接制限する**国境措置**であろう。

国境措置には、通関・関税（→第3章）、アンチダンピング等の貿易救済（→第5章）、輸出管理（→第6章）、経済制裁としての輸出入規制（→第8章）、国民の生命・健康や資源・文化財保護等の観点からの輸出入規制等が含まれる。さらに、主要国では、人権や環境といった政策目的に基づいてモノの輸出入を制限したり、関税やこれに類する課徴金を徴収する制度も導入されている（→第9章）。

モノの貿易以外にも、例えばサービス分野における外国人や外国資本の参入規制、投資分野における外国投資家による一定業種への投資規制（→

第7章）なども、一種の国境措置と位置付けることができる。

　これらの措置は、国際的な商取引に直接的な影響を及ぼす点で、国際通商法実務の中核をなすものといえる。本書第2章以下で扱うトピックの多くも国境措置に分類されるものである。

**イ　非国境措置**

　一方、純粋な国内制度に見える措置の中にも、国境を越える商取引に影響を及ぼすものが存在する。

　例えば、国内で製品を生産する企業に対する**補助金**は、国産品の製造コストを引き下げ、国産品と外国製品との国際的な競争環境に影響を与える（国産品優遇策として作用する）ことから、通商措置的な性格も有している。そのため、国際ルール上も、**WTO補助金協定**等に、補助金による貿易歪曲を防止するための規律が置かれている（→後掲コラム「補助金に関する規律」参照）。同様に、基準・認証・商品ラベリングに関する制度、あるいは国内の税制なども、制度の内容・設計次第では国産品や国産サービスの優遇措置として作用し、国際通商に影響を及ぼす可能性があることから、WTO協定等で一定の規律が設けられている。

## (3)　国際ルールと国内法の関係

　国際ルールと国内法の関係については、一般的に、WTO協定などの国際ルールで認められた政策裁量（policy space）の範囲内で、各国政府は国内法令の制定・実施権限を有するという捉え方がされることが多い。例えば、WTO協定では、後述する最恵国待遇、内国民待遇、数量制限の一般的禁止、関税譲許といった自由貿易の諸原則を定めた上で、人の生命・健康の保護、有限天然資源の保全、国家安全保障等の正当な政策目的の実現のために必要な限度で、各国政府が貿易制限的措置をとることを認めるという建付けになっている。この意味で、国際ルールは国内法より優位に立つと一応いうことができる。[5]

　もっとも、国際政治の実態としては、WTO協定をはじめとする国際

ルールは、各国（特に米国や欧州といった有力国）における既存の国内制度の存在を前提としつつ、各国の制度の統一・調和を図ったり、過度な国内産業保護を撤廃することを目的として形成されることが多い（図表1-2参照）。つまり、国際ルールの形成に先立って何らかの国内制度が存在することが通常であり、国際ルールに基づいてゼロから国内制度が整備されることはむしろ稀である。また、後述するように、近時、**経済安全保障**に関する措置などを中心に、主要国で、WTO協定が定める自由貿易の諸原則と抵触するような国内制度（各種の輸出入規制や国産品の優遇措置）が導入される例が目立つようになっており、国内制度によって国際ルールが事実上侵食されるような傾向も見られる。

## 3 「国際通商法の基本法」WTO協定の基本原則

WTO協定は、上に述べたように、国際通商法の基本法ないし世界共通ルールとしての性格を有している。各国の国内法制度も、基本的にはWTO協定と整合するように設計・実施されている。そのため、WTO協定の基本を押さえておくことは、国際通商法実務を理解するための前提知識として重要である。

### (1) WTO協定の構成

WTO協定は、世界貿易機関を設立するマラケシュ協定（WTO設立協定）と附属書（Annex）1〜4から構成されている。WTO設立協定はその名のとおりWTO設立に関する形式的なルールであり、自由貿易の基本原則を含む実体的ルールは附属書の方に置かれている。

WTO協定の中でも特に**物品貿易**に関するルールを定めた**附属書1A**は、

---

5）特に日本では、憲法解釈上も、条約が法律に優位するとされている。ただし、米国のように、憲法上、法律と条約が同格とされている国もある。

当該分野の通則法的性格を有するGATT(6)を中心に、農業、基準・認証、アンチダンピング、補助金等の個別分野に関する詳細なルールを含んでおり、国際通商法の中核をなす最重要のルール群といえる。一方、附属書1Bは**サービス貿易に関する一般協定(GATS)**、附属書1Cは**知的所有権の貿易関連の側面に関する協定(TRIPS協定)**となっている。

また、附属書2にはWTO協定に基づく紛争解決(一種の国家間裁判)の手続を定める**紛争解決了解(DSU)**が置かれている。

なお、附属書4には、民間航空機協定と政府調達協定の2協定が含まれるが、これらはWTO加盟国のうち各協定を締約した有志国間でのみ適用される複数国間(plurilateral)協定となっている。

図表1-4　WTO協定の構成

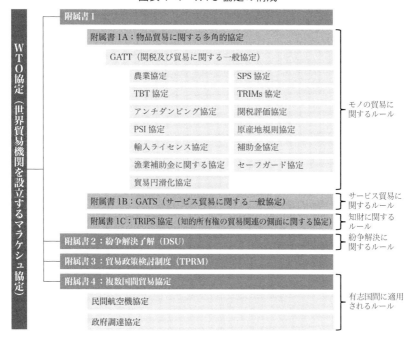

---

6) WTO協定の一部をなすGATTは「1994年のGATT」という名称で、厳密には1947年のGATTとは別であるが、内容としては1947年のGATTをほぼそのまま引用して取り込む形となっており、実質的なルールの中身は1947年のGATTとほぼ同じである。

## (2) 自由・無差別な貿易を実現するための原則

　WTO協定のルールは、**自由かつ無差別な貿易**の実現という理念に立脚しており、これに基づき次のような基本原則が定められている。

### ア　最恵国待遇

　**最恵国待遇**（MFN: most-favoured-nation treatment）とは、異なる貿易相手国の産品やサービスを差別してはならないとの原則をいう。最恵国待遇は、古くから二国間通商条約に取り入れられてきたが、戦後、GATTに多角的貿易体制の最重要原理のひとつとして盛り込まれ、WTO協定にも引き継がれた。

　**物品貿易**における最恵国待遇については、GATT1条1項に規定されている。具体的には、異なる貿易相手国の産品について、関税その他の輸出入時の取扱いや国内における販売や流通に関し、いずれかの加盟国の産品に与える最も有利な待遇を、他のすべての加盟国の**同種**（like）の産品に対して即時かつ無条件に許与しなければならない（MFN均霑（きんてん））とされている。

　最恵国待遇に反する措置の具体例としては、例えば次のようなものが挙げられる。

> **最恵国待遇（GATT1条1項）に反する措置の例**
> - X国は、A国産のオレンジとB国産のオレンジとで、輸入時の関税率（又は国内の消費税率）に差を設けた。
> - X国は、国内における電気自動車（EV）の販売に際し、購入者に補助金を支給することとしたが、補助金支給対象の車種を友好国産のバッテリーを搭載したものに限定し、それ以外の国のバッテリーを搭載したものには補助金を与えなかった。

　物品貿易における最恵国待遇の例外としては、EPA・FTAに基づく二国間ないし有志国間での優遇税率（特恵税率）の適用がある（→第4章）。すなわち、貿易相手国によって異なる関税率を適用することは最恵国待遇

義務に本来違反するが、自由貿易の促進の観点から、実質上のすべての品目について関税等を廃止すること等を条件として、有志国間で自由貿易地域を設定し、域内の貿易に特恵税率を適用することが認められている（GATT24条）。このほか、国連貿易開発会議（UNCTAD）の枠組みの下で、開発途上国向けに関税の減免を認める**一般特恵関税制度（GSP）**が設けられており[7]（→第3章3(3)ウ）、これもGATTの最恵国待遇の例外となる。

一方、**サービス貿易**における最恵国待遇についてはGATS2条1項に規定が置かれている。具体的には、ある加盟国のサービス及びサービス提供者に対し、他の国の同種のサービス及びサービス提供者に与える待遇よりも不利でない待遇を即時かつ無条件に与えなければならないとされている。

### イ　内国民待遇

**内国民待遇**（NT: national treatment）とは、他国からの輸入品やサービスに対して適用される内国税や国内規制について、同種の国内産品や国内サービスに対して与える待遇よりも不利でない待遇を与えなければならないとの原則をいう。最恵国待遇が**異なる貿易相手国間の差別禁止**の原則であるのに対し、内国民待遇は**国産品と輸入品の間の差別禁止**を定めた原則となる。

**物品貿易**における内国民待遇はGATT3条に規定されている。まずGATT3条2項は、内国税その他の内国課徴金の賦課に関し、国産品と輸入品の間で差別的な取扱いを行うことを禁止している。また、3条4項は、内国税以外のものを含め、産品の国内における販売や流通に関するすべての法令及び要件に関し、国産品と輸入品の間で差別的な取扱いを行うことを禁止している。

これらの規定に違反する措置の具体例としては、次のようなものが挙げられる。

---

[7] See *Decision on Differential and More Favourable Treatment, Reciprocity and Fuller Participation of Developing Countries* (Decision of 28 November 1979 (L/4903))

## 3 「国際通商法の基本法」WTO協定の基本原則

---
**GATT 3条2項に反する措置の例**
- X国は、国内で生産された IT 製品の販売に際しては、内国税である付加価値税（VAT）の減免を認めているが、外国から輸入された同種の IT 製品には減免を認めていない。
- X国は、国産の蒸留酒の酒税率を低く抑える一方、輸入蒸留酒には高率の酒税を課している。[8]

**GATT 3条4項に反する措置の例**
- X国では、国産牛肉はどの販売店でも自由に販売できるのに、輸入牛肉については特別な販売店でしか取り扱えないとの制限を課している。[9]
- X国は、国内で販売する IT 製品について、国産の部品・原材料を一定比率以上組み込むことを義務付けている（ローカルコンテント要求）。

---

一方、**サービス貿易**については、GATS17条に内国民待遇義務が定められている。具体的には、加盟国は、その約束表に記載した分野において、他の加盟国のサービス及びサービス提供者に対し、自国の同種のサービス及びサービス提供者に与える待遇よりも不利でない待遇を与えなければならないとされる。ただし、サービス貿易における内国民待遇義務は、各国が自国の**約束表**に記載した分野に限られ、あらゆる分野で外国のサービス及びサービス提供者に国内市場への自由な参入が認められるわけではない。

内国民待遇の重要な例外として**政府調達**がある。すなわち、政府機関による物品やサービスの調達においては、自国の産品やサービスを優先的に調達することが認められている（GATT 3条8項(a)、GATS13条）。ただし、WTO加盟国のうち、前記(1)に述べた複数国間協定のひとつである**政府調達協定**に参加している国（日本を含む）の間では、いわば「例外の例外」として、政府調達についても、一定の要件の下で内外無差別で調達を行うことが義務付けられている。

---

8) *Japan-Alcoholic Beverages II* 事件では、日本の酒税法上、焼酎と他の蒸留酒（ウオッカ等）に税率格差が設けられていたことが、国産蒸留酒（焼酎）と輸入蒸留酒（ウオッカ等）の差別に当たるとして、パネル及び上級委員会（1996）により内国民待遇違反が認定された。

9) *Korea-Various Measures on Beef* パネル報告書（2000）参照

### ウ　数量制限の一般的禁止

　GATT11条1項は、加盟国は、他の加盟国の産品の輸入や、自国から他の加盟国に仕向けられる産品の輸出に関し、関税その他の課徴金以外のいかなる禁止又は制限も新設し、又は維持してはならないと規定する。すなわち、**数量制限**（import/export quota）を典型とする、関税等以外の輸出入制限はすべて禁止される。このようにGATTが数量制限を一律に禁止する理由としては、関税措置と比較しても特に貿易歪曲性が高いことが挙げられる。

　本規定に反する措置の典型として、ある産品について、年間の輸出・輸入数量を一定水準に制限するような措置が挙げられる。また、麻薬や覚醒剤の輸出入規制、軍事転用可能品目の輸出管理、経済制裁措置としての輸出入規制といった措置も、関税等以外の輸出入制限として形式的にはGATT11条1項に抵触する。しかし、通常は、後述する一般的例外や安全保障例外等の例外規定により正当化されると考えられている。

### エ　関税譲許

　GATT2条1項は、加盟国は、自国が協定に附属する**譲許表**で約束した譲許税率を超える関税を賦課することを禁止している。

　GATT/WTO体制の下では、上述した数量制限の一般的禁止により、貿易規制の手段として関税のみを容認した上で、各国はラウンド交渉等を通じて、関税の段階的引き下げ（譲許）を行うことが想定されている。GATT2条1項は、こうした漸進的な関税引き下げの実効性を担保するための規定である。

> **コラム　補助金に関する規律**
>
> 　政府等による企業や産業への財政支援は、その態様によっては国際的な競争を歪曲するおそれがある。そのため、**WTO補助金協定**により一定の規律が設けられている。
> 　まず規律の対象となる「補助金」の定義については、補助金協定1.1条により、

政府又は公的機関 (public body) からの資金的貢献 (financial contribution) によって、受け手企業に利益 (benefit) が生じるものと定義されている。この定義の範囲は広く、政府からの現金や財物の贈与はもちろん、市場の条件より有利な融資や出資、債務保証、税制恩典（減税）等も補助金に含まれる。さらに、政府による支援だけでなく、特殊法人、国営企業、国有企業、国有商業銀行のように一定の公共的な役割を担っている法人や団体（**公的機関**）による支援も補助金に含まれうる。[10]

補助金協定は、「補助金」に該当する措置のうち、国際競争を歪めるおそれが高いものとして、「**レッド補助金**」と「**イエロー補助金**」の2類型を規制している。

**レッド補助金**とは、①産品が輸出されることを条件として交付される補助金（**輸出補助金**）と、②国産品を輸入品に優先して使用することを条件として交付される補助金（**国産品優先使用補助金ないしローカルコンテント補助金**）の2種類の補助金をいう。これらは、補助金の中でも特に競争歪曲性が高いと考えられるため、交付が一律に禁止されている（補助金協定3条）。なお、②については、補助金協定のほか、GATT3条が定める内国民待遇義務にも違反する。

一方、**イエロー補助金**とは、補助金の交付自体は禁止されないものの、貿易を歪曲し、他国の産業に**悪影響** (adverse effects) を及ぼす場合に、そうした効果が経済分析等を通じて立証された限度でWTO不整合とされるものをいう。「悪影響」には、例えば補助金を受けた安値の産品によって、他国の産品が市場シェアを奪われたり、価格が下落するといった事象が含まれる（補助金協定5条、6.3条参照）。イエロー補助金は、WTO紛争解決手続を通じた是正対象となるほか、一定の場合には、損害を受けた国による相殺関税措置（→第5章）の発動対象にもなる。

## (3) 自由貿易の例外

WTO協定は、最恵国待遇義務、内国民待遇義務、数量制限の一般的禁止その他、自由貿易の維持・発展のための基本原則を定める一方、正当な政策目的がある場合には、例外的に貿易制限的措置を実施することを許容

---

10) WTO上級委員会の先例によれば、ある機関が「公的機関」に該当するためには、政府権限を所有、行使あるいは移譲されていることが必要であり、政府が株式の過半数を保有しているだけでは足りないとされる（*US–Anti-Dumping and Countervailing Duties (China)* 上級委員会報告書（2011）パラ317）。ただし、この解釈には米国を中心に批判も強い。

している。

WTO協定における代表的な例外規定として、**一般的例外**と**安全保障例外**が挙げられる。

### ア 一般的例外

**物品貿易**については、GATT20条に、自由貿易の諸原則と加盟国の正当な政策裁量を調整するための一般的例外規定が置かれている。この規定により正当化される措置には様々な種類があるが、特に重要なものとしては次のものが挙げられる。

① 公徳の保護のために必要な措置（20条(a)）
② 人、動物又は植物の生命又は健康の保護のために必要な措置（20条(b)）
③ GATT整合的な国内法令（例えば知的財産権保護に関する国内法令等）の遵守を確保するために必要な措置（20条(d)）
④ 有限天然資源の保存に関する措置（20条(g)）

一方、**サービス貿易**については、GATS14条に、GATT20条と概ね同様の一般的例外規定が置かれている。

### イ 安全保障例外

**物品貿易**については、GATT21条が、安全保障に関する措置について自由貿易の諸原則の例外を認めている。具体的には以下の例外が設けられている。

① 加盟国は自国の安全保障上の重大な利益に反する可能性のある情報の提供を要求されないこと（21条(a)）
② 締約国が自国の安全保障上の重大な利益の保護のために必要であると認める一定の措置（例えば武器、弾薬及び軍需品の取引並びに軍事施設に供給するため直接又は間接に行なわれるその他の貨物及び原料の取引に関する措置、戦時その他の国際関係の緊急時に執る措置等）を執ること（21条(b)）
③ 国際の平和及び安全の維持のため国際連合憲章に基づく義務に従う措置を執ること（21条(c)）

これらの例外により正当化される措置の典型として、輸出管理及び経済制裁としての輸出入規制がある。これらは、前述のとおり形式的には数量制限の一般的禁止（GATT11 条 1 項）や最恵国待遇（同 1 条 1 項）に違反するが、GATT21 条が定める安全保障例外（特に上記②又は③）により正当化されると考えられる。

一方、**サービス貿易**については GATS14 条の 2 に、**知的財産**に関しては TRIPS 協定 73 条に、それぞれ GATT21 条と同様の安全保障例外が定められている。

なお、これら安全保障例外規定については、その範囲や例外の趣旨をめぐって WTO 加盟国の間でも争いが存在する[11]。後述のとおり、近時、主要国において**経済安全保障**の観点から様々な貿易制限的措置が導入されているが、これらの措置の中には、狭義の安全保障というよりはむしろ産業政策（「経済」安全保障）的色彩の強いものも含まれるところ、そうした措置がどこまで GATT21 条によって正当化できるかといった形で議論となる。

---

> **コラム** 企業法務と WTO 協定
>
> 　前述したように、企業の国際通商法実務において、WTO 協定をはじめとする国際ルールが直接問題になることは多くない。むしろ、日常的に生じる問題のほとんどは日本や外国の国内法令の遵守に関するものである。これはそもそも、WTO 協定等の国際ルールは、国家間約束として国の権利義務を定めたルール（国際公法）であり、個人や企業といった私人の権利義務を直接定めたものではないことも関係している。
>
> 　もっとも、企業法務を行う上で国際ルールが重要でないというわけではない。実際、日本企業が海外ビジネスを行う上で、国際ルールを戦略的に活用すべき場面に遭遇する場面も少なくない。例えば、日本企業の海外進出に伴い、企業が現地の不当な規制や行政権の行使に悩まされるといった事例が増えている。これらの措置が

---

11) 米国は、GATT21 条をはじめとする安全保障例外規定は自己判断的（self-judging）な規定であり、措置を実施する国が同規定を援用して正当化を主張した場合、WTO パネル・上級委員会は、措置について司法的審査を行うことができないとの立場をとっている。しかし、WTO 紛争解決手続で安全保障例外規定の解釈適用が争われた事案では、これらの規定についてもパネルの審査権限が及ぶとの判断が事実上確立している（リーディングケースとして、*Russia-Traffic in Transit* パネル報告書（2019））。

WTO協定等の国際ルールに違反する場合、企業が規制当局に対し、パブリックコメント等を通じてWTO協定整合性に関する懸念を表明したり、あるいは日本政府や現地の日本大使館を通じて法制度自体の撤廃や改正を働きかけることも検討すべきである。実際、そうした意見表明をきっかけとして制度が見直されることもある。また、特に懸念が大きい事案については、WTO紛争解決手続や、投資協定に基づく投資家・国家間紛争解決（ISDS）手続を通じ、国家を相手に、直接措置の是正を働きかけることも考えられる。

さらに、近時、主要国で、経済安全保障等の観点から、日本企業のビジネスに影響を及ぼす新たな規制や制度が次々に導入され、企業が対応に追われる場面が増えている。こうした各国の動きを予想し、先手を打った経営戦略を立案する上でも、国際ルールの知識は有用である。すなわち、上述したように、各国の国内法制度は基本的には国際ルールで認められた範囲内で設計する必要があることから、各国が新たに導入する法制度は、少なくとも表面上は、WTO協定等と正面から抵触しないように設計されることが通常である（「グレーゾーン」の措置はまま見られるが、一見して明白に「クロ」の措置が導入されることは稀である）。そのため、外国政府による新たな規制導入の動きを察知した際に、現実問題としてどこまで強硬な措置が発動されうるかを予想する上で、国際ルール上の限界を押さえておくことに意味があるのである。

### (4) WTO紛争解決手続

WTO協定には、同協定上の権利義務に関する加盟国間の法的紛争を解決するための紛争解決（DS）手続が定められている。二審制となっており、一審が**パネル**（panel）、二審が**上級委員会**（Appellate Body）と呼ばれる。

WTO DSには、パネル・上級委員会に事実上の強制管轄権が与えられていること[12]、パネル・上級委員会の判断に法的拘束力が与えられていること[13]、被申立国の措置についてWTO協定違反との判断がなされた場合、

---

12) テクニカルには、申立国によりパネル設置要請がなされた場合、申立国自身を含むWTO加盟国が全会一致でパネル設置に反対しない限りパネル手続が開始するという「ネガティブコンセンサス」と呼ばれる方式が採用されている。申立国自身がパネル設置に反対することは通常生じえないことから、常にパネルが設置されることとなり、この意味で被申立国に拒否権が与えられていない。

申立国による制裁関税の賦課等による一種の間接強制も認められていることなどの特徴があり、国家間の紛争解決手続としては異例ともいえるほど強力な手続となっている[14]。このような性質も背景に、WTO DS は加盟国間で活発に使われており、多角的貿易体制における「法の支配」の維持に大きく貢献してきた。WTO 設立（1995 年）から 2024 年 6 月までに WTO DS に付託された事案は 600 件を超え、その中には日本が当事国になった事件も多数存在する（2024 年 6 月時点で、申立側で 26 件、被申立側で 13 件）。

もっとも、近時、米中対立等も背景に WTO DS は機能不全に陥っており、「法の支配」の弱体化が懸念されている（下記コラム参照）。

> **コラム　WTO 上級委員会問題**
>
> 2019 年 12 月以来、WTO DS の二審（終審）にあたる上級委員会が機能停止に陥っている。
>
> 上級委員会は、かつては「通商法の最高裁」とも称され、国際通商法の世界で大きな影響力を有してきた。しかし、かねてから上級委員会のプラクティスに不満を持っていた米国が、2017 年以降、裁判官にあたる上級委員の選任人事（WTO 全加盟国のコンセンサスで行われる）をブロックし、任期満了等に伴って退任した委員の補充ができなくなった。これに伴い、定員 7 名の上級委員ポストは空席が増え、2019 年 12 月、個別事件の審理に必要な定足数 3 名を割り込んだ。そのため、上級委員会は事件の審理を行うことができなくなったのである。
>
> 米国が上級委員の選任ブロックという強硬策に出た理由には諸説あるが、① WTO 発足当初から、上級委員会が米国の通商措置を WTO 違反と判断する事例が相次ぎ、米国国内で不満が募っていたこと、② WTO 協定をアップデートするためのルール交渉が停滞し、WTO DS によってエンフォースすべきルール自体の魅力が次第に薄れてきたこと、③トランプ政権以降、米国の対中強硬通商政策と WTO

---

13) 厳密には、パネルや上級委員会の判断は「報告書」（report）と呼ばれ、WTO 全加盟国で構成される紛争解決機関（DSB）で採択されることによって法的拘束力を生じる。しかし、ここでも前注のネガティブコンセンサス方式が採用されており、勝訴国を含む加盟国が全会一致で採択に反対しない限り、報告書の採択がなされる。
14) 例えば国際司法裁判所（ICJ）では、国家主権尊重の観点から、原則として、当事国が裁判所の管轄権を承諾しない限り司法手続を行うことができない。

ルールが衝突する場面が増え、他国からの提訴リスクが看過できない状況となったことなどから、米国にとって、DS を通じてルールをエンフォースすることのメリットを、他国から DS 提訴されることのデメリットが上回るようになったことが考えられる。[15]

いずれにしても、上級委員会の機能停止に伴い、パネル判断について、敗訴国が上級委員会への「**空上訴**」(appeal into the void) を行うことにより事実上無効化してしまうという事例が相次いでおり、WTO DS を通じた「法の支配」が大きく損なわれる事態となっている。

##  経済安全保障と国際通商法

近時、米中対立といった地政学的な緊張の高まりも背景に、主要国で、いわゆる**経済安全保障**の観点から、様々な措置が導入されている。こうした経済安全保障に関する措置には、輸出入規制等の通商措置が多く含まれており、国際通商法実務の重要な一角を占めるようになっている。

そこで、本章の最後では、経済安全保障の概念と国際通商法の関係を簡単に整理しておきたい。

### (1) 経済安全保障の定義

「経済安全保障」(economic security) は様々な要素が複合した多義的な概念であるが、「経済」と「安全保障」の語の組合せから示唆されるように、大きくは、他国の軍事的脅威からの国土・国民の防衛という**狭義の安全保障**を超えて、経済分野も含めた国家の安全・国民生活の安定のための施策や国家戦略を広く含む概念と位置付けることができる。[16]

---

15) 詳細は、宮岡邦生「WTO 上級委員会問題の本質について～多国間通商システムにおける『法の支配』存立の条件とは～」(木村福成・西脇修編著『国際通商秩序の地殻変動～米中対立・WTO・地域統合と日本』(勁草書房、2022) 所収) 参照

16) 日本の「国家安全保障戦略」(2022 年 12 月 16 日閣議決定) では、「我が国の平和と安全や経済的な繁栄等の国益を経済上の措置を講じ確保することが経済安全保障」との表現が用いられている。

こうした広い意味での経済安全保障には下記ア〜ウの要素が含まれると考えられる[17]。ただし、日本を含め、主要国の施策について経済安全保障という言葉が語られる場合、これらの中でも特にアの要素が念頭に置かれている場合が多い。

### ア　自律性・優位性・不可欠性の確保

**自律性**とは、自国の産業基盤やサプライチェーンの強靱化を通じて、他国に過度に依存しない経済構造を確保することをいう。自律性を確保するための施策としては、補助金等の促進的措置を通じた産業基盤の強化が挙げられる。

一方、**優位性・不可欠性**とは、先端技術分野を中心に、他国よりも優れた技術や自国にしかない技術を保持することにより、国際社会において優位ないし不可欠な地位を獲得・維持することをいう。具体的な施策としては、補助金による先端技術の開発支援のような促進的措置（アメ）と、輸出管理・投資管理・秘密保護法制といった技術流出防止のための規制（ムチ）の両者が含まれる。

### イ　外交・安全保障目的の経済力の利用

自国の経済力を背景に、非軍事的手段を通じて自国や国際社会の安全保障を実現することも、上記の意味での経済安全保障に含まれうる。国際法違反を行った国家等の主体に対する経済制裁（資産凍結や輸出入規制）がその典型であるが、平時における経済外交なども、広い意味では経済安全保障のための施策といえる。

### ウ　国際秩序の維持・強化

WTO体制をはじめとする国際ルールとこれに基づく「法の支配」を通

---

[17] 例えば中谷和弘「経済制裁の国際法構造」（令和3年度外務省外交・安全保障調査研究事業「経済・安全保障リンケージ研究会中間報告書」（日本国際問題研究所、2022）41頁参照。また、2022年9月30日に閣議決定された我が国の「経済施策を一体的に講ずることによる安全保障の確保の推進に関する基本的な方針」4頁では、日本の経済安全保障推進に向けた重点施策として、自律性の確保、優位性ひいては不可欠性の獲得・維持・強化、国際秩序の維持・強化の3要素が挙げられている。

じた国際秩序の維持・予測可能性の確保を通じて、自由で公正な国際経済秩序を維持・強化し、国の安全や経済の安定を確保することも重要である。もともと、GATT/WTO 体制自体が、第二次世界大戦の反省に立って構想されたことは前に述べたとおりである。

> **コラム** 経済安全保障への関心の高まりの背景
>
> 経済安全保障への関心の高まりの背景には、WTO 等の枠組みを通じた自由貿易の拡大と、これに伴うサプライチェーンのグローバル化が密接に関係していると考えられる。
>
> すなわち、戦後、西側先進国を中心にスタートした多角的貿易体制（GATT）は、徐々に加盟国を拡大し、1995 年の WTO の発足、中国（2001 年）やロシア（2012 年）の WTO 加盟も経て、世界経済の統合が大きく進んだ。このような中、企業による製品や原材料の調達先の国際化・多様化、工場・拠点の海外立地が進み、サプライチェーンが世界全体に網の目のように張り巡らされることとなった。
>
> ビジネスのグローバル化は、安価な原材料や労働力の調達といった企業活動の効率化をもたらし、世界経済の発展に大きく寄与した。同時に、自由貿易のいわば影の側面として、特に西側先進国から見た場合、中国をはじめとする新興国の急成長に伴う自国の地位の相対的低下、国外からの安価な輸入品の流入に伴う雇用喪失や産業の空洞化、サプライチェーンの脆弱化、人権・環境リスクといった問題ももたらした。さらに、中国やロシアの多角的貿易体制への参画、グローバルサウスと呼ばれるアジア・アフリカ等の新興国の発言力増大などに伴い、GATT/WTO 体制は、かつての「先進国クラブ」から「群雄割拠の大教室」へと大きく変貌した（図表1-5）。これに伴い、多角的貿易体制内での衝突や意見対立が頻繁に生じ、レジームが内部から不安定化する場面も増えてきた。
>
> こうした現象は、2010 年代以降、例えば尖閣諸島問題を契機としたとみられる中国からのレアアース供給の途絶、新型コロナウイルス流行時の医薬品・ワクチン・半導体等の供給不足、ロシアのウクライナ侵攻に伴うエネルギー・食糧調達不安といった形で、我が国にとっても重要な課題として意識されるようになった。さらに、中国が 2015 年に発表した先端技術分野の産業振興策「中国製造 2025」に象徴されるように、半導体、量子、AI 等の先端技術分野における新興国の技術的キャッチアップが進展し、西側先進国の優位性の喪失、技術流出リスク、軍事転用リスクといった問題も深刻化しつつある。

経済安全保障の概念は、このような文脈の中で、主に西側先進国の視点から、重要物資を特定の国に依存することによる**サプライチェーン脆弱化リスクへの対処**、そうした脆弱性を逆手にとった**経済的威圧**[18]への対応、先端技術分野における**優位性・不可欠性**の獲得・維持といった観点から注目されるようになってきたものと理解することができる。

**図表1-5　多角的貿易体制の拡大（イメージ）**

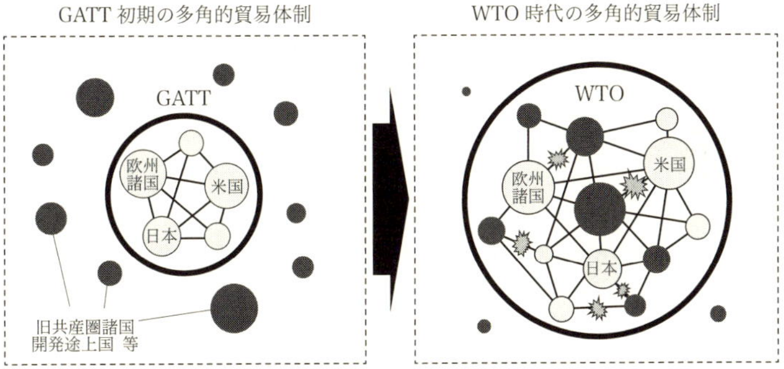

GATT初期の多角的貿易体制　　　　　WTO時代の多角的貿易体制

（GATT：欧州諸国、米国、日本／旧共産圏諸国・開発途上国 等）
（WTO：欧州諸国、米国、日本 ほか）

## (2) 経済安全保障を実現するための施策の種類

上記のとおり、経済安全保障は様々な要素が複合した広範な概念であり、これを実現するための施策も多岐にわたる。

まず経済安全保障を実現するための政策手法については、大きく、罰則を伴う**規制的手法（ムチ）**と、補助金等の**促進的手法（アメ）**に分けることができる。なお、あくまで一般的な傾向であるが、規制的手法には国や国民の安全といった狭義の安全保障の観点からの施策が多いのに対し、促進的手法には産業政策（国内産業保護・振興）的な観点を含むものが多い。

次に、経済安全保障を実現するための具体的な施策の種類には、輸出管理、投資管理、経済制裁に代表される**通商措置（国境措置）**と、国内の秘

---

18) 経済的威圧（economic coercion）とは、一般に、経済的脆弱性や経済的依存関係を悪用し、貿易・投資措置を通じて他国に対して不当な圧力をかける措置をいう。

密保護法制、国内の基幹インフラのセキュリティ確保のための法規制、産業補助金等の**非通商措置**（非国境措置）[19]の両方が含まれる。この意味で、経済安全保障には国際通商法に含まれる部分も多いが、その範疇からはみ出す部分もある。

　法律面でも、経済安全保障のすべてがひとつの法制度によってカバーされているわけではなく[20]、様々な施策をパッチワーク的に組み合わせることにより、総合的に経済安全保障の実現が図られている。例えば、日本における経済安全保障に関する主な法制度を、規制的／促進的、通商措置／非通商措置という切り口で整理すると、図表1-6のようなイメージになる。

図表1-6　日本における経済安全保障関係の法制度（イメージ）

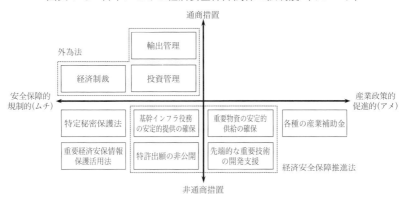

## (3) 経済安全保障と国際ルールの関係

　経済安全保障の観点からの各種施策のうち特に通商措置は、国境を越え

---

19) ただし、通商措置・非通商措置の区別は多分に相対的であり、表面的には非通商措置に見えるものであっても、一定程度、通商措置的性格を帯びることもある。例えば補助金が通商措置的性格を持つことは既に述べたとおりである。
20) 2022年5月に成立・公布された経済安全保障推進法（正式名称は「経済施策を一体的に講ずることによる安全保障の確保の推進に関する法律（令和4年法律第43号）」）は、法律名だけを見ると経済安全保障に関する総合的な立法にも見えるが、実際には、①重要物資の安定的な供給の確保、②基幹インフラ役務の安定的提供の確保、③先端的な重要技術の開発支援、④特許出願の非公開という4つの制度を定めるにとどまっている。

るモノ、サービス、資本、情報の移動に制限を加えるものが多い。そのため、WTO 協定をはじめとする国際ルールにおける自由貿易の諸原則との関係が問題となる。

　まず輸出管理や経済制裁のように国境を越える商取引を直接制限する措置については、前述のとおり、GATT が定める数量制限の一般的禁止（11 条 1 項）や最恵国待遇義務（1 条 1 項）に抵触するが、GATT21 条が定める安全保障例外に該当する限度で正当化が認められると解される。

　また、外為法に基づく投資管理や各種業法に基づく外資規制については、GATS が定める市場アクセス義務（16 条）や内国民待遇義務（17 条）との関係が問題になる。これらサービス貿易に関する義務は、各国が WTO 加盟時に自由化を約束した範囲でのみ課されるため、GATT に基づく物品貿易に関する義務と比較すると範囲は限定的であるが[21]、各国が自由化を約束した分野については規律に抵触する可能性がある。その上で、GATS が定める安全保障例外（14 条の 2）や一般的例外（14 条）[22]による正当化の可否が問題になる。

　このように、経済安全保障関連の施策には、WTO 協定の各種例外規定に基づく正当化が可能なものも多く、直ちに既存の国際ルールと衝突するものではない。もっとも、上述したように、経済安全保障を標榜する措置の中には、狭義の安全保障というよりも、むしろ産業政策的な色彩の強い措置もみられるところ、そうした措置が、安全保障例外や一般的例外による正当化の枠に収まるか、必ずしも自明でないケースもある。例えば、近時、米国をはじめとする主要国において、先端技術分野における中国など新興国の技術的台頭への懸念も背景として、輸出管理を大幅強化する動きが続いているが、仮にそうした措置に、軍事転用防止といった狭義の安全保障概念だけでは説明できない要素が含まれていた場合、被措置国から措置の正当性を争われるケースも想定される[23]。また、各国が産業基盤ないし

---

21) 例えば日本については、GATS の約束表に付された留保により、一定の業種について外資総量規制や役員の国籍制限を実施することが認められている。
22) 外為法に基づく対内直接投資規制は、国の安全、公の秩序の維持、公衆の安全の保護の観点から行われることとなっているところ（外為法 27 条 3 項 1 号イ参照）、これらは GATS14 条や 14 条の 2 の例外事由に概ね対応している。

供給網強化の観点から導入している産業支援策（補助金）の中には、ローカルコンテント要求等の保護主義的な要件が含まれている例もあり、これらについてはWTO補助金協定等との抵触が問題となりうる。

世界経済のグローバル化・多極化に伴い、経済安全保障の重要性は今後ますます高まってゆくことが予想される。その一方で、経済安全保障の名の下で行われる貿易制限や保護主義的産業政策が行き過ぎれば、自由貿易の例外が際限なく拡大して多角的貿易体制を侵食し、逆に国際秩序の安定性を損なう可能性もある（図表1-7）。経済安全保障と、自由で透明性の高い貿易・投資環境の維持とをいかにバランスさせるかが、これまで以上に厳しく問われる時代になっているといえる。

以上、第1章では、国際通商法という分野の全体像を、理論的・俯瞰的な視点も含めて解説した。第2章以下では、国際通商法実務の個別分野について、よりプラクティカルな解説をしてゆく。

図表1-7　経済安全保障時代の通商法の世界観（イメージ）

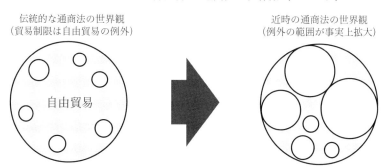

---

23）中国は、米国が2022年10月に実施した先端半導体分野の対中輸出管理の大幅な強化・拡大措置について、GATT11条、1条等の違反であるとして、同年12月にWTO提訴（協議要請）を行っている。また、日本が2019年7月に実施した韓国向けの3品目（フッ化水素、レジスト、フッ化ポリイミド）の輸出管理強化について、韓国が同年9月にWTO提訴した例もある。

## 【参考文献】

(国際経済法全般)

- 小室程夫『国際経済法 新版』(東信堂、2007)
- 中川淳司・清水章雄・平覚・間宮勇『国際経済法 第3版』(有斐閣、2019)
- 松下満雄・米谷三以『国際経済法』(東京大学出版会、2015)
- 経済産業省通商政策局編『2024年版 不公正貿易報告書』

(WTO・WTO協定)

- 小林友彦・飯野文・小寺智史・福永有夏『WTO・FTA法入門(第2版)』(法律文化社、2020)
- 滝川敏明『WTO法 実務・ケース・政策 第2版』(三省堂、2010)
- 中川淳司『WTO—貿易自由化を超えて』(岩波新書、2013)
- 深作喜一郎『超不確実性時代のWTO:ナショナリズムの台頭とWTOの危機』(勁草書房、2019)
- 松下満雄・清水章雄・中川淳司『ケースブックWTO法』(有斐閣、2009)
- 渡邊頼純『GATT・WTO体制と日本 国際貿易の政治的構造 増補2版』(北樹出版、2012)
- Peter Van den Bossche, Werner Zdouc, *The Law and Policy of the World Trade Organization* (5th edition) (Cambridge University Press, 2021)
- Peter Van den Bossche, Denise Prévost, *Essentials of WTO Law* (2nd edition) (Cambridge University Press, 2021)

(経済安全保障)

- 大川信太郎『企業法務のための経済安全保障入門』(中央経済社、2023)
- 境田正樹・白石和泰ほか『わかる経済安全保障』(金融財政事情研究会、2023)
- 鈴木一人・西脇修編著『経済安全保障と技術優位』(勁草書房、2023)
- 高市早苗『日本の経済安全保障——国家国民を守る黄金律』(飛鳥新社、2024)
- 中谷和弘『経済安全保障と国際法』(信山社、2024)
- 日本国際政治学会編『検証 エコノミック・ステイトクラフト』(国際政治205号、2022)
- 船橋洋一・鈴木一人ほか『経済安全保障とは何か』(国際文化会館地経学研究所編、2024)

# 第 *2* 章
# 貿易取引の実務

第2章　貿易取引の実務

## はじめに

　本章では、企業が行う国境を越える商品の取引、すなわち**貿易取引**における契約、物流、代金決済等の実務について解説する。

　貿易取引は、本質的には商品の売買であるが、国内の取引と異なり、売主と買主が別々の国に所在しているため法制度や商慣習が異なること、物理的にも距離があるため商品の輸送に時間がかかること、時差や言語の違いによりコミュニケーションに困難が伴うことなどの特徴がある。さらに、売主・買主以外にも、貨物の輸送を担う船会社や航空運送業者、輸出入の通関手続を代行する通関業者、海上保険等を提供する保険会社、代金決済に関与する銀行など多数の関係者が取引に関与する。このように、貿易取引は国内取引と比べてはるかに複雑で、取引の過程で様々な困難やリスクが生じるため、実務上も特殊な考慮を要する。

図表2-1　貿易取引の3つの流れ

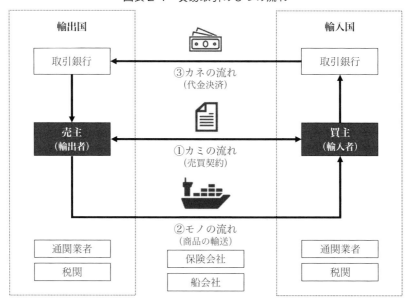

貿易取引の流れは、大きく①カミの流れ（売主と買主の間の売買契約等）、②モノの流れ（国際的な貨物輸送）、③カネの流れ（国際的な代金の決済）に分けることができる。実務では、これらの各側面について、国際的な取引に伴うリスクに対処するための手続や商慣習が発達してきた。例えば①について、商品の輸送の手配、費用の分担、危険（リスク）の移転時期をインコタームズと呼ばれる国際的な規則を用いて合意することにより当事者間の認識の齟齬を防ぐ、②について、貨物に海上保険を付することにより輸送中の商品の破損・滅失リスクに対処する、③について、信用状を利用した決済を行うことにより代金回収リスクに対処する、といった具合である。

　こうした貿易取引における各種リスクと主な対応策は、図表 2-2 のようにまとめることができる。

図表 2-2　貿易取引におけるリスクと対応策

| リスクの種類 | 主な対応策 |
| --- | --- |
| 輸出国と輸入国の間で言語や商慣習が異なることから意思疎通がスムーズに進まず、誤解や紛争が生じるリスクがある。 | ・契約書等による取引条件の明確化<br>・インコタームズの利用 |
| 相手方の財務状況、生産・営業能力、誠実性等を把握しづらく、契約を確実に履行できるか信用上のリスクがある。 | ・事前の信用調査<br>・信用状を利用した決済 |
| 相手国（特に開発途上国の場合）における戦争、内乱、政治体制の変更等により、輸出入や為替送金の停止等の事態に陥るリスク（カントリーリスク）がある。 | ・事前の市場調査<br>・貿易保険 |
| 相手国との間に物理的な距離や時差があるため商品の輸送に時間がかかり、商品の変質、遅延、破損等のリスクもある。 | ・海上保険 |
| 契約成立・商品の引渡し・代金決済のタイミングがずれるため、代金回収に時間がかかり、資金負担リスクや回収リスク（買手にとっては商品の入手リスク）もある。 | ・信用状を利用した決済 |
| 通貨が異なるため代金決済が煩瑣なことに加え、為替リスクがある。 | ・適切な決済通貨の選択<br>・為替予約 |
| 売買する商品の種類によっては貿易管理・輸出入規制の対象となり、輸出入にあたり特別な許可や承認が必要になる可能性がある。 | ・事前の法令調査 |

1）例えば日本貿易実務検定協会編『図解 貿易実務ハンドブック　ベーシック版　第 7 版』（日本能率協会マネジメントセンター、2020）50 頁参照

以下では、貿易取引の実務について、上記①〜③の分類を踏まえ、国際的な売買契約（下記2）、国際的な貨物輸送（下記3）、国際的な代金決済（下記4）の各場面において、企業法務で押さえておきたい基礎知識を概説する。

## 2 国際的な売買契約——カミの流れ

貿易取引における売買契約は、通常、売主（輸出者）と買主（輸入者）の間で書面で交わされる。理論的には、一方当事者のオファーを他方当事者が承諾することにより口頭でも契約は成立するが、コミュニケーションに齟齬が生じやすい国際的な商品の取引では、当事者間の合意内容を明確にし余計な紛争を防止するため、特殊な事情がない限りは必ず合意内容を書面化すべきである。

### (1) 契約書の形式

売買契約に係る書面は、契約交渉を経て当事者が合意した内容をもとに作成される。契約の書式には特に決まりがあるわけではないが、典型的には次のような形式が用いられる。

#### ア 注文書・注文請書

当事者の合意に基づき、売主又は買主が、自社の書式による確認書を相手方に送付し、署名を求める形式の契約書をいう。一回限りの輸出入契約で使われることが多い。買主が作成する場合には**注文書**、売主が作成する場合には**注文請書**となる。

注文書・注文請書の書式は各社で異なるが、多くの場合、書式の**表面**に、取引される商品の名称、品質、数量、単価、金額、引渡条件、積出港（仕出港）、仕向港（揚げ港）、支払条件といった基本的な条件がタイプされる。これらを**タイプ条項**と呼ぶ。

図表2-3　タイプ条項・裏面約款の典型的な記載事項

| タイプ条項 | 裏面約款（印刷条項） |
|---|---|
| ・書面の名称・番号<br>・頭書（当事者の名称・住所、契約成立確認文言）<br>・日付（Date）<br>・荷印（Case Mark, Shipping Mark）<br>・商品名及び品質（Commodity & Quality）<br>・数量（Quantity）<br>・単価（Unit Price）<br>・金額（Amount）<br>・引渡条件（Terms of Delivery）<br>・積出港（Port of Shipment）<br>・仕向港（Port of Destination）<br>・仕向地（Final Destination）<br>・船積時期（Time of Shipment）<br>・検査（Inspection）<br>・梱包（Packing）<br>・保険（Insurance）<br>・支払条件（Payment）<br>・特別条件（Special Terms and Conditions）<br>・署名欄 | ・船積条件（Shipment）<br>・支払条件（Payment）<br>・保証（Warranty）<br>・クレーム（Claim）<br>・保険（Insurance）<br>・契約不履行（Default）<br>・不可抗力（Force Majeure）<br>・知的財産権（Intellectual Property）<br>・譲渡禁止（No Assignment）<br>・紛争解決（Dispute Resolution）<br>・準拠法（Governing Law） |

　一方、書式の**裏面**には、船積条件（船積時期の厳守や船積遅延の場合の対応）、支払条件、保険、保証、クレーム、契約不履行の場合の対応（契約解除や損害賠償）、不可抗力免責、知的財産権、紛争解決、準拠法等、すべての取引に適用される自社の標準的な条件（**一般取引条件**）が印刷されることが多い。これらを**裏面約款**ないし**印刷条項**と呼んでいる。

イ　売買契約書

　当事者が合意した条件をすべてひとつの契約書の中に記載し、両当事者が署名するものをいう。規模の大きな取引や重要な取引では、当事者間の合意内容を細部に至るまで明確化しておく必要があるため、定型的な注文書や注文請書ではなく、個別の取引用に特別に契約書を作成する場合が多い。

### ウ　基本契約書・個別契約書

　代理店契約、買付委託契約、販売店契約といった継続的取引では、すべての取引に共通する基本的な取引条件を予め基本契約書の形で合意しておき、個々の受発注や船積みについては簡易な契約書（ないし注文書・注文請書）で行う方式が使われることが多い。

> **コラム　貿易取引における契約成立の流れと書式の戦い**
>
> 　貿易取引において売買契約が成立するまでには、一般に次のような過程がある。
>
> ① **勧誘（proposal）**
> 　外国の取引先を見つけるため、広告やカタログ等で売り込みを行う。
> ② **引合い（inquiry）**
> 　買主から売主に対し、興味のある商品について価格、品質、数量、決済条件等の照会がなされる。
> ③ **申込み（offer）**
> 　当事者の一方から他方に対し、商品の価格、品質、数量、決済条件等の取引条件を提示する。
> ④ **反対申込み（counter offer）**
> 　相手方が、申込みとは異なる条件での取引を提示すると、新たな申込みがあったものとみなされる。承諾の意思表示に追加的な条件や条件変更を含めた場合にも反対申込みとなる。こうした申込みと反対申込みの繰り返しによって条件の交渉が行われる。
> ⑤ **承諾（acceptance）**
> 　申込みないし反対申込みについて承諾がなされ、売主・買主の意思が一致すると売買契約が成立する。
>
> 　以上のような契約交渉の過程で、両当事者が、互いに自己に有利な条件で契約が締結できるよう、自社の標準書式を送り合うことがある。これを**書式の戦い**（battle of forms）と呼んでいる。書式の戦いの場面では、最後に書式を提示し、これを相手方が承諾したと認められた者が勝者となるのが原則である（いわゆるラストショット・ルール）。もっとも、実務では、注文書と注文請書にそれぞれ買主

---

2）これに対し、申込みと承諾の内容が異なる場合でも、共通部分について契約成立を認める考え方をノックアウト・ルールという。

と売主の裏面約款が印刷されており、その違いが解消されないまま商品の引渡しや代金決済がなされてしまったような場合に、どちらの条項が優先するか問題になることがある。

後述するウィーン売買条約でも基本的にはラストショット・ルールが採用されているが（19条1項）、承諾の意思表示に追加的な条件や条件変更が含まれる場合であっても、申込みの内容を実質的に変更しないときは承諾とみなすとされている（19条2項）。

## (2) 取引条件

国際的な売買契約では、当事者が遠隔地に所在するため、買主が商品の現物を確認することができず、また、輸送中に商品が変質したり破損する可能性もある。そのため、品質、数量、価格等をめぐって争いが生じやすい。そこで、売買契約書において取引条件を明確に定めておくことが重要である。

### ア 品質条件

貿易取引で最も多いクレームは商品の品質に関するものといわれる。当事者間で争いが生じないよう、契約において、取引される商品の品質条件を明確にしておく必要がある。典型的な品質条件の定め方には次のようなものがある。

(a) **見本売買**（Sale by Sample）

売主又は買主が商品の見本を示すことによって品質を決める方法をいい、製品や加工品の取引に用いられることが多い。商品の見本を**品質見本**（Quality Sample）といい、売手は見本と同じ品質の製品を提供する義務を負う。

(b) **標準品売買**（Sale by Standard Quality）

農林水産品、鉱業品、木製品のように自然条件等によって品質が左右される商品については、見本と現物の正確な一致が難しい。そのため、平均的な品質を基準とし、基準とのずれを価格によって調整する方法が用いら

れる。

標準品売買には次の2つの品質条件がある。

---
① **平均中等品質条件**（FAQ：Fair Average Quality Terms）
　農産物、主に穀物類等を収穫前に売買する場合に、当該季節の収穫物の中等品質を売買の基準とする方法をいう。
② **適商品質条件**（GMQ：Good Merchantable Quality Terms）
　水産物や木材等予め品質を決められない商品について、標準的な品質、すなわち市場性のある品質を売買の基準とする方法をいう。

---

(c) **銘柄売買**（Sale by Trademark or Brand）

世界的に確立されたブランド商品等の売買に用いる条件で、商標やブランド名を指定することにより品質を決定する。

(d) **規格売買**（Sale by Grade or Type）

国際標準化機構（ISO）の定めたISO規格、日本工業規格（JIS）、日本農林規格（JAS）といった標準規格により品質を決める方法をいう。

(e) **仕様書売買**（Sale by Specifications）

設計図や仕様書により、材料、性質、成分、性能、構造等をデータや数字により指定することにより品質を決める方法をいう。機械類など商談ごとに仕様の異なる商品に用いる。


遠隔地間の貿易取引では、商品の輸送中に品質変化が起こる可能性もある。そこで、いつの時点を品質条件の基準時とするのかも明確にしておく必要がある。この点については、商品の船積時点を基準とする**船積品質条件**（Shipped Quality Terms）と、陸揚時点とする**陸揚品質条件**（Landed Quality Terms）の2種類がある。船積品質条件の場合、買主の方で船積時の品質を直接確認することができないため、売主（輸出者）に対し、検査機関から**品質検査証明書**（Certificate of Quality Inspection）を取得することを義務づける必要がある。

**イ 数量条件**

　貿易取引における商品の数量は、個数、重量、容積、長さといった単位で表される。これらの単位は国や商慣習によって異なるほか、「トン」や「ガロン」のように同じ呼び名でも国によって異なる定義が使われることもある。このため、商品の数量を定める場合には、どの数量単位を用いるのかを明確にしておく必要がある。

　代表的な数量単位には図表2-4に示すようなものがある。

　穀物、アルコール、鉱産物といった商品は、輸送中に蒸発等により数量が変化する可能性がある。そのため、重量決定の時点を**船積重量条件**（shipped weight terms）とするか**陸揚重量条件**（landed weight terms）とするかを取り決める必要がある。船積重量条件を用いる場合、条件どおりに船積みしたことを証明するため、公的な検量業者に**容積重量証明書**（certificate and list of measurement and/or weight）を発行してもらう。また、**数量過不足容認条件**（more or less terms）を付し、一定の範囲で数量

図表2-4　代表的な数量単位

| 種類 | 名　称 | 内　容 |
|---|---|---|
| 重量 | ポンド（lbs） | 0.453 592 37 kg |
| | メートルトン（metric ton）／仏トン | 1,000 kg ／ 2,204.6 ポンド |
| | 重トン（long ton）／英トン | 1,016 kg ／ 2,240 ポンド |
| | 軽トン（short ton）／米トン | 907 kg ／ 2,000 ポンド |
| | 容積トン（measurement ton） | 1 $m^3$ 又は 40 $ft^3$ |
| 長さ | メートル（m） | 1 m |
| | ヤード（yd） | 0.9144 m |
| | フィート（ft） | 0.3048 m |
| 面積 | 平方メートル | 1 $m^2$ |
| | 平方フィート（sft） | 929.0304 $cm^2$ |
| 容積 | 立法メートル（k） | 1 $m^3$ |
| | 立法フィート（cft） | 1 $ft^3$ |
| | 英ガロン（imperial gallon） | 4.546 09 ℓ |
| | 米国液量ガロン（U.S. fluid gallon） | 3.785 411 784 ℓ |
| | 米国乾量ガロン（U.S. dry gallon） | 4.404 883 770 86 ℓ |
| | バレル（barrel）※石油用 | 158.987 294 928 ℓ ／ 42 ガロン |
| 個数 | 個数（piece / pc） | 1 個 |
| | 対（pair） | 2 個 |
| | ダース（dozen / dz） | 12 個 |
| | グロス（gross） | 144 個 ／ 12 ダース |

の過不足を許容することもある。

　なお、商品が梱包される場合には、梱包材重量を含まない正味重量（net weight）とするか、又は総重量ないし風袋込重量（gross weight）とするかも決めておく必要がある。

**ウ　価格条件**

　貿易取引における価格は、製造者における生産原価・利益等を考慮して決定される**工場渡価格（EXW 価格）**を基準に、国内輸送費用、倉庫料、通関・船積費用、国際輸送費用、海上保険料といった諸費用（諸掛と呼ばれる）や輸出者の利益を加算することにより決定される。

　売主・買主間における諸費用の負担については、通常、下記(3)で述べるインコタームズの貿易条件により取り決めがなされる。この取り決めに応じて、EXW 価格、FOB 価格（輸出地における本船への積込みまでの費用込みの価格）、あるいは CIF 価格（輸入地までの運送費用及び保険料込みの価格）といった形で取引価格が決定される。

**エ　決済条件**

　貿易取引では、代金を決済するための通貨と方法も取り決めておく必要がある。決済通貨は、基軸通貨のドル建てやユーロ建てとすることが一般的である。為替リスクを負いたくない場合には、**為替予約**[3]を用いたり、日本円建てで決済を行うこともある。なお、取引の相手国によっては、米国 OFAC 規制（→第 8 章 4）を考慮してあえてドル決済を避ける場合もある。

　国際的な代金決済の方法には、電信送金（T/T）や信用状（L/C）決済等の方法がある（後記 4 参照）。

---

3）為替予約とは、将来予定している輸出入取引について、銀行との間で、将来の特定の日を受渡日とし、通貨、金額、適用為替相場等を予め取り決めておき、予約した通貨とレートで決済を行う契約のことをいう。

## (3) 費用と危険の負担——インコタームズ

インコタームズ（Incoterms：International Commercial Terms）とは、国際商業会議所（ICC）が制定した、貿易取引に関する定型的な条件やその解釈を定めた国際規則をいう。

インコタームズは、商品の輸送、保険、通関手続等に関する売主・買主間の役割・費用負担や貨物に関する危険（リスク）の移転時期を定めるもので、定型的な貿易条件を「FOB」「CIF」のように3つのアルファベットで表している。当事者はこれら貿易条件のいずれかを指定することにより、簡便に貿易条件を決定することができる（図表2-5）。なお、インコタームズでは**所有権の移転時期**や**債務不履行の法的効果**（契約の解除や損害賠償責任）は定めていないため、別途、契約条項（上述した裏面約款等）で対処する必要がある。

インコタームズは、商習慣の変化に合わせて定期的に改訂されており、1936年の制定後、1953年、1967年、1976年、1980年、1990年、2000年、2010年、2020年に改訂が行われている（現時点ではインコタームズ2020が最新版となる）。インコタームズは条約や法律のような拘束力を有する法規範ではなく、これを利用するかどうかは当事者の任意である。また、必ずしも最新版のインコタームズを利用する必要はなく、旧バージョンを利用することも可能である。

インコタームズ2020の規則は、大きく、(ア)すべての輸送手段に適用する規則（rules for any mode or modes of transport）と(イ)海上及び内陸水路輸送に適用する規則（rules for sea and inland waterway transport）の2グループに分かれる。(ア)について7種類、(イ)について4種類の合計11種類の規則が用意されている。(イ)は船舶による輸送を想定しているため、航空機やトラックによる国際輸送については(ア)の中から貿易条件を選択することになる。また、コンテナ貨物については、船舶で輸送する場合にも、本船の船側や船上ではなくコンテナターミナルで売主より運送人に引き渡されるので、(イ)に含まれるFOB、CFR、CIFではなく、(ア)に含まれるFCA、CPT、CIPを使用することが推奨されている。

## 図表 2-5 インコタームズ 2020 の概要

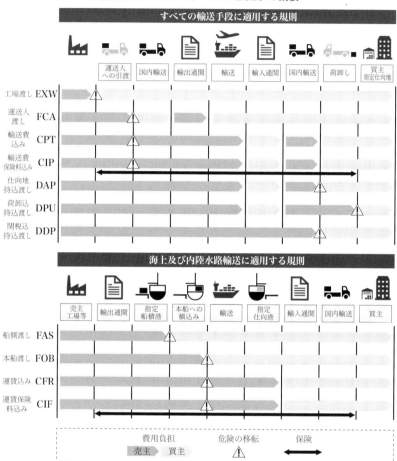

### ア すべての輸送手段に適用する規則

#### ① EXW（Ex Works／工場渡し）

売主の工場、倉庫など指定した引渡場所で約定品を買主の処分に委ねたときに売主の義務が完了し、危険負担も買主に移転する。売主は買主が手配した物品受け取りのための車両に積み込む義務を負わず、輸出通関手続も買主が行うという現地渡しの条件であり、売主の負担が最小限とされている。

売買契約等においては「EXW ○○」のように**指定引渡地**を指定する。

② **FCA（Free Carrier ／運送人渡し）**

売主が、指定場所において買主が手配した運送人に約定品を引き渡したときに売主の引渡義務が完了する。具体的には、引渡場所が売主の施設内のときは、買主が手配した運送人のトラック等に物品が積み込まれたときに（積込みの責任は売主が負う）、費用と危険が買主に移転する。一方、売主の施設以外で買主の手配した運送人に引き渡すときは、売主の輸送手段の上で物品が買主の手配した運送人の処分に委ねられたときに買主に移転する（売主は荷卸しの責任を負わない）。いずれの場合も、輸出通関手続は売主が行う。

売買契約等においては「FCA ○○」のように**指定引渡地**を指定する。

③ **CPT（Carriage Paid to ／輸送費込み）**

売主が、指定仕向地までの運送人の手配と費用負担を行うが、運送人に引き渡した時点で買主に危険が移転する。なお、後述する国際複合一貫輸送の場合、第一運送人に引き渡したときに移転する。輸出通関手続は売主が行う。

売買契約等においては「CPT ○○」のように**指定仕向地**を指定する。

④ **CIP（Carriage and Insurance Paid to ／輸送費保険料込み）**

売主と引渡義務と危険負担は CPT と同じだが、費用負担については、売主が指定仕向地までの運送費と貨物運送保険料を負担する。輸出通関手続は売主が行う。

売買契約等においては「CIP ○○」のように**指定仕向地**を指定する。

⑤ **DAP（Delivered at Place ／仕向地持込渡し）**

指定仕向地において、到着した輸送手段の上で約定品が買主の処分に委ねられたときに、売主の引渡義務が完了し、危険が買主に移転する。輸出通関手続は売主が行うが、輸入通関手続及び指定仕向地における荷卸しは買主の負担となる。

売買契約等においては「DAP ○○」のように**指定仕向地**を指定する。

⑥ **DPU（Delivered at Place Unloaded ／荷卸込持込渡し）**

指定仕向地で物品が輸送手段から荷卸しされ、買主の処分に委ねられた

ときに売主の引渡義務が完了し、危険が買主に移転する。輸出通関手続は売主が、輸入通関手続は買主がそれぞれ負担する。指定仕向地における荷卸しが完了するまで売主が費用と危険を負担する点がDAPと異なっている。

売買契約等においては「DPU ○○」のように**指定仕向地**を指定する。

⑦ **DDP（Delivery Duty Paid／関税込持込渡し）**

指定仕向地において、輸入通関を済ませた上で、到着した輸送手段の上で約定品が買主の処分に委ねられたときに、売主の引渡義務が完了し、危険が買主に移転する。輸出入ともに通関手続は売主が行い、輸入時の関税や内国消費税の支払も売主の負担となる。

売買契約等においては「DDP ○○」のように**指定仕向地**を指定する。

**イ 海上及び内陸水路輸送に適用する規則**

⑧ **FAS（Free Alongside Ship／船側渡し）**

指定船積港において、約定品が買主が指定した本船の船側に置かれた時点で売主の引渡義務が完了し、費用負担と危険が買主に移転する。輸出通関手続は売主が行うが、本船への積込みは買主の義務となる。

売買契約等においては「FAS ○○」のように**指定船積港**を指定する。

⑨ **FOB（Free on Board／本船渡し）**

指定船積港において、約定品が買主が指定した本船上で物品を引き渡したときに、費用負担と危険が買主に移転する。輸出通関手続と本船への積込みは売主の義務となる。

売買契約等においては「FOB ○○」のように**指定船積港**を指定する。

⑩ **CFR（Cost and Freight／運賃込み）**

C&Fと表記されることもある。売主の引渡義務と危険の移転時期はFOBと同じだが、約定品を指定仕向港まで運送するための費用については売主が負担する。輸出通関手続は売主、輸入通関手続は買主の負担となる。

売買契約等においては「CFR ○○」のように**指定仕向港**を指定する。

⑪ **CIF（Cost, Insurance and Freight／運賃保険料込み）**

売主の引渡義務、危険の移転時期、指定仕向港への運送費用の負担はCFRと同じであるが、海上保険の手配と保険料の支払も売主負担となる。輸出通関手続は売主、輸入通関手続は買主の負担となる。

売買契約等においては「CIF ○○」のように**指定仕向港**を指定する。

## (4) ウィーン売買条約（CISG）

国境を越えて行われる物品の売買について契約や当事者の権利義務の基本的な原則を定めた国際条約として、**ウィーン売買条約**（国際物品売買契約に関する国際連合条約、CISG）[4]が存在する。同条約は、国際連合国際商取引法委員会（UNCITRAL）が起草し、1980年4月のウィーン外交会議で採択され、1988年1月に発効した。現時点で、米国、カナダ、中国、韓国、ドイツ、イタリア、フランス、オーストラリア、ロシア等、主要国の多くが締約しており、日本でも2009年8月に発効している。

ウィーン売買条約は、国際物品売買契約に関し、①契約成立の要件及び②当事者（売主・買主）の権利義務について定めている。①については、例えば契約成立時を承諾の到達時とすること（18条2項）、いわゆる**書式の戦い**（battle of forms）の場面で、申込みに対する承諾の内容が申込みの内容と異なる場合であっても、その相違が実質的でない場合には契約の成立を認めること（19条2項）等が規定されている。②については、例えば契約の解除を重大な契約違反がある場合に限定する規定（49条1項(a)、51条2項、64条1項(a)）や、債務者による契約違反が予想される場合に、債権者保護のため契約の履行期日前に予防的に契約解除を認めるといった規定（72条1項）が置かれている。

ウィーン売買条約は、営業所が異なる国に所在する当事者間の物品売買契約を対象とし、当事者の所在する国がいずれも締約国である場合には自動的に適用される[5]。また、非締約国の企業との売買契約であっても、国際

---

4 ) United Nations Convention on Contracts for the International Sale of Goods

私法の定めにより締約国の法（例えば日本法）が適用される場合には、やはり自動的に適用される（1条1項）。

上述したように、ウィーン売買条約では、売買契約の成立や当事者の権利義務について日本の民法等とは異なる規律が採用されている。そのため、条約が自動的に適用されてしまうと、日本企業にとって必ずしも意図しなかった帰結が生じることもある。そこで、売買契約にウィーン売買条約が適用されることを避けたいときは、契約書において「本契約にはウィーン売買条約を適用しない」といった明示的な排除文言を定めておく必要がある（ウィーン売買条約6条参照）。

## (5) **紛争解決条項**

国際的な売買契約では、当事者間で紛争が生じた場合に、どの国の法を準拠法としてどのような紛争解決機関で解決を行うかを定めておく必要がある。

**準拠法**とは、当事者間で契約の解釈をめぐって争いが生じた場合に、どの国の法律に基づいて解釈するかの定めをいう。準拠法の定めには、大きく、日本など**大陸法**（civil law）系の国の法律を選択する場合と、英国・米国など**コモンロー**（common law）系の国の法律を選択する場合とがある。実務では一方当事者の国の法を準拠法とすることが多いが、第三国の法律（例えば英国法）を準拠法とすることもある。

紛争解決のための機関をどこにするかを契約に明記しておくことも重要である。紛争解決の手段には、**あっせん**、**調停**、**裁判**、**仲裁**（国際商事仲裁）等がある。このうちあっせんと調停は当事者が任意で解決に応じることを前提とする手続であり、第三者による強制力のある判断を得るためには裁判又は仲裁を行う必要がある。裁判と仲裁のメリット・デメリットはそれぞれ次のとおりである。

まず**裁判**のメリットとして、裁判所は国によって運営されているため手

---

5）ただし、2条により消費者取引等は適用対象から除外される。

続費用が安いこと、日本など先進国の多くでは職業裁判官による質の高い判断が期待できること、上訴の権利が保障されており不当な判断を是正する機会があることが挙げられる。また、仮に自国の裁判所を紛争解決機関とすることに合意できた場合には、言語や商習慣の違いによるコミュニケーションの齟齬を防ぐことができ、交通費や宿泊費も抑えられる。さらに、「ホーム」での戦いとなるため心理的にも有利に立つことができる。逆に、相手国での裁判となった場合には、言語や商習慣の違いに対応する必要があること、米国のように証拠開示（ディスカバリー）やトライアル（公判）等の手続負担が重く、弁護士費用も高額になる場合があること、途上国では裁判官の中立性に問題があったり時間がかかる場合もあること等のデメリットがありうる。また、ある国の判決を別の国で執行するためには、**外国判決の承認・執行**と呼ばれる手続を得る必要があるため、判決の実現に時間と手間がかかる傾向がある。

一方、**仲裁**のメリットとして、仲裁機関や仲裁手続（仲裁規則）を当事者が選択することができフレキシブルであること、裁判官にあたる仲裁人や仲裁地（仲裁を実施する国・都市）を当事者が指定できるため判断者の信頼性・中立性を確保しやすいこと、裁判と異なり原則非公開の手続となるため守秘性が確保されること、日本をはじめ**ニューヨーク条約**（外国仲裁判断の承認及び執行に関する条約）の締約国であれば、仲裁判断を容易に執行できることが挙げられる。反面、仲裁人や仲裁機関に支払う費用を当事者が負担する必要がありコストが嵩むこと、一審制のためやり直しがきかないことなどのデメリットがある。

## 3　国際的な貨物輸送──モノの流れ

貿易取引におけるモノの流れには、海上輸送、航空輸送、国際複合一貫輸送等がある。

## (1) 海上輸送

海上輸送（海運）とは、船舶により海上で貨物を輸送することをいう。スピードでは航空輸送（空輸）に劣るものの、大量の荷物を低コストで運べるというメリットがある。このため、現代でも世界の貿易量の大半を海上輸送が担っており、日本の場合、貿易量の実に99.6%（重量ベース）を海上輸送が占めている。[6]

### ア 海上輸送の形態

船舶による海上輸送には**コンテナ船**と**在来船**がある。**コンテナ船**を利用した輸送には、コンテナ内の貨物の梱包を簡易化でき作業効率が良いこと、天候に関係なく荷役作業ができること、積み替えなしで海陸一貫輸送が可能であることなど大きなメリットがあり、現在では海上輸送の主流となっている。一方、**在来船**とは、コンテナ船以外の貨物船のことをいう。荷物の積み込みに人手がかかり、天候によって荷役作業ができないことがあるといったデメリットもあるが、コンテナターミナルの設備が整っていない港へ輸出する場合や、コンテナに収めることができない重量貨物や長尺貨物を運ぶ場合に利用される。また、オイルタンカー、自動車専用船、穀物や鉱石等の貨物をばら積みするバルク船のように、特定の貨物を効率的に輸送するための専用船もある。

船舶の運航スケジュールは、**定期船**（liner）と**不定期船**（tramper）とに分けられる。定期船とは、予め決まった航路を決まった寄港スケジュールで運航されるものをいい、ほとんどがコンテナ船となっている。不定期船は、需要に応じて随時航路を変更して航海する船舶をいい、荷主の依頼により希望の船積港と揚港に配船される。船会社と用船契約を結んで船腹の全部又は一部を貸し切って運送を行う形態で、鉄鉱石、石炭、穀物といっ

---

6) 公益財団法人日本海事広報会「SHIPPING NOW 2023-2024（データ編）」26頁。日本船主協会「日本海運の現状（2014年10月版）」によれば、金額ベースでは76.7%とされる。また、世界の貿易については、経済産業省「令和2年版 通商白書」（2020年7月）197頁によれば、重量基準で9割強、金額基準で7割前後を海運が担うとされている。

たばら積み貨物の運送等に用いられる。

### イ　船荷証券（B/L）

**船荷証券**（Bill of Lading、B/L）とは、海上輸送される貨物を受け取った船会社が発行する証券をいう。日本法では商法757条以下に船荷証券に関する規定が設けられている。

船荷証券は、貨物の引渡請求権を化体した**有価証券**であり、船会社が貨物を受け取ったことを示す受取証としての性質（**受取証券性**）や、貨物の引渡しを請求するための引換証としての性質（**引換証券性**）を有する。また、「**指図式**」と呼ばれる船荷証券（order B/L）[7]は、裏書により貨物の引

図表 2-6　船荷証券のサンプル（船積船荷証券）

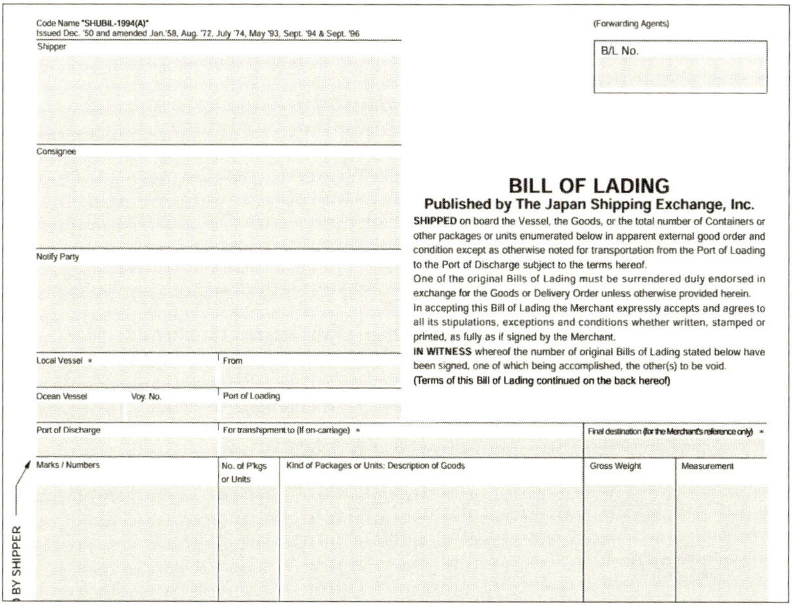
Code Name "SHUBIL-1994(A)"
Issued Dec. '50 and amended Jan.'58, Aug. '72, July '74, May '93, Sept. '94 & Sept. '96
Shipper
Consignee
Notify Party
Local Vessel *
From
Ocean Vessel
Voy. No.
Port of Loading
(Forwarding Agents)
B/L No.

**BILL OF LADING**
**Published by The Japan Shipping Exchange, Inc.**
**SHIPPED** on board the Vessel, the Goods, or the total number of Containers or other packages or units enumerated below in apparent external good order and condition except as otherwise noted for transportation from the Port of Loading to the Port of Discharge subject to the terms hereof.
One of the original Bills of Lading must be surrendered duly endorsed in exchange for the Goods or Delivery Order unless otherwise provided herein.
In accepting this Bill of Lading the Merchant expressly accepts and agrees to all its stipulations, exceptions and conditions whether written, stamped or printed, as fully as if signed by the Merchant.
**IN WITNESS** whereof the number of original Bills of Lading stated below have been signed, one of which being accomplished, the other(s) to be void.
**(Terms of this Bill of Lading continued on the back hereof)**

Port of Discharge
For transhipment to (If on-carriage) *
Final destination (for the Merchant's reference only) *
Marks / Numbers
No. of P'kgs or Units
Kind of Packages or Units; Description of Goods
Gross Weight
Measurement
BY SHIPPER

出典：一般社団法人日本海運集会所ウェブサイト

7）権利者に指図された不特定の者を荷受人（consignee）とする船荷証券をいう。船荷証券の荷受人の欄には「to order of Shipper」「to order」等と記載される。これに対し、輸入者など特定の者を荷受人として指定した船荷証券は**記名式船荷証券**（straight B/L）と呼ばれ、流通性を持たない。

渡請求権を譲渡することができ、担保価値が認められるため（流通証券性）、後述する信用状を用いた代金決済に用いられる。

　船荷証券の形式には、貨物が特定の船舶に積み込まれたときに発行される**船積船荷証券**（Shipped B/L ないし On Board B/L）と、貨物を船会社が受け取ったときに発行される**受取船荷証券**（Received B/L）がある。在来船による輸送の場合、原則として船積船荷証券が発行されるが、コンテナ船の場合、貨物がコンテナヤードで船会社に引き渡されたときに受取船荷証券が発行される。

> **コラム　船積書類**
>
> 　船積書類（shipping documents）とは、船舶により輸送される貨物の財産権を表すものとして国際的に認められた書類のことをいう。**商業送り状**（invoice）、**船荷証券**（B/L）、**海上保険証券**（I/P：insurance policy）が三大船積書類と呼ばれる。これらは、通常、売主（輸出者）側で準備・作成して取引銀行経由で又は直接買主（輸入者）に送付され、輸出代金の回収や買主による商品の引取りに用いられる。
>
> 　なお、**商業送り状**とは輸出者が輸入者宛てに発行する貨物の明細書のことをいい、貨物の記号、商品名、数量、契約条件、単価、仕向人、仕向地、代金支払方法等が記載される。出荷案内、代金の請求書、梱包明細書としての機能のほか、輸出入通関手続では税関が申告内容を確認するための資料になる（関税法68条参照）。また、輸入者側では**仕入書**としても使用される（関税法上も「仕入書」の呼称が使われている）。
>
> 　船積書類には、上述の３つの書類のほか、包装明細書（パッキングリスト）、品質検査証明書や容積重量証明書、原産地証明書等も含まれる。

## (2)　航空輸送

### ア　航空輸送の形態

　航空輸送とは、航空機を利用して貨物を運ぶことをいう。海上輸送と比較してコストが高く大量輸送に向かないというデメリットがあるが、圧倒的にスピードが速く、船舶と比較して遅延が少なく確実性も高いことから、

緊急を要する商品、高額商品や精密機器、生鮮品等の輸送に用いられる。

航空輸送の形態には、①荷主が、国際航空運送協会（IATA）の代理店資格を有する航空貨物代理店を通して、又は航空会社と直接契約して輸送を依頼する**直接貨物輸送**、②**利用航空運送事業者**（混載業者）と呼ばれる事業者が複数の荷主から小口の貨物の集めて大口貨物にまとめ、自ら荷主となって航空会社に輸送を依頼する**混載貨物輸送**、③荷主と航空会社の間で、航空機を借り切る契約を行う**チャーター輸送**がある。

### イ　航空運送状（Air Waybill）

航空運送状（Air Waybill、AWB）とは、航空貨物を運送する際に、IATAの規則に基づき発行される書類をいう。船荷証券と同様、運送契約締結や航空会社が貨物を引き受けたことの証拠書類としての性質や、貨物の引取証としての性質を有する。一方、船荷証券と異なる点として、有価証券ではないこと、記名式で発行されるため流通性がないことが挙げられる。また、船荷証券には船積船荷証券と受取船荷証券があるが、航空運送状は常に受取式で発行される。

混載貨物輸送契約の場合には、航空会社から混載業者に対して通常の航空運送状（Master Air Waybill、MAWB）が発行され、混載業者から小口貨物の荷主に対しては**混載航空運送状**（House Air Waybill、HAWB）と呼ばれる航空運送状が発行される。

## (3)　国際複合一貫輸送

**国際複合一貫輸送**（International Multimodal Transport）とは、同一の運送人が船舶、航空機、トラック、鉄道等2つ以上の異なる輸送手段を用い、貨物の引受けから引渡しまで一貫して運送を行うものをいう。特に、コンテナを利用した海陸の複合一貫輸送が広く行われている。国際複合一貫輸送を行う運送人を**複合運送人**（Multimodal Transport Operator）という。複合運送人には、船会社がなる場合と、自社では船舶を運航しない**NVOCC**（Non-Vessel Operating Common Carrier）と呼ばれる事業者がな

る場合がある。

国際複合一貫輸送の場合、複合運送人から荷主に対し、貨物の受取り等を証する書類として、**複合運送船荷証券**（Multimodal Transport B/L ないし Combined Transport B/L）や**海上運送状**（Sea Waybill）が発行される。

> **コラム　貿易取引と保険**
>
> 　遠隔地の当事者間で行われる貿易取引では、商品が輸送中に破損・変質するリスク、外国にいる取引の相手方の信用リスク、外国における輸出入規制や政情不安等、さまざまなリスクが存在する。こうしたリスクをてん補するため、各種の保険が存在する。
>
> ① **海上保険**
> 　国際的な貨物の輸送に伴う各種のリスクから生じる損害を補償するための保険を**外航貨物海上保険**（又は単に**海上保険**）という。海上保険は、船舶や航空機による国際的な輸送とそれに付随する国内輸送をカバー対象とし、輸送中の火災、爆発、船舶の座礁・沈没、盗難、破損等の事故によって生じた損害が補償される。特殊な貨物を除き、国際的な貨物輸送のほとんどに海上保険が付けられている。
> 　上述したように、インコタームズの規則でも、CIP（輸送費保険料込み）又は CIF（運賃保険料込み）を用いる場合、売主に保険を手配する義務が課される。
> 　貿易取引は世界各国で行われるため、外航貨物海上保険証券は国際的な流通性が求められる。そのため、ロンドン保険業者協会が制定した**協会貨物約款**（ICC：Institute Cargo Clauses）が国際的に普及している。協会貨物約款には、1963年に制定された**旧協会貨物約款**と 2009 年に制定された**新協会貨物約款**がある。
> 　海上保険による補償の対象となる危険（リスク）は、大きく(ア)**海上危険**（marine risks）、(イ)**戦争危険**（war risks）、(ウ)**ストライキ危険**（SRCC risks[8]）に分けられる。インコタームズの CIP 及び CIF では、売主に付保義務があるのは海上危険のみであり、戦争危険とストライキ危険については、買主の要求がある場合に買主の費用で提供することとされている。
> 　ICC（2009）では、**海上危険**に関する保険条件として、海上輸送用の ICC（A）、ICC（B）、ICC（C）と航空機輸送用の ICC（AIR）の4種類の基本条件が用意されている[9]。一方、**戦争危険**については協会戦争約款（Institute War Clauses）に基

---

8) Strike, Riots and Civil Commotions の略

づき、**ストライキ危険**については協会ストライキ約款（Institute Strikes Clauses）に基づき、それぞれ補償される。

　海上保険の**保険期間**（保険の補償区間）は、CIFの場合、海上危険とストライキ危険については、貨物が保険契約で指定された地の倉庫や保管場所から輸送の目的をもって初めて動かされた時から開始し、保険契約で指定された仕向地の最終倉庫又は保管場所で輸送用具からの荷卸しが完了した時に終了する[10]。一方、FOB又はCFRの場合には、貨物が本船に積み込まれた時から保険が開始するが、船積みまでの間に売主に生じるリスクをカバーする「輸出FOB保険」も存在する。

　**戦争危険**については、原則として海上又は航空輸送中のみが保険期間となる。具体的には、貨物が本船又は航空機に積み込まれた時に保険期間が開始し、最終荷卸港（地）で本船又は航空機から荷卸しされたとき、又は本船もしくは航空機が最終荷卸港（地）に到着後15日を経過したときのいずれか早い方に終了する。

② **貿易保険**

　海上保険が輸送中の貨物の滅失・毀損等による物的損害をてん補するのに対し、**貿易保険**とは、海外の顧客への輸出や海外への投融資といった海外取引に際して、**代金の回収**に関するリスクを補填する保険のことをいう。

　貿易保険制度は、終戦後の1950年代に、日本企業の輸出を後押しすることを目的として通商産業省（当時）で運営が始まり、2001年に独立行政法人日本貿易保険（NEXI。2017年に株式会社に移行）に事業が移管された。

　貿易保険がてん補対象とする損害には、輸出先国が新たな輸入規制を設けたため輸出できなかった等のリスク（**カントリーリスク**ないし**非常危険**）や取引先の経営悪化・破綻といった取引先のリスク（**信用リスク**ないし**信用危険**）が含まれる。

　貿易保険は、かつてはNEXIが運用する公的な保険のみが存在していたが、2005年より民間の保険会社にも開放され、現在では、各社が**輸出取引信用保険**といった名称で保険商品を販売している。

---

9）2009年制定の新協会貨物約款のICC（A）条件は1963年制定の旧協会貨物約款のICC（All Risks）に、ICC（B）条件は旧ICC（WA）に、ICC（C）条件は旧ICC（FPA）に対応し、ICC（A）条件が最も補償範囲が広い。ICC（AIR）は旧Institute Air Cargo Clauses（All Risks）に対応する。

10）ただし、①通常の輸送過程以外の保管、又は貨物の割当てもしくは分配のために、倉庫において荷卸しされた場合、②通常の輸送過程以外の保管のため、輸送車両もしくはその他の輸送用具又はコンテナを使用した場合、③本船から荷卸しされて60日（航空機の場合は30日）を経過した時には、輸送の途中でも保険は終了する。

### ③ 海外 PL 保険

**海外 PL 保険**とは、日本企業が製造又は輸出した製品の欠陥により海外で対人・対物事故が生じ、日本企業に対する損害賠償請求がなされた場合に、損害賠償金や弁護士報酬・訴訟費用等をてん補する保険をいう。特に米国等では高額の PL 訴訟が提起されることも珍しくないところ、海外 PL 保険により、賠償責任の補償、生産物回収（リコール）費用の補償に加え、示談の代行や訴訟マネジメント等のサービスを受けることができる。

## 4　国際的な代金決済──カネの流れ

本章の最後では、貿易取引における**カネの流れ**、すなわち売買代金の決済について説明する。

国内の売買取引と比較した場合、貿易取引では、商品の発送から受領までに時間がかかり、輸送中に商品が変質したり破損するリスクもある。一般に、売買契約における代金決済のタイミングには**前払い**と**後払い**の2通りがあるところ、前払いとした場合には、買主（輸入者）が商品を入手できないリスクや品質に関するリスク（**商品入手リスク**）を負担することとなり、後払いとした場合には、売主（輸出者）が買主（輸入者）から商品の代金を支払ってもらえないリスク（**代金回収リスク**）を負担することになる。

このため、実務では、当事者のリスクを最小限とするために、各種の決済方法が工夫されている。具体的には、貿易取引で使われる主な決済方法には以下のようなものがあり、取引の性質・内容や契約相手の信用力に応じて適切な方法を選択することになる。

### (1)　外国送金（T/T）による代金決済

外国送金とは、商品の買主（輸入者）が、売主（輸出者）の銀行口座宛

てに送金をする方法による決済をいう。主に**電信送金**（T/T：telegraphic transfer）によって行われる。

外国送金による代金決済は、国内での売買取引における銀行振込による送金と本質的には同様である。ただし、国内における振込送金では、銀行が日本銀行に置く口座間で資金振替を行うことによって送金が実現するのに対し、外国送金の場合には日本銀行に相当する機関がないことから、送金者（買主）側の銀行（**仕向銀行**）と受取人（売主）側の銀行（**被仕向銀行**）の間で、予め**コルレス契約**[11]と呼ばれる銀行間の取り決めを行っておき、これに基づき、個別の送金について電信（cable）により支払指図（payment order）を行うことになる（図表2-7）。

電信送金のメリットとして、銀行窓口やインターネット上で簡単に送金を行うことができること、数日程度で相手国の銀行に着金しスピーディーであること、送金手数料や為替手数料はかかるものの、信用状決済等と比

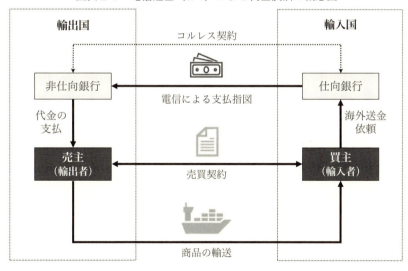

図表2-7　電信送金（T/T）による代金決済の概念図

---

11) コルレス契約は correspondent arrangement の略称で、国際的な資金決済のために、金融機関が外国の金融機関に為替業務の代行を依頼する際の諸条件を定めた銀行間の契約のことをいう。コルレス契約に基づき、外国で為替業務の代行を行う銀行のことを**コルレス銀行**という。

較すればコストが低いことが挙げられる。デメリットとしては、代金前払いの場合の買主の商品入手リスク、後払いの場合の売主の代金回収リスクに対処できない点が挙げられる。そのため、継続的な取引を通じて当事者間に信頼関係がある場合に用いられることが多い。

## (2) 荷為替手形（B/C）による代金決済

　外国送金における買主の商品入手リスク及び売主の代金回収リスクに対処するため、荷為替手形を用い、銀行を媒介にして決済を行う仕組みがある。

　**荷為替手形**とは、売主（輸出者）が商品代金決済のための振り出した為替手形に船荷証券等の船積書類を添付したものをいい、B/C（bill for collection）とも呼ばれる。

　荷為替手形を用いた代金決済を行う場合、売主（輸出者）は、荷為替手形を取引銀行に交付し、買主（輸入者）からの代金取立てを依頼する。売主側の銀行は、さらに荷為替手形を買主側の取引銀行に送付する。買主（輸入者）は、商品を受領するためには銀行から荷為替手形を引き受けて船積書類を入手する必要があり、このことによって商品代金の支払が担保されることになる（図表2-8）。

　荷為替手形を利用した決済には、銀行がいつ輸入者に船積書類を引き渡すかによって、①**支払渡し**（D/P：documents against payment）と②**引受渡し**（D/A：documents against acceptance）の2種類がある。買主（輸入者）は、D/Pの場合は手形の支払と引き換えに、D/Aの場合は期限付手形の引受け（期限における支払の確約）と引き換えに船積書類を受領し、船会社から商品を受け取ることができる。

　荷為替手形のメリットとして、買主が船荷証券等を受領するためには代金の支払ないし支払確約が必要とされるため、売主にとっては代金回収リスクを軽減できる点が挙げられる。一方、後述の信用状による決済と比較した場合、銀行による支払確約がないため、原則として銀行による代金取立ての方法により代金を回収することになり、売主が代金の支払を受けら

図表 2-8 荷為替手形を用いた代金決済（D/P 決済）の概念図

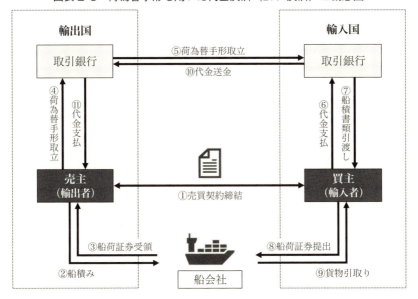

れるのは、取引銀行が買主の代金支払を確認した後になる。すなわち、銀行に手形と船積書類を交付してから代金を受領するまでにタイムラグがあり、その間の資金負担が生じる点がデメリットとなる。また、買主側の決済リスクを完全に回避することはできない。

買主にとっても、商品そのものと引き換えに代金を支払うのではなく、船荷証券と引き換えに代金を支払う仕組みとなっているため、実際に受け取った商品の品質が契約と異なっていたり、輸送の途中で変質等していた場合のリスクは残ってしまう。

### (3) 信用状（L/C）による代金決済

信用状（L/C：letter of credit）とは、貿易取引に際し、買主（輸入者）の取引銀行（発行銀行）が、売主（輸出者）に対し、売主が信用状条件を満たした船積書類を銀行に呈示することを条件として代金の支払を確約する書面のことをいう。**荷為替信用状**とも呼ばれる。

信用状を用いた決済の基本的な構造は、上述した荷為替手形を使った決済と概ね同様である。しかし、荷為替手形に信用状を付け加えることにより、買主が支払不能になった場合にも、発行銀行により商品代金の支払を肩代わりしてもらうことができ、代金回収リスクを除去できる点が大きなメリットとなる。また、売主は、発行銀行が支払を確約していることを背景として、荷為替手形を取引銀行に買い取ってもらう（商品代金を立替払いしてもらう）ことで、船積書類を迅速に現金化することができる。

信用状は、買主（輸入者）の依頼に基づき、輸入国の銀行（**発行銀行**）が発行する。発行銀行は、信用状の受益者である売主に対し直接に信用状債務を負うこととされているが、実際には、信用状の開設や支払は輸出国の銀行を介して行うのが通常である。すなわち、発行銀行は、輸出国の銀行（**通知銀行**）を通じて信用状の開設を売主に通知し、売主は、信用状で指定された輸出国の銀行（**指定銀行**）を通じて書類の呈示を行うことにより、指定銀行から信用状債務の支払を受けることができる。指定銀行を通じた信用状債務の支払は、指定銀行による船積書類の買取り

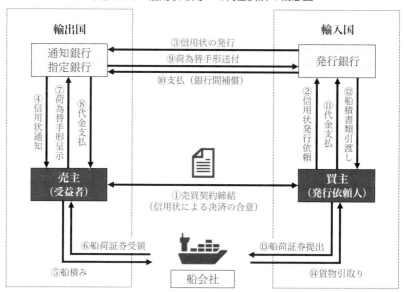

図表2-9　信用状を用いた代金決済の概念図

(negotiation) 及び発行銀行による銀行間補償 (reimbursement) という形式で行う旨が信用状に定められることが多い (図表 2-9)。

　信用状取引については、日本をはじめとするほとんどの国の法律に明文の規定が置かれておらず、一般には、国際商業会議所 (ICC) が制定した**信用状統一規則**に基づいて行われている。信用状統一規則の最新版は、2007 年 7 月 1 日に改訂された信用状統一規則 2007 年改訂版 (UCP600) となっている。

　信用状統一規則の下では、信用状を用いた決済の確実性・迅速性が重視されている。例えば、信用状に基づく発行銀行の支払債務は、発行依頼人 (買主) の受益者 (売主) に対する債務から独立のものとされており、発行銀行は、発行依頼人の受益者に対する抗弁をもって受益者に対して対抗することができない (UCP600 4条)。これを**信用状独立の原則**と呼ぶ。

　また、信用状取引では書類のみを扱い、発行銀行及び指定銀行は、実際の貨物の移動とは無関係に、受益者が信用状の条件を充足する書類の呈示を行ったか否かのみに基づいて信用状債務の支払を行う。すなわち、信用状条件を充足する書類の提示があった場合には、発行銀行は、直ちに「オナー」(honour) を行い、受益者に対し信用状に基づく債務を支払わなければならない (UCP600 7条、14条、15条参照)。逆に、呈示された書類と信用状所定の書類に不一致 (ディスクレ) がある場合には、仮に積み込んだ貨物が約束どおりであっても、発行銀行はオナーを拒絶することができる (同16条)。これらの原則は**書類取引の原則**及び**厳格一致の原則**といわれる。

【参考文献】
- 石川雅啓『新しい貿易実務の解説』(文眞堂、2019)
- 片山立志『改訂4版 よくわかる貿易実務入門』(日本能率協会マネジメントセンター、2022)
- 片山立志『メガ EPA 時代の貿易と関税の基礎知識』(税務経理協会、2020)
- 日本貿易実務検定協会『図解 貿易実務ハンドブック ベーシック版 第7版』(日本能率協会マネジメントセンター、2020)

# 第3章

# 輸出入通関と関税

## 1 はじめに

国際的な貿易取引において、モノが国境を越えて国に出入りする際には、**通関**と呼ばれる手続が必要になる。すなわち、外国へ貨物を輸出するときには税関に対し**輸出申告**を行って輸出の許可を受ける必要があり、外国から貨物を国内に輸入するときには**輸入申告**を行って輸入の許可を受ける必要がある。

また、外国から貨物を輸入する際には、**関税**を国に納める必要がある。関税の額は、輸入貨物の価格や数量に関税率を乗ずることによって算出される。このほか、貨物の輸入時には、消費税等の内国税も課税される。

本章では、貨物の輸出入に伴う通関（下記2）と関税（下記3）について解説する。

## 2 輸出入通関

**通関**とは、輸出入しようとする貨物について、品名、数量、価格等を税関に申告して許可を得る一連の手続をいう。通関手続には、輸出入の管理、関税の徴収、貿易統計の作成等の目的がある。

通関手続は、多くの場合、通関業者等の専門業者に依頼して行われるが、輸出者・輸入者自身で行うことも可能である。なお、現在では、輸出入申告等の通関手続は NACCS[1] と呼ばれるシステムを用いてオンラインで行われることがほとんどである。

---

1）NACCSとは、「輸出入・港湾関連情報処理システム」（Nippon Automated Cargo and Port Consolidated System）の略称で、入出港する船舶・航空機及び輸出入される貨物について、税関その他の関係行政機関に対する手続及び関連する民間業務をオンラインで処理するシステムのことをいう。財務省・税関（税関手続）、国土交通省（港湾手続）、経済産業省（貿易管理）、農林水産省（動植物検疫手続）、厚生労働省（検疫手続、食品衛生手続）等の官公庁と、通関業者、海貨業者、船会社・船舶代理店、航空会社、損害保険会社等の民間事業者を相互に繋ぐ官民共用システムで、輸出入申告をはじめとする各種の手続を一元的に処理することが可能になっている。

> **コラム** 通関業者、海貨業者、フォワーダー

　通関その他、輸出入に関する手続を代行する事業者として、**通関業者**、**海貨業者**、**フォワーダー**と呼ばれる企業がある。
　**通関業**とは、他人の依頼を受けて税関官署に対してする輸出又は輸入の申告、関税の納付、不服申立て等の手続について、輸出入者に代わって代理・代行する業務をいう。通関業法によって規制されており、通関業を営もうとする者は、同法に基づき財務大臣の許可を受ける必要がある。許可を得て通関業を行う事業者を**通関業者**という。また、通関書類の審査等を行うための国家資格として**通関士**があり、通関業者は、営業所ごとに通関士を置かなくてはならない（通関業法13条）。
　一方、**海貨業者**とは、海運貨物取扱業者の略称で、港湾における貨物の船舶への積込みや取卸し、貨物の搬出入、運送、荷役等の事業（**港湾運送事業**）について、港湾運送事業法に基づく国土交通大臣の許可を受けた事業者をいう。戦前に施行されていた海運組合法における旧名称を用いて「**乙仲**」と呼ばれることもある。
　**フォワーダー**とは、国際物流業務をワンストップで引き受ける事業者で、荷主から貨物を預かり、実運送人（actual carrier）の輸送手段（船舶、航空機、鉄道、自動車等）を利用した貨物運送の手配、国際物流に関係する書類の作成、通関業務、貨物の保管・配送等を総合して行う。法律上は「**貨物利用運送事業者**」として、貨物利用運送事業法の規制を受ける。

## (1) 輸出通関

### ア　概要

　貨物を輸出しようとする者は、税関長に対し輸出の申告を行い、貨物につき必要な検査を経て、税関長の許可を受けなければならない（関税法67条）。これを**輸出通関**という。

　輸出通関の標準的な流れは図表3-1のとおりである。

　輸出申告は、貨物が現在置かれている場所で行うことができ、税関による申告書類の審査もその状態で受けることができる。しかし、輸出の許可を受けるためには、原則として、貨物を**保税地域**と呼ばれる特別な地域・施設（下記コラム参照）に搬入した上で、税関の検査（下記オ）を経る必要がある（関税法69条参照）。ただし、巨大な貨物や腐敗・変質しやすい貨

図表 3-1　輸出通関の標準的な流れ

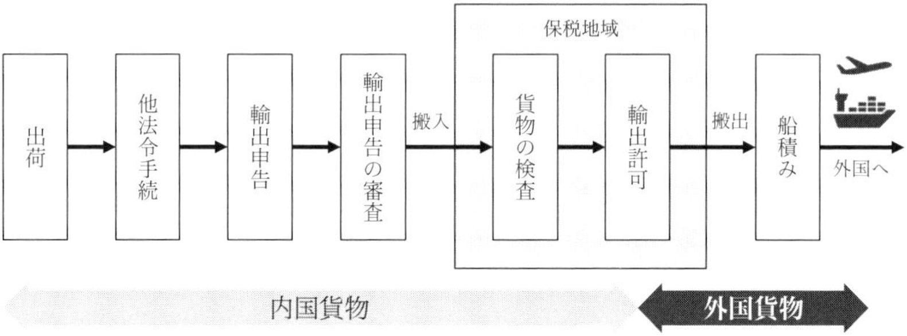

出荷 → 他法令手続 → 輸出申告 → 輸出申告の審査 → 搬入 →〔保税地域：貨物の検査 → 輸出許可〕→ 搬出 → 船積み → 外国へ

内国貨物　／　外国貨物

物など保税地域に搬入することが困難な貨物については、税関から**他所蔵置許可場所**の許可を受けることにより、保税地域外の場所で輸出通関手続を行うことが認められている（関税法67条の2第1項括弧書、30条1項2号）。

　輸出許可に際し、原則として貨物を保税地域等に搬入することとされている理由は、輸出される貨物は、税関長から輸出の許可を受けた時点で**内国貨物**から**外国貨物**となるところ（関税法2条1項3号）、外国貨物は、関税徴収等の観点から、保税地域以外の場所に置くことができないとされているためである（関税法30条1項）。

> **コラム**　内国貨物・外国貨物と保税地域
>
> 　関税法上、貨物は**外国貨物**と**内国貨物**に分類される。
> 　**外国貨物**とは、輸出の許可を受けた貨物及び外国から本邦に到着した貨物で輸入が許可される前のものをいい、**内国貨物**とは、本邦にある貨物で外国貨物でないものをいう（関税法2条1項3号、4号）[2][3]。外国貨物は、関税徴収の確保や水際における各種取締りの適正を期するため、原則として**保税地域**以外の場所に置くことができない（関税法30条1項）。

---

2）外国の船舶により公海で採捕された水産物を含む。
3）これに加え、本邦の船舶により公海で採捕された水産物も内国貨物となる。

図表 3-2　保税地域の種類と機能

| 名称 | 主な機能 | 蔵置期間 | 設置の手続 | 具体例 |
|---|---|---|---|---|
| ①指定保税地域<br>（関税法 37 条） | 外国貨物の積卸し、運搬、一時蔵置 | 1 か月 | 財務大臣の指定 | コンテナヤード |
| ②保税蔵置場<br>（関税法 42 条） | 外国貨物の積卸し、運搬、蔵置 | 2 年<br>（延長可） | 税関長の許可 | 倉庫、物流センター、空港 |
| ③保税工場<br>（関税法 56 条） | 外国貨物の加工、製造 | 2 年<br>（延長可） | 税関長の許可 | 造船所、製鉄所、製油所（※加工貿易のための施設） |
| ④保税展示場<br>（関税法 62 条の 2） | 外国貨物の展示、使用 | 税関長が必要と認める期間 | 税関長の許可 | 万博会場、美術館等 |
| ⑤総合保税地域<br>（関税法 62 条の 8） | ②～④の総合的機能 | 2 年<br>（延長可） | 税関長の許可 | 中部国際空港 |

**保税地域**とは、輸出入貨物を留め置きして検査や審査を行ったり、外国貨物の保管・加工・製造・展示等を行うために指定される特別の地域で、税関の管轄下に置かれている。保税とは、関税の賦課を留保するという意味で、外国貨物が保税地域に置かれている間は関税の支払が留保されるが、保税地域から搬出するときには関税を納付する必要がある。

保税地域には図表 3-2 に示す 5 種類があり、種別に応じて、外国貨物の積卸し、運搬、蔵置、加工・製造、展示等を行うことができる。保税地域には、指定保税地域や保税蔵置場のように日々の輸出入に使われる施設が長期にわたり指定されるものもあるが、保税展示場のように、特定の展示会や見本市の際に外国貨物を保税扱いで展示・使用できる場所として一時的に指定されるものもある。

輸出する貨物を一旦保税地域等に搬入しなければならないという取扱いの例外として、**特定輸出申告制度**がある。これは、AEO 制度と呼ばれる税関手続の簡素化・迅速化に関する制度の一環で、貨物のセキュリティ管理と法令遵守の体制が整備された事業者として税関長から承認を受けた輸出者（**特定輸出者**）や、通関業務等を適正かつ確実に遂行できるものとして税関長の認定を受けた通関業者（**認定通関業者**）に通関手続を委託した輸出者（**特定委託輸出者**）については、輸出貨物を保税地域等に搬入することなく、輸出許可を受けることが認められている（関税法 30 条 1 項 5 号、

67条の3)。

> **コラム** AEO制度
>
> 　AEO（Authorized Economic Operator）制度とは、貨物のセキュリティ管理と法令遵守（コンプライアンス）の体制が整備された事業者を税関が承認・認定し、税関手続の簡素化・迅速化等のメリットを与える制度をいう。
> 　2001年9月11日に米国で発生した同時多発テロを契機として、国際物流におけるセキュリティ確保と円滑化の両立を図るため、2005年、世界税関機構（WCO）において、AEO制度の概念を含む国際的な枠組み（SAFE基準の枠組み）が採択された。これを踏まえ、現在、世界90以上の国・地域がAEO制度を導入しており、日本でも2006年3月に導入された。
> 　現在、関税法の下で認められているAEO制度には、特定輸出者制度（67条の3）、特例輸入者制度（7条の2）、認定通関業者制度（79条）、認定製造者制度（67条の13第1項）、特定保税承認者制度（50条、61条の5）、特定保税運送者制度（63条の2、67条の3）がある。輸出者、輸入者、通関業者、製造者等、貿易に携わる様々なプレイヤーが制度の対象となっている。

### イ　輸出申告書の記載項目

　輸出申告は、輸出しようとする貨物の品名並びに数量及び価格その他必要な事項を所定の**輸出申告書**の様式に記載して、貨物を搬入する保税地域等の所在地を管轄する税関長に提出することによって行う（関税法67条、67条の2）。

　**輸出申告書**の主な記載項目は次のとおりである（関税法施行令58条）。

```
① 貨物の記号、番号、品名、数量及び価格
② 貨物の仕向地並びに仕向人の住所又は居所及び氏名又は名称
③ 貨物を積み込もうとする船舶又は航空機の名称又は登録記号
④ 輸出の許可を受けるために貨物を入れる保税地域等の名称及び所在地
⑤ その他参考となるべき事項
```

　上記のうち貨物の価格（上記①）については、海上運送の場合には本邦の輸出港における**本船甲板渡し（FOB）価格**を記載し、航空機により輸出

する場合はFOB価格に準ずる価格を記載する（関税法施行令59条の2第2項）（→FOBなどインコタームズの基本については第2章2(3)参照）。契約価格がCIF価格等となっている場合には、運賃や保険料を差し引くことにより、FOB価格に換算した上で申告を行うことになる。

また、貨物の価格は日本円で申告することとされているため、外国通貨建ての取引の場合には日本円に換算する必要がある（関税法施行令59条の2第4項）。外国通貨により表示された価格の本邦通貨への換算は、輸出申告の日の属する週の前々週における実勢外国為替相場の週間の平均値として税関長が公示する相場で行う[4]（関税定率法4条の7、同施行規則1条）。

なお、貨物を無償で輸出する場合には、0円として申告するのではなく、有償で輸出されるものと仮定した場合の価格を申告する（関税法施行令59条の2第2項）。

### ウ　輸出申告書の添付書類

輸出申告にあたり、契約書や仕入書（インボイス）などの書類の添付は必須とはされていない[5]。しかし、税関長は、輸出許可の判断のために必要があるときは、契約書、仕入書、運賃明細書、保険料明細書、包装明細書（パッキングリスト）、価格表、製造者もしくは売渡人の作成した仕出人との間の取引についての書類その他申告の内容を確認するために必要な書類を提出させることができる（関税法68条、同施行令61条1項）。

また、通関業者等に通関手続を依頼する場合には、通関業者が輸出申告書を作成するための資料として、仕入書や包装明細書を通関業者に提出する必要がある。

### エ　他法令手続

貨物の輸出に際して、関税関係法令以外の法令（他法令）の規定に基づ

---

4）相場は税関ウェブサイト（https://www.customs.go.jp/tetsuzuki/kawase/index.htm）に掲載されている。
5）従前は原則として仕入書の提出が必要とされていたが、2012年7月施行の関税法改正により原則不要となった。

いて、事前に**許可**、**承認**その他の行政機関の処分又はこれに準ずるものが必要とされることがある。これらに該当する場合、輸出申告の際に、他法令に基づく許可や承認を受けている旨を税関に証明する必要がある（関税法70条1項）。

他法令手続の代表例として、**輸出管理**（→第6章）の対象貨物（例えば工作機械などのデュアルユース品目）に係る経済産業大臣の許可制（外為法48条1項）や、**経済制裁**（→第8章）の対象貨物の輸出に係る経済産業大臣の承認制（同条3項）が挙げられる。これらの許可や承認については、輸出申告書の様式にも、該非判定結果や輸出許可証ないし輸出承認証の番号を記載する欄が設けられている。

これらを含め、税関が輸出時に確認することとされている他法令の一覧は次のとおりである。

図表3-3　輸出関係他法令の一覧

| 法令名 | 主な品目 | 主管省庁課 |
| --- | --- | --- |
| 外国為替及び外国貿易法、輸出貿易管理令 | 武器・化学兵器、麻薬、ワシントン条約該当物品、特定有害廃棄物、制裁（輸出禁止措置）対象貨物等 | 経済産業省貿易経済協力局貿易管理部<br>安全保障貿易審査課<br>貿易管理課 |
| 文化財保護法 | 重要文化財又は重要美術品<br>天然記念物<br>重要有形民俗文化財 | 文化庁文化財第一課 |
| 鳥獣の保護及び管理並びに狩猟の適正化に関する法律 | 鳥、獣及びそれらの加工品、鳥類の卵等（野生動物に限る） | 環境省自然環境局野生生物課鳥獣保護管理課 |
| 麻薬及び向精神薬取締法 | 麻薬、向精神薬、麻薬向精神薬原料等 | 厚生労働省医薬・生活衛生局監視指導・麻薬対策課 |
| 大麻取締法 | 大麻草、大麻草製品 | |
| あへん法 | あへん、けしがら | |
| 覚醒剤取締法 | 覚醒剤、覚醒剤原料 | |
| 狂犬病予防法 | 犬、猫、あらいぐま、きつね、スカンク | 農林水産省消費・安全局動物衛生課 |
| 家畜伝染病予防法 | 偶蹄類の動物、馬、鶏、あひるなどの家きん、兎、みつばち及びこれらの動物の肉、ソーセージ、ハム等、稲わら（一部） | |
| 植物防疫法 | 植物（顕花植物、しだ類又はせんたい類に属する植物（その部分、種子、 | 農林水産省消費・安全局植物防疫課 |

| | 果実及びむしろ、こもその他これに準ずる加工品を含む))、有害植物、有害動物(昆虫・ダニ等) | |
|---|---|---|
| 道路運送車両法 | 中古自動車 | 国土交通省自動車局自動車情報課 |
| 特定水産動植物等の国内流通の適正化等に関する法律 | あわび、なまこ及びこれらの加工品 | 水産庁漁政部加工流通課水産流通適正化推進室 |

出典:税関ウェブサイト

**オ　税関による貨物の検査**

輸出申告が完了すると、税関により、貨物について、必要な検査が行われる(関税法67条)。貨物の検査は税関長の指定する場所、例えば税関官署の構内、指定保税地域、岸壁にけい留された本船などで行われる(同69条1項)。

税関による検査は、輸出貨物が輸出申告どおりの内容であるかの確認を目的として行われ、他法令に基づく許可・承認や検査を経ている場合にも免除されない。

**カ　輸出してはならない貨物**

関税法上、次に掲げる貨物は、原則として輸出が禁止されている(69条の2第1項)。これらの貨物を輸出しようとした場合、税関長による没収・廃棄の対象となる(同条2項)。

---
① 麻薬及び向精神薬、大麻、あへん及びけしがら並びに覚醒剤
② 児童ポルノ
③ 特許権、実用新案権、意匠権、商標権、著作権、著作隣接権又は育成者権を侵害する物品
④ 不正競争防止法2条1項1〜3号、10号、17号又は18号に掲げる行為を組成する物品[6]

---

6) 例えば、広く周知された商品を模倣したり、著名なブランド名を冒用する行為などが含まれる。

> **コラム** 輸出時の消費税等の免税
>
> 　海外旅行や海外出張した際に、現地の空港やデパートで付加価値税（VAT）等の免税や還付を受けた経験のある人は多いだろう。日本国内でも、インバウンド観光客による免税店での「爆買い」が話題になることがある。
> 　こうした**輸出時の免税制度**は、国際的な商品取引において、消費税や付加価値税などの間接税は輸出国側で課税せず、実際に商品を使用・消費する輸入国側で課税すべきという考え方（**仕向地基準**）が関係している。この扱いは国際ルール（WTO協定）でも認められており[7]、日本や欧州諸国をはじめ、主要国の多くが輸出免税制度を採用している。
> 　例えば日本の消費税について見ると、消費税法7条は、事業者が国内で商品を販売する場合には原則として消費税を課税するが、販売が輸出取引に当たる場合には免税することを定めている。また、同法8条の規定に基づき**輸出物品販売場**の許可を得た免税店では、外国旅行者等の非居住者に対する一定の物品の販売について消費税が免除される。
> 　輸出免税の恩恵は、個人が海外へ旅行した際にも実感することができるが、事業者による商品の輸出の際にも適用され、輸出企業の国際競争力確保という点で大きな役割を果たしている。

## (2) 輸入通関

### ア　概要

　外国から日本に貨物を輸入する際の通関手続を**輸入通関**という。

　外国から日本に到着した貨物は**外国貨物**であるため（関税法2条1項3号）、これを国内に引き取るためには、一旦保税地域等に搬入した上で、輸入許可を得る必要がある。具体的には、管轄の税関長へ**輸入（納税）申告**を行い、税関の検査が必要とされる貨物については必要な検査を受け、関税、内国消費税及び地方消費税を納付する必要がある場合にはこれらを

---

7) 輸出免税は、本来徴収されるべき政府収入の放棄として、GATT16条及びWTO補助金協定による規律の対象となる補助金、とりわけ補助金協定3.1条(a)が禁止する輸出補助金に該当するようにも見える。しかし、GATT附属書Ⅰ・注釈及び補足規定「16条について」並びに補助金協定1条注1により、そもそも「補助金」に該当しないこととされている。

納付した上で、輸入の許可を受けることになる（関税法67条、72条）。

輸入通関の標準的な流れは図表3-4のとおりである。

輸入通関と輸出通関の違いとして、①輸出申告は貨物を保税地域に搬入する前に行うことができるのに対し、輸入申告は原則として事前に**保税地域に搬入**した上で行う必要があること、②輸入の際には、原則として輸入申告と同時に**関税等**の納税申告を行い、貨物を輸入する日（輸入許可を受けるものは輸入許可の日）までに納付する必要があることが挙げられる。

ただし、これらの原則の例外として次のものがある。

第一に、輸入貨物は、原則として国内に引き取る前に輸入の許可を受ける必要があるが、変質・損傷のおそれがある商品や季節ものの衣料品等については、保税地域に長く留置することにより輸入者が商機を逃してしまうことがある。このように輸入者が早急に貨物の引取りを必要とするときは、輸入申告後に関税額に相当する担保を提供（この担保は必ず提供しなければならず、**絶対的担保**といわれる）し、税関長の承認を受けることによって、輸入許可前に貨物を引き取ることが認められている。これを「**輸入許可前引取り**」という（関税法第73条）。

第二に、AEO制度（前掲コラム参照）の一環として、貨物のセキュリティ管理と法令遵守の体制が整備された事業者として税関長から承認を受けた輸入者（**特例輸入者**）や、税関長の認定を受けた**認定通関業者**に通関手続を委託した輸入者（**特例委託輸入者**）については、上記②の例外として、輸入申告と納税申告を分離し、納税申告の前に貨物を引き取ることが認められている（**特例輸入申告制度**）（関税法7条の2）。

図表3-4 輸入通関の標準的な流れ

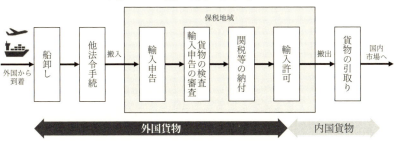

## イ　輸入申告書の記載項目

　輸入申告は、輸入しようとする貨物を保税地域等（保税地域又は他所蔵置許可場所）に搬入した後に、当該貨物の品名と、課税標準となるべき数量及び価格その他必要な事項を所定の**輸入（納税）申告書**の様式に記載して、当該保税地域等を所管する税関長に対して提出することによって行う（関税法67条、67条の2第1項、3項）。

　輸入（納税）申告書の主な記載項目は次のとおりである（関税法施行令59条1項）。

---
① 貨物を輸入しようとする者の住所又は居所及び氏名又は名称
② 貨物の記号、番号、品名、数量及び価格
③ 貨物の原産地及び積出地並びに仕出人の住所又は居所及び氏名又は名称
④ 貨物を積んでいた船舶又は航空機の名称又は登録記号
⑤ 貨物の蔵置場所
⑥ その他参考となるべき事項

---

　申告納税方式が適用される貨物については、関税並びに内国消費税及び地方消費税の**納税申告**のため、輸入（納税）申告書に、貨物の所属区分（関税定率法別表の適用上の所属区分をいい、HSコード6桁をさらに分類区分したものをいう）、税率、納付すべき税額及びその合計額等を記載しなければならない。開発途上国からの輸入に適用される一般特恵税率（GSP）（後記3(3)ウ参照）や、経済連携協定（EPA）の締約国からの輸入に適用される特恵税率（→第4章）を適用する場合にはその旨も記載する（関税法7条、同施行令4条1項）。

　輸入（納税）申告書に記載する貨物の価格（上記②）は、関税定率法4条から4条の9までの規定により計算される課税価格に相当する価格とされており（関税法施行令59条の2第2項）、後記3(3)イのとおり基本的にはCIF価格がベースとなる。そのため、契約価格がFOB価格等となっている場合には、運賃や保険料を加算してCIF価格を算出する必要がある。

　なお、貨物を無償で輸入する場合、0円として申告するのではなく、関税定率法4条から4条の9までの規定に準じ、有償で輸入すると仮定した

場合の価格を算出して申告する（関税法施行令59条の2第2項・3項）。

外国通貨建ての取引の場合に日本円へ換算する必要があることと、換算の具体的な方法は輸出申告の場合と同様である（関税法施行令59条の2第5項、関税定率法4条の7、同施行規則1条）。

> **コラム　輸入時の消費税の課税**
>
> 　貨物の輸入に際しては、関税のほかに消費税が課税される。
> 　前掲コラムで説明したように、消費税や付加価値税といった間接税の課税は輸出国側ではなく輸入国側で行うという**仕向地基準**の考え方が一般に採用されているところ、日本に輸入される貨物への消費税の課税は、この考え方に基づくものである。
> 　日本の消費税は、消費税法に基づく消費税（原則7.8%）と地方税法に基づく地方消費税（原則2.2%）に分けられる。保税地域から外国貨物を引き取ろうとする者は、原則として、輸入申告時に、保税地域を所轄する税関長に対しこれらの税の納税申告を行い、輸入品を引き取る時までに納付しなければならない（関税法72条参照）。また、貨物の種類によっては、通常の消費税に加えて、酒類、たばこ税・たばこ特別税、揮発油税、地方揮発油税、石油ガス税、石油石炭税等の個別消費税も課税される。
> 　関税の納付と同様、予め税関長の承認を受けた特例輸入者又は輸入通関手続を認定通関業者に委託した特例委託輸入者については、輸入申告と納税申告を分離し、貨物を引き取った後に消費税等を納付することができる。
> 　なお、海外から入国する者の携帯品又は別送品のうち、個人的に使用すると認められるものについては、一定の範囲で関税及び消費税が免税となる。海外からの帰国時には「携帯品・別送品申告書」による申告（ないしはVisit Japan Webによる電子申告）を行うことになっているが、この申告書の裏面に記載の「免税範囲」に記載の品目が免税対象となる。

> **コラム　HSコード**
>
> 　HSコードとは、「商品の名称及び分類についての統一システムに関する国際条約」（HS条約）に基づいて定められた産品の分類番号をいう。日本語では「輸出入統計品目番号」「関税分類」等と呼ばれることもある。

HSコードの下では、すべての産品が21の「部」(Section)と97の「類」(Chapter)に分類され、6桁の世界共通の分類コードで表示されている。HSコードは、税関ウェブサイト上の**輸出統計品目表**[8]又は**輸入統計品目表（実行関税率表）**[9]で調べることができる（日本からの輸出申告の場合は輸出統計品目表を、日本への輸入申告の場合は実行関税率表を用いる）。例えばボトルワインのHSコードは「2204.21」、乗用自動車のホイールのHSコードは「8708.70」となる。

HSコード6桁のコードのうち上2桁は上記のとおり「類」(Chapter)と呼ばれ、また、上4桁を「項」(Heading)、上6桁を「号」(Sub-heading)と呼んでいる。一方、7桁目以降は、国ごとに異なる統計細分等の番号として使われており、日本の場合、7～9桁目が輸出入統計細分、10桁目がNACCS用コードとなっている。

HSコードは概ね5年ごとに改正されており、2024年6月時点での最新版は2022年改正となる。

図表3-5　HSコードによる産品の分類

| 大分類 | | 中分類 |
| --- | --- | --- |
| 第1部 | 動物（生きているものに限る）及び動物性生産品 | 第1類～第5類 |
| 第2部 | 植物性生産品 | 第6類～第16類 |
| 第3部 | 動物性、植物性又は微生物性の油脂及びその分解生産物、調製食用脂並びに動物性又は植物性のろう | 第15類 |
| 第4部 | 調製食料品、飲料、アルコール、食酢、たばこ及び製造たばこ代用品、非燃焼吸引用の物品（ニコチンを含有するかしないかを問わない）並びにニコチンを含有するその他の物品（ニコチンを人体に摂取するためのものに限る） | 第16類～第24類 |
| 第5部 | 鉱物性生産品 | 第25類～第27類 |
| 第6部 | 化学工業（類似の工業を含む）の生産品 | 第28類～第38類 |
| 第7部 | プラスチック及びゴム並びにこれらの製品 | 第39類～第40類 |
| 第8部 | 皮革及び毛皮並びにこれらの製品、動物用装着具並びに旅行用具、ハンドバッグその他これらに類する容器並びに腸の製品 | 第41類～第43類 |
| 第9部 | 木材及びその製品、木炭、コルク及びその製品並びにわら、エスパルトその他の組物材料の製品並びにかご細工物及び枝条細工物 | 第44類～第46類 |
| 第10部 | 木材パルプ、繊維素繊維を原料とするその他のパルプ、古紙並びに紙及び板紙並びにこれらの製品 | 第47類～第49類 |
| 第11部 | 紡織用繊維及びその製品 | 第50類～第63類 |

---

8) https://www.customs.go.jp/yusyutu/2024_01_01/index.htm
9) https://www.customs.go.jp/tariff/

| 第12部 | 履物、帽子、傘、つえ、シートステッキ及びむち並びにこれらの部分品、調製羽毛、羽毛製品、造花並びに人髪製品 | 第64類～第67類 |
| --- | --- | --- |
| 第13部 | 石、プラスター、セメント、石綿、雲母その他これらに類する材料の製品、陶磁製品並びにガラス及びその製品 | 第68類～第70類 |
| 第14部 | 天然又は養殖の真珠、貴石、半貴石、貴金属及び貴金属を張つた金属並びにこれらの製品、身辺用模造細貨類並びに貨幣 | 第71類 |
| 第15部 | 卑金属及びその製品 | 第72類～第83類 |
| 第16部 | 機械類及び電気機器並びにこれらの部分品並びに録音機、音声再生機並びにテレビジョンの映像及び音声の記録用又は再生用の機器並びにこれらの部分品及び附属品 | 第84類～第85類 |
| 第17部 | 車両、航空機、船舶及び輸送機器関連品 | 第86類～第89類 |
| 第18部 | 光学機器、写真用機器、映画用機器、測定機器、検査機器、精密機器、医療用機器、時計及び楽器並びにこれらの部分品及び附属品 | 第90類～第92類 |
| 第19部 | 武器及び銃砲弾並びにこれらの部分品及び附属品 | 第93類 |
| 第20部 | 雑品 | 第94類～第96類 |
| 第21部 | 美術品、収集品及びこつとう | 第97類 |

**ウ 輸入申告書の添付書類**

　輸出申告と同様、輸入申告の際にも契約書や仕入書の提出は必須とはされていない。

　ただし、税関長は、輸入許可の判断のために必要があるときは、契約書、仕入書、運賃明細書、保険料明細書、包装明細書、価格表、製造者もしくは売渡人の作成した仕出人との間の取引についての書類その他申告の内容を確認するために必要な書類を提出させ、また、関税についての条約の特別の規定による便益（すなわちGSPやEPAに基づく特恵関税）を適用する場合において必要があるときは、原産地証明書等の書類を提出させることができる（関税法68条、同施行令61条1項）。

**エ 他法令手続**

　輸出の場合と同様、貨物の輸入に際して、**他法令**の規定に基づく許可、

承認等が必要になる場合には、輸入申告の際に、許可や承認を受けている旨を税関に証明する必要がある（関税法70条1項）。許可や承認が必要になる場合の代表例として、経済制裁（→第8章）対象貨物の輸入に係る経済産業大臣の承認制（外為法52条）が挙げられる。

また、他法令の規定により輸入に関して**検査又は条件の具備**を必要とする貨物については、税関の検査又は審査の際に、当該法令の規定による検査の完了又は条件の具備を税関に証明し、その確認を受けなければならない（関税法70条2項）。

この手続の代表例として、**食品衛生法**に基づく食品等輸入届出が挙げられる。すなわち、販売の用に供し、又は営業上使用する食品、添加物、器具、容器包装又は乳幼児用のおもちゃを輸入しようとする者は、輸入申告に先立ち、厚生労働大臣宛てに届出をしなければならない（同法27条、68条）。届出は食品等輸入届出書を検疫所に提出することによって行い、検疫所の審査（必要がある場合は検査）を経て発行される食品等輸入届出済証により、税関に対して検査の完了又は条件の具備を証明することになる。また、野菜、果物、穀類、豆類等の輸入に際しては、**植物防疫法**に基づき植物防疫所における検査を受ける必要がある（同法8条）。さらに、牛、豚、鶏、うずら、あひる、うさぎ等の動物やその肉、血液、臓器、これらを原料とするソーセージ、ハム、ベーコン等の**指定検疫物**の輸入に際しては、**家畜伝染病予防法**に基づき動物検疫所における検査を受ける必要がある（同法40条、同施行規則45条）。

これらを含め、税関が輸入時に確認することとされている他法令の一覧は次のとおりである。

図表3-6　輸入関係他法令の一覧

| 法令名 | 主な品目 | 主管省庁課 |
|---|---|---|
| 外国為替及び外国貿易法<br>輸入貿易管理令 | 輸入割当品目（にしん等）<br>輸入制限品目（鯨等）<br>事前確認品目（ワクチン等）<br>制裁（輸入禁止措置）対象貨物 | 経済産業省貿易経済協力局<br>貿易管理部貿易管理課 |
| 鳥獣の保護及び管理並びに狩猟の適正化に関する法律 | 鳥及びその加工品、獣及びその加工品、鳥類の卵（野生動物に限る） | 環境省自然環境局野生生物課鳥獣保護管理室 |

| 法律 | 対象 | 所管 |
|---|---|---|
| 銃砲刀剣類所持等取締法 | 拳銃、小銃、機関銃、猟銃、空気銃、刃渡り15cm以上の刀、やり及びなぎなた、刃渡り5.5cm以上の剣、あいくち並びに飛び出しナイフ等 | 警察庁生活安全局保安課 |
| 印紙等模造取締法 | 印紙に紛らわしい外観を有するもの | 国税庁課税部課税総括課消費税室 |
| 毒物及び劇物取締法 | 毒物、劇物 | 厚生労働省医薬局医薬品審査管理課 |
| 大麻取締法 | 大麻草、大麻草製品 | 厚生労働省医薬局監視指導・麻薬対策課 |
| 覚醒剤取締法 | 覚醒剤、覚醒剤原料 | |
| 麻薬及び向精神薬取締法 | 麻薬、向精神薬、麻薬等原料 | |
| あへん法 | あへん、けしがら | |
| 医薬品、医療機器等の品質、有効性及び安全性の確保等に関する法律 | 医薬品、医薬部外品、化粧品、医療機器、指定薬物、動物用医薬品、同医薬部外品、同医療機器、対外診断用医薬品、再生医療等製品 | 厚生労働省医薬局監視指導・麻薬対策課 農林水産省消費・安全局畜水産安全管理課 |
| 水産資源保護法 | こい、きんぎょその他のふな属魚類、はくれん、こくれん、そうぎょ、あおうお、さけ科の発眼卵及び稚魚、くるまえび属の稚えび | 農林水産省消費・安全局畜水産安全管理課水産安全室 |
| 肥料の品質の確保等に関する法律 | 肥料 | 農林水産省消費・安全局農産安全管理課 |
| 農薬取締法 | 農薬 | 農林水産省消費・安全局農産安全管理課 |
| 砂糖及びでん粉の価格調整に関する法律 | 砂糖、でん粉 | 農林水産省農産局地域作物課 |
| 畜産経営の安定に関する法律 | バター、脱脂粉乳、練乳等 | 農林水産省畜産局牛乳乳製品課 |
| 主要食糧の需給及び価格の安定に関する法律 | 米穀等（米、米粉、もち、米飯等）、麦等（大麦、小麦、メスリン、又はライ麦を加工、調製したもの） | 農林水産省農産局農産政策部貿易業務課 |
| 火薬類取締法 | 火薬、爆薬、火工品（導火線等） | 経済産業省産業保安グループ鉱山・火薬類監理官付 |
| 高圧ガス保安法 | 高圧ガス | 経済産業省産業保安グループ高圧ガス保安室 |
| 化学物質の審査及び製造等の規制に関する法律 | 化学物質 | 経済産業省製造産業局化学物質管理課 |
| 石油の備蓄の確保等に関する法律 | 石油、揮発油、灯油及び軽油 | 経済産業省資源エネルギー庁資源・燃料部石油精製備蓄課 |
| 郵便切手類模造等取締法 | 郵便切手類に紛らわしい外観を有するもの | 総務省情報流通行政局郵政行政部郵便課 |
| アルコール事業法 | アルコール分90度以上のアルコール | 経済産業省製造産業局素材産業課アルコール室 |
| 食品衛生法 | すべての飲食物、添加物、食器、容器包装、おもちゃ等 | 厚生労働省健康・生活衛生局食品監視安全課輸入食品安全対策室 |

| 植物防疫法 | 植物（顕花植物、しだ類又はせんたい類に属する植物（その部分、種子、果実及びむしろ、こもその他これに準ずる加工品を含む））、有害植物（細菌、寄生植物等）、有害動物（昆虫、ダニ等）、中古農業機械等 | 農林水産省消費・安全局植物防疫課 |
|---|---|---|
| 狂犬病予防法 | 犬、猫、あらいぐま、きつね、スカンク | 農林水産省消費・安全局動物衛生課 |
| 家畜伝染病予防法 | 偶蹄類の動物、馬、鶏、あひるなどの家きん、兎、みつばち及びこれらの動物の肉、ソーセージ、ハム等、稲わら（一部） | |
| 感染症の予防及び感染症の患者に対する医療に関する法律 | サル、プレーリードッグ等 | 厚生労働省健康・生活衛生局感染症対策部感染症対策課<br>農林水産省消費・安全局動物衛生課 |
| 特定外来生物による生態系等に係る被害の防止に関する法律 | ブラックバス、カミツキガメ等 | 環境省自然環境局野生生物課 |
| 労働安全衛生法 | 有害物等（石綿等） | 厚生労働省労働基準局安全衛生部化学物質対策課 |
| 特定水産動植物等の国内流通の適正化等に関する法律 | さば、さんま、まいわし、いか及びこれらの加工品 | 水産庁漁政部加工流通課水産流通適正化推進室 |

出典：税関ウェブサイト

**オ　税関による貨物の検査**

　輸出の場合と同様、輸入申告が完了すると、税関により、貨物について必要な検査が行われる（関税法67条）。貨物の検査は税関長の指定する場所で行われる（同69条1項）。

**カ　輸入してはならない貨物**

　次に掲げる貨物は、原則として輸入が禁止されている（関税法69条の11第1項）。これらの貨物を輸入しようとした場合、税関長による没収・廃棄又は積戻しの命令の対象となる（同条2項）。

① 麻薬及び向精神薬、大麻、あへん及びけしがら並びに覚醒剤（覚醒剤原料を含む）並びにあへん吸煙具

② 指定薬物（医療等の用途に供するために輸入するものを除く）
③ 拳銃、小銃、機関銃及び砲並びにこれらの銃砲弾並びに拳銃部品
④ 爆発物
⑤ 火薬類
⑥ 化学兵器の禁止及び特定物質の規制等に関する法律2条3項に規定する特定物質
⑦ 感染症の予防及び感染症の患者に対する医療に関する法律6条20項に規定する一種病原体等及び同条21項に規定する二種病原体等
⑧ 貨幣、紙幣もしくは銀行券、印紙もしくは郵便切手（郵便切手以外の郵便料金を表す証票を含む）又は有価証券の偽造品、変造品及び模造品並びに偽造カード（生カードを含む）
⑨ 公安又は風俗を害すべき書籍、図画、彫刻物その他の物品
⑩ 児童ポルノ
⑪ 特許権、実用新案権、意匠権、商標権、著作権、著作隣接権、回路配置利用権又は育成者権を侵害する物品
⑫ 不正競争防止法2条1項1〜3号、10号、17号又は18号に掲げる行為を組成する物品

**キ 輸入許可がされない場合**

　貨物の輸入に際して必要となる他法令手続の証明又は確認（上記エ）がなされない場合や輸入してはならない貨物（上記カ）に該当する場合には、輸入の許可を受けることができない。

　このほか、日本では、外国貨物の輸入に際して貨物に原産地の表示をすることは法令上求められていないが、原産地の表示を行った場合において、直接もしくは間接に偽った表示又は誤認を生じさせる表示がされている場合には、輸入の許可がされない（関税法71条）。また、関税等を納付すべき外国貨物については、原則として、関税等が納付された後でなければ輸入の許可がされない（同72条）。

> **コラム** 原産地規則

　貨物の輸入時に税関に提出する輸入申告書の記載項目のひとつとして、貨物の**原産地**がある。

　現在、世界の大半の国・地域がWTOに加盟しているところ、WTO協定の基本原則のひとつである最恵国待遇義務により、輸入貨物に課される関税等の負担は、原則として原産地によらず一律となる。そのため、WTO体制の下では、貨物の原産地が持つ役割は必ずしも大きくないともいえるが、一定の場合には原産地によって関税等の扱いが変わることがある。例えば、開発途上国からの輸入に適用される**一般特恵関税（GSP）、EPA特恵関税、アンチダンピング関税**などが挙げられる。また、貿易統計の作成のためにも原産地を把握する必要がある。これらの考慮から、輸入申告書に原産地の記載が求められているのである。

　輸入貨物の原産地を決定する際に使うルールを**原産地規則**（rules of origin）という。原産地規則は、大きく**特恵原産地規則**と**非特恵原産地規則**に分けられる。[10] **特恵原産地規則**には、一般特恵関税（GSP）の適用に用いる規則と、EPA特恵関税を適用する際に用いる規則（詳細は第4章参照）がある。一方、特恵関税の適用以外の目的、すなわちWTO譲許税率の適用、アンチダンピング関税の適用、貿易統計の作成等に用いられる原産地規則を**非特恵原産地規則**と呼んでいる。

　非特恵原産地規則については、**WTO原産地規則協定**によって国際的な調和が図られており、各国は同協定に準拠しつつ国内法でルールを定めている。日本の場合、関税法施行令4条の2第4項に関係する定めがあり、輸入申告書に記載する貨物の原産地の決定方法は次のとおりとされている。

① 完全生産品

　**完全生産品**とは、その生産が1か国で完結している産品をいう。例えばある国で生まれ生育された家畜や、ある国の領域内で採掘された天然資源（原油など）が挙げられる（関税法施行規則1条の6参照）。この場合には、生産が行われた国が原産地となる。

② 実質的変更基準

　ある国で、第三国の材料（非原産材料）を全部又は一部使用して産品を生産する

---

[10] なお、輸入申告における原産地の決定とは別に、国内法上、不正な競争の防止や消費者保護等の観点から、原産地について誤認を招くような表示をすることが規制される場合がある。例えば不正競争防止法2条1項20号及び不当景品類及び不当表示防止法（景表法）5条3号が挙げられる。これら国内法令の適用上の原産地については、法令の目的に応じた基準で判断されており、関税関係法令上の原産地とは必ずしも一致しない。

場合において、当該国で非原産材料から**実質的な変更を加える加工又は製造**がなされて最終産品になったときは、加工又は製造を行った国が原産地となる。

　**実質的な変更を加える加工又は製造**は関税法施行規則1条の7で定義されており、物品の関税分類番号の項（HSコード4桁）が、全ての原料又は材料の該当する項（HSコード4桁）と異なることとなる加工又は製造がこれに当たる。例えば、大豆（HSコード1201）を加工して醤油（HSコード2103）を生産した場合、HSコード（4桁）が変化しているため実質的変更基準を満たし、醤油への加工が行われた国が原産地となる。ただし、輸送又は保存のための操作、単なる切断、選別、包装、改装、仕分け、ラベルの張り付け、非原産品の単なる混合、単なる部分品の組立て等は実質的変更から除かれる。

　なお、米国の税関実務では、「実質的な変更」が生じた国について、HSコードの変更のような形式的基準ではなく、重要な加工工程が実施された国を個別事案ごとに判断することとされており、日本とは運用が異なることに注意が必要である。

## 関税

　関税とは、貨物の輸出入に際して課せられる税金のことをいう。

　関税には、貨物の輸入に際して課される**輸入関税**と輸出に際して課される**輸出関税**があるが、通常は前者の意味で用いられる（日本では輸出関税制度は採用されていない）。関税の額は、貨物の価格又は数量に、貨物の種類や原産地に応じて決まる関税率を乗じることによって算出される。

　なお、関税の目的・機能には、国の収入を確保する機能（財源機能）、輸入品に関税を課すことで、国産品の競争条件を有利にする機能（国内産業保護機能）、ダンピング等の不公正な貿易慣行に対する制裁としての機能（貿易歪曲効果是正機能）があるといわれる。

　以下、関税の納税義務者、申告納税方式と賦課納税方式、関税額の計算方法、納期限について述べる。

## (1) 関税の納税義務者

関税を納める義務がある者は、原則として**貨物を輸入する者**である（関税法6条）。

「貨物を輸入する者」とは、輸入取引により輸入される貨物については、原則として仕入書（インボイス）に記載されている荷受人となり、仕入書がない場合は船荷証券又は航空貨物運送状に記載されている荷受人となる[11]。通関業者が輸入者の代理人として納税申告を行うこともちろん可能である（関税法基本通達6―1、7―1）。

上記に対する例外として、貨物を輸入する者以外の者が納税義務者となる場合がある。これを**特別納税義務者（拡張的納税義務者）**という。例えば、通関業者が輸入（納税）申告を代理申告した貨物について、納付された関税に不足額があった場合において、輸入者とされた者の住所及び居所が明らかでなく、又はその者が当該貨物の輸入者でないことを申し立てた場合であって、かつ、貨物の輸入に際してその通関業務を取り扱った通関業者が、通関業務の委託をした者を明らかにすることができなかったときには、通関業者は、貨物の輸入者と連帯して関税を納める義務を負う（通関業者の補完的納税義務）（関税法13条の3）[12]。

## (2) 申告納税方式と賦課納税方式

輸入貨物について納付すべき税額又は納付すべき税額がないことが納税義務者の申告によって確定する方式を**申告納税方式**という。この方式は、輸入される貨物のすべてについて税関側で課税額を確定するのは膨大な手

---

[11] ただし、外国から到着した貨物が輸入申告される前に転売された場合、転得者が「貨物を輸入する者」となる。

[12] 特別納税義務者のそのほかの例としては、総合保税地域における貨物の管理者が総合保税地域の許可を受けた法人と連帯して納税義務を負う場合（関税法62条の13）、保税地域等にある外国貨物が亡失・滅却したときに保税地域等の許可を受けた者や外国貨物を管理する者が納税義務者となる場合（同45条、41条の3）、外国貨物が輸入される前に本邦において使用又は消費した者が納税義務者となる場合（同2条3項）などがある。

間がかかるため、輸入者の自己申告によって関税額を確定することとしたものであり、昭和41年に導入された。

申告納税方式は関税確定の原則的な方法となっており、後述の**賦課課税方式**が適用される場合を除いてこの方式が適用される（関税法6条の2第1項1号）。すなわち、貨物を輸入しようとする者は、原則として、輸入申告と同時に、当該貨物に係る課税標準その他の事項のほか、その税額その他必要な事項を記載して、税関長への申告を行わなければならない（関税法7条）。

ただし、前述したAEO制度の下で、税関長の承認を受けた**特例輸入者**や認定通関業者に通関手続を委託した**特例委託輸入者**は、輸入申告と納税申告を分離し、貨物を引き取った後に**特例申告書**を税関長に提出することによって納税の申告をすることが認められている（関税法7条の2第1項）。この**特例申告**を行う場合、申告のタイミングは輸入許可の日の属する月の翌月末日までとなる（同条第2項）。

なお、納税申告方式において、申告した納税額が**過少**であった場合には**修正申告**（関税法7条の14）を行い、**過大**であった（納めすぎた）場合には**更正の請求**を税関長に行う（同7条の15）。

一方、税関長の処分（**賦課決定**）によって納付すべき関税額を確定する方式を**賦課課税方式**という。賦課課税方式の適用は次の場合に限定されている（関税法6条の2第1項2号）。

① 本邦に入国する者がその入国の際に携帯して輸入するもの、又は別送して輸入する貨物（商業量に達しないもの）等に対する関税
② 郵便物（課税標準となるべき価格が20万円以下のもの又は寄贈品）に対する関税
③ 相殺関税又は不当廉売関税
④ 関税法又は関税定率法その他税関に関する法律の規定により一定の事実が生じた場合に直ちに徴収するものとされている関税
⑤ 関税法及び関税定率法以外の関税に関する法律の規定により税額の確定が賦課課税方式によるものとされている関税

⑥ 過少申告加算税、無申告加算税、重加算税

　税関長により賦課決定された関税額について不服がある場合には、不服申立てを行うことができる。不服申立ての種類としては、税関長に対して行う**再調査の請求**（関税法89条）と、財務大臣に対して行う**審査請求**（行政不服審査法18条）とがある。

## (3) 関税額の計算

### ア　概要

　関税額は、輸入申告時の貨物の価格又は数量を**課税標準**とし、これに、貨物の種類や原産地等に応じた**関税率**を乗じることによって算出される（関税定率法3条）。

　関税のうち、課税標準が価格によるものを**従価税**（ad valorem duty）、数量によるものを**従量税**（specific duty）と呼んでいる。日本では多くの品目について従価税が採用されているが、肉、魚、酒類など一部の品目では従量税が採用されている。また、価格・数量の双方を課税標準とする**従価従量税**ないし**混合税**と呼ばれる形態もあり、卵黄や魚油などに適用されている。

　従価税品の場合、関税額は、原則として貨物の**CIF価格**を基準とした課税標準（課税価格）に関税率を乗じることによって計算される（関税定率法4条1項参照）。ただし、課税価格は1,000円未満を切り捨てて計算し、算出した関税の額については100円未満を切り捨てる（関税法13条の4）。外貨建て価額の円貨換算率は、輸入申告日のレートではなく、税関の公示

図表3-7　関税額の計算（従価税の場合）

レート（輸入申告日の週の前々週の為替相場の週間平均値）が適用される（関税定率法4条の7、同施行規則1条）。

なお、輸入時に課税される**消費税**の課税標準は、関税の課税価格（下記イ）に関税の額を加算した額（ただし、酒税等の個別消費税額が課される場合にはこれらを加算したもの）とされており（消費税法28条4項参照）、これに消費税率（原則として消費税7.8%、地方消費税2.2%）[13]を乗ずることにより計算される。

### イ　課税標準（課税価格）の決定

従価税の場合の課税標準（課税価格）は、次のように決定される[14]。

第一に、関税定率法4条1項は、課税価格決定の原則的な方法として、輸入取引に関し買手が売手に現実に支払う価格（**現実支払価格**）に、その含まれていない限度において、運賃、保険料その他運送に要する費用その他の**加算要素**を加えた価格を課税価格とすることを定めている。現実支払価格は、通常、仕入書に記載された価格（**インボイス価格**）となる。

加算要素には次の5種類がある（関税定率法4条1項1～5号）。

---

① 輸入貨物が輸入港に到着するまでの運送に要する運賃、保険料その他運送に関する費用
② 輸入貨物に係る輸入取引に関して買手により負担される手数料や費用のうち次のもの
　イ　仲介手数料その他の手数料（買付けに関しその買手を代理する者に対し、その買付けに係る業務の対価として支払われるものを除く）
　ロ　輸入貨物の容器の費用
　ハ　輸入貨物の包装に要する費用
③ 輸入貨物の生産及び輸入取引に関連して買手により無償で又は値引きをして直接又は間接に提供された物品や役務のうち、次のものに要する費用

---

13) ただし、外食・酒類を除く飲食料品については軽減税率が適用され、消費税が6.24%、地方消費税が1.76%（合計8%）となる。
14) 従価税の場合の課税標準（課税価格）の決定方法については、WTO関税評価協定（千九百九十四年の関税及び貿易に関する一般協定第七条の実施に関する協定）により国際的な調和が図られており、日本の関税定率法4条以下の課税価格に関する規定は、基本的に同協定に準拠した内容になっている。

イ　輸入貨物に組み込まれている材料、部分品等
　　ロ　輸入貨物の生産のために使用された工具、鋳型等
　　ハ　輸入貨物の生産の過程で消費された物品
　　ニ　技術、設計その他の輸入貨物の生産に関する役務
④　輸入貨物に係る特許権、意匠権、商標権、その他これらに類するものの使用に伴う対価で、その輸入貨物の取引の状況その他の事情からみてその輸入貨物の輸入取引をするために買手により直接又は間接に支払われるもの
⑤　買手による輸入貨物の処分又は使用による収益で直接又は間接に売手に帰属するものとされているもの

　輸入取引における現実支払価格に運賃等を加算した金額は、基本的に**CIF価格**と一致する。このため、一般に「関税の課税標準（課税価格）はCIF価格である」といわれることがある。もっとも、厳密には、加算要素には運賃等（上記①）以外の要素も含まれるため、CIF価格に含まれない要素の加算が必要になるケースもあることに注意が必要である。例えば、日本企業（買手）が外国の会社（売主）に製品の製造委託を行うに際して原材料や金型を無償で提供したような場合、当該製品を日本に輸入する際の課税価格には、現実支払価格（インボイス価格）及び運賃等のほか、無償提供した原材料や金型の費用も加える必要がある。

　第二に、課税価格決定の例外的な方法として、次の①〜③の場合には、関税定率法4条の2〜4条の4に定める代替的な方法によって課税価格が決定される（関税定率法4条2項、関税定率法基本通達4—1の2）。

①　輸入貨物に係る輸入取引に関し特別な事情がある場合
・買手による輸入貨物の処分又は使用についての制限がある場合
・輸入貨物の課税価格の決定を困難とする条件が輸入取引に付されている場合
・買手による輸入貨物の処分又は使用による収益で、直接又は間接に売手に帰属するものの額が明らかでない場合
・特殊関係者間における輸入取引で取引価格がその影響を受けている場合
②　輸入貨物が輸入取引によらないものである場合
・無償貨物

- 委託販売のために輸入される貨物
- 売手の代理人により輸入され、その後売手の計算と危険負担によって輸入国で販売される貨物
- 賃貸借契約に基づき輸入される貨物
- 送り人の所有権が存続する貸与貨物
- 同一の法人格を有する本支店間の取引により輸入される貨物
- 本邦で滅却するために、輸出者が輸入者に滅却費用を支払うことにより輸入される貨物（例えば、廃棄物、スクラップ）
③ 輸入貨物の課税価格について疑義が解明されない貨物

　上記①は、特殊な事情により、輸入取引において買主が売主に支払う現実支払価格が通常の商取引における価格（市場で取引される場合の本来の価格）を正しく反映していない場合である。例えば、日本の会社が海外子会社から商品を輸入する場合などで、当事者間に特殊な関係があるため、取引価格（現実支払価格）が独立企業間価格とはいえないような場合がこれにあたる。

　一方、上記②は、貨物の輸入が**輸入取引によらない場合**である。「輸入取引によらない場合」とは、買手が本邦に住所、居所、本店、支店、事務所、事業所その他これらに準ずるものを有しない者である場合をいう（関税定率法4条1項括弧書）。典型的には、インターネット通販等の越境電子商取引（EC）において、海外のECプラットフォーム事業者が国内のフルフィルメントセンター（FC）を経由して日本の消費者に商品を販売するような場合が挙げられる。こうした取引では、輸入の時点では購入者からの注文がされておらず、インボイス価格により課税価格を計算することができないことから、代替的な方法により課税価格が決定されることになる。[15]

　課税価格の原則的な決定方法が適用されない場合の代替的方法の具体的内容としては、関税定率法4条の2～4条の4に次の①～③の方法が定め

---

15) 越境ECとの関係では、特にフルフィルメントサービス（FS）利用貨物について、本来の課税価格より低い価格で関税の申告がされるケースが相次いでいたことから、2023年10月、水際取締りの実効性の確保及び適正な課税を実現するための関税法施行令等の改正が行われている（令和5年政令第179号）。

られている。これらの方法の優先順位は、①の方法による決定ができない場合に②の方法を用い、②の方法による決定もできない場合には③の方法によることとされている。

---

① 同種又は類似の貨物の取引価格による課税価格の決定（関税定率法4条の2）
　輸入貨物の生産国からほぼ同じ時期に我が国に輸出された同種又は類似の貨物の取引価格があるときは、その取引価格に基づいて課税価格を決定する。この場合、同種又は類似の貨物の取引段階、取引数量及び運送距離又は運送形態等が輸入貨物のものと異なる場合には、必要な調整を行う。
② 国内販売価格又は製造原価に基づく課税価格の決定（関税定率法4条の3）
　上記①の方法により課税価格の決定ができない場合、次のいずれかの方法により輸入貨物の課税価格を決定する。
　イ　その輸入貨物又はこれと同種もしくは類似の貨物の国内再販売価格から、国内における販売に係る通常の手数料又は利潤及び一般経費、輸入港到着後の通常の運賃、保険料等の運送関連費用並びに関税その他の公課を控除して課税価格を決定する。
　ロ　輸入貨物の製造原価に、輸入貨物と同類の貨物の我が国への輸出のための販売に係る通常の利潤及び一般経費、輸入貨物の輸入港までの運賃等を加算して課税価格を決定する。
③ 特殊な輸入貨物に係る課税価格の決定（関税定率法4条の4、同施行令1条の12）
　上記①・②いずれの方法によっても輸入貨物の課税価格を決定できない場合、原則的な課税価格の決定方法又は上記①及び②の方法において必要とされる要件を満たさない事項につき合理的な調整を加えて、これらの規定に規定する方法等で課税価格を決定する。

---

#### ウ　関税率の決定

　関税額の算出の際に用いる関税率は、輸入される貨物のHSコードごとに決まっている（→HSコードについては前掲コラム参照）。

　ただし、同じ種類の貨物であっても、貨物の原産地等によって適用できる税率にはいくつかの種類がある。すなわち、国内法の定めに基づく税率（国定税率）として①基本税率、②暫定税率、③特恵税率が、国際協定に基づく税率（協定税率）として④WTO譲許税率、⑤EPA税率が存在し、

3　関税

図表 3-8　輸入統計品目表（実行関税率表）の例（38 類、部分）

| 統計番号 Statistical code | | 品名 Description | 関税率 Tariff rate | | | | | |
|---|---|---|---|---|---|---|---|---|
| 番号 H.S.code | | | 基本 General | 暫定 Temporary | WTO協定 WTO | 特恵 GSP | 特別特恵 LDC | シンガポール Singapore |
| 38.01 | | 人造黒鉛及びコロイド状又は半コロイド状の黒鉛並びに黒鉛その他の炭素をもとした調製品（ペースト状、塊状、板状その他半製品の形状にしたものに限る。） | | | | | | |
| 3801.10 | 000 | 人造黒鉛 | 3% | | 2.5% | 無税 | | 無税 |
| 3801.20 | 000 | コロイド状又は半コロイド状の黒鉛 | 3% | | 2.5% | 無税 | | 無税 |
| 3801.30 | 000 | 電極用の炭素質ペーストその他これに類する炉の内張り用のもの | 3.8% | | 2.6% | 無税 | | 無税 |
| 3801.90 | 000 | その他のもの | 3.2% | | (3.2%) | 無税 | | 無税 |
| 38.02 | | 活性炭及び活性化した天然の鉱物性生産品並びに獣炭（廃獣炭を含む。） | | | | | | |
| 3802.10 | 000 | 活性炭 | 2.9% | | (2.9%) | 無税 | | 無税 |
| 3802.90 | 000 | その他のもの | 3% | | 2.5% | 無税 | | 無税 |
| 38.03 | | | | | | | | |

出典：税関ウェブサイト

具体的な税率は税関ウェブサイト上の輸入統計品目表（実行関税率表）でHS コードごとに確認することができる（図表 3-8）。納税申告の際には、これらの税率の中から実際に適用する税率を選択する必要がある。

上に挙げた①〜⑤の税率適用の優先順位は、原則として、③特恵税率→⑤EPA 税率→④WTO 譲許税率→②暫定税率→①基本税率の順となる。[16] これらのうち WTO 譲許税率は、世界の国・地域の大半が WTO 協定に加盟していることから、ほとんどの国・地域からの輸入に適用され、事実上のデフォルトルールとなっている。

各税率の趣旨・概要は次のとおりである。

【国定税率】

① 基本税率

関税定率法の別表で定められている基本の税率である。国内産業の状況等を踏まえ、長期的な観点から設定されている。

② 暫定税率

一定の政策上の必要性等から、基本税率を暫定的に修正するため、一定

---

[16] ただし、協定税率（EPA 税率、WTO 譲許税率）が国定税率（暫定税率及び基本税率）より高い場合には国定税率が適用される。

図表 3-9　関税率の種類

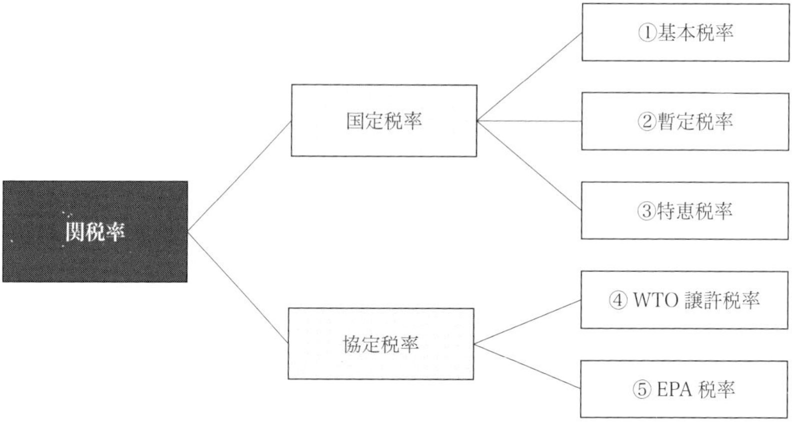

```
関税率 ─┬─ 国定税率 ─┬─ ①基本税率
        │           ├─ ②暫定税率
        │           └─ ③特恵税率
        └─ 協定税率 ─┬─ ④WTO譲許税率
                    └─ ⑤EPA税率
```

期間に限って暫定的に適用される税率である。関税暫定措置法に定められている。

### ③　特恵税率

UNCTAD（国連貿易開発会議）の合意に基づく**一般特恵関税制度**（GSP：Generalized System of Preferences）の下で、**開発途上国**からの輸入品に適用される優遇税率（特恵税率）をいう。WTO協定上の最恵国待遇義務の例外として認められており、日本では1971年8月から実施されている。

> **コラム**　一般特恵関税制度（GSP）
>
> 　**一般特恵関税制度（GSP）**の対象となる国・地域は、関税について特別の便益を受けることを希望する開発途上国の中から財務大臣が指定することとされており、2023年4月1日現在で130の国・地域（**特恵受益国等**）が指定されている（関税暫定措置法8条の2、同施行令25条1項、令和2年財務省告示第74号）。特恵税率の対象品目は、農水産品について430品目、鉱工業産品については原則としてすべての品目（石油、毛皮など一部の例外品目を除く）となっている。
> 　また、特恵受益国等の中でも**後発開発途上国（LDC）**45か国については、**特別特恵受益国**として、さらなる優遇措置が定められている。すなわち、これらの国の

原産品については、通常の特恵対象品目のほか、LDCにのみ適用される**特別特恵対象品目**について、関税がすべて無税となる（関税暫定措置法8条の2第3項）。

一般特恵関税制度に基づく優遇税率を適用するためには、輸入申告の際に、特恵受益国等を原産地とする物品であることを証明した原産地証明書を税関に提出する必要がある（関税暫定措置法施行令27条）。この原産地証明書は「**Form A**」と呼ばれ[17]、原産地（すなわち開発途上国）の税関や商工会議所から取得する。また、特恵関税を適用するためには、原則として、貨物を特恵受益国等から日本に直接運送する必要がある（**積送基準**）（関税暫定措置法施行令31条）。

④ **WTO譲許税率**

WTO協定に基づき、日本が他の加盟国に対して一定率を超える関税を課さないことを約束している上限の税率をいう。単に「協定税率」といった場合にはWTO譲許税率を指すことが多い。

WTO譲許税率は、通常、国定税率より低く設定されており、GATT 1条の最恵国待遇義務及び同2条の関税譲許義務に基づき、WTO加盟国・地域からの輸入については、国定税率に優先して適用される。[18]

> **コラム** 経済制裁としてのWTO譲許税率の適用停止
>
> 2022年2月のロシアによるウクライナへの軍事侵攻を受けた**対ロシア経済制裁**（→第8章3参照）の一環として、ロシアからの輸入については、2022年4月21日以降、WTO譲許税率の適用が停止されている。
>
> すなわち、2022年3月11日付のG7首脳声明を踏まえ、2022年4月20日に関税暫定措置法3条を改正する法律が国会で成立し、また、これに基づく「国際関係の緊急時に特定の国を原産地とする物品に課する関税に関する政令」が翌日から施行された。これにより、2022年4月21日以降、ロシアからの輸入品に対しては関税定率法3条及び同別表に基づく税率、すなわち**基本税率**が適用されること

---

17) 正式名称は「一般特恵制度原産地証明書様式A」
18) このほか、二国間通商条約（経済連携協定を除く）で最恵国待遇を約束している国に対しても、WTO加盟国と同様の税率が適用される。さらに、WTO協定や二国間通商条約に基づく最恵国待遇が適用されない国であっても、我が国に対して実質的に最恵国待遇と同等の取扱いをしている国・地域の原産品については、相互主義に基づき、最恵国税率として、協定税率が適用される場合がある（便益関税制度）。

となった。

ロシアはWTOに加盟していることから、本措置は、形式的にはGATT１条が定める最恵国待遇義務及び同２条に基づく関税譲許義務に抵触するが、同21条(b)(ⅲ)の安全保障例外により、「戦時その他の国際関係の緊急時に執る措置」として正当化されると考えられる。

### ⑤　経済連携協定税率（EPA税率）

環太平洋パートナーシップに関する包括的及び先進的な協定（CPTPP）や地域的な包括的経済連携（RCEP）協定といった**経済連携協定（EPA）**において、相手国が特定の品目についてWTO譲許税率よりも有利な関税率を約束している場合、当該国からの輸入についてはEPAに基づく優遇（特恵）税率が適用できる。EPA税率を適用するためには、輸入しようとしている貨物がEPA締約国の原産品であることを税関に対して証明する必要があり、**原産地証明**と呼ばれる手続が必要になる。

原産地証明をはじめ、経済連携協定に基づく特恵税率の適用の詳細は第４章を参照されたい。

---

**コラム　入国者の携帯品や少額輸入貨物に適用される簡易税率**

本邦に入国する者が**携帯品又は別送品**として輸入する貨物（免税の範囲を超えるもの）については、一般の貨物に適用される通常の関税率に代えて、関税定率法別表付表第一に定められた簡易税率が適用される（関税定率法３条の２）。

また、海外から一般貨物として又は郵便小包を利用して貨物を輸入する場合で、課税価格の合計額が20万円以下の場合（**少額輸入貨物**）についても、通常の関税率に代えて、関税定率法別表付表第二に定められた簡易税率が適用される（関税定率法３条の３）。

これらの場合に用いる簡易税率表は、通常の関税率表と比較して品目分類が大幅に簡素化されており、簡易迅速に税率を決定することが可能となっている。なお、携帯品・別送品、少額輸入貨物いずれの場合にも、貨物を輸入しようとする者が、貨物の全部について簡易税率の適用を希望しない旨を税関に申し出たときには、通常の税率が適用される。

## (4) 関税の納期限

　輸入貨物に関税、内国消費税及び地方消費税がかかる場合の納期限は、原則として、**貨物を輸入する日**（輸入の許可を受ける貨物については**輸入許可の日**）までとなる（関税法9条1項、12条9項）。

　ただし、**特例申告**を行う場合の納期限は、特例申告書の提出期限、つまり輸入許可の日の属する月の翌月末日となる（関税法9条2項1号）。

　関税の納期限については、一定の場合には、関税額に相当する担保の提供を条件として納付を猶予することが認められている（関税法9条の2）。

【参考文献】
- 石川雅啓『新しい貿易実務の解説』（文眞堂、2019）
- 石原伸志・松岡正仁『輸出入通関実務マニュアル』（成山堂書店、2019）
- 片山立志『メガEPA時代の貿易と関税の基礎知識』（税務経理協会、2020）
- 日本関税協会『関税評価303（改訂8版）』（2020）
- ヒューマンアカデミー（著）・笠原純一（監修）『通関士教科書 通関士 完全攻略ガイド 2024年版』（翔泳社、2023）
- 中崎隆編著『詳説 外為法・貿易関係法』（中央経済社、2021）

# 第4章
# EPA・FTAと特恵関税

# 1 はじめに

近時、環太平洋パートナーシップに関する包括的及び先進的な協定（CPTPP）、日EU経済連携協定（日EU EPA）、地域的な包括的経済連携（RCEP）協定といった「メガEPA」が相次いで発効し、EPAへの注目が高まっている。

経済連携協定（EPA）とは、複数国（2か国又は3か国以上）間で、関税をはじめとする貿易障壁の削減、マーケットアクセスの改善など、WTO協定のレベルを超える貿易自由化を定めた国際協定をいう（→第1章2(1)参照）。

EPAには様々な規定が盛り込まれるが、中でも、締約国間の物品貿易にかかる関税の削減・撤廃すなわち**特恵関税（特恵税率）**は、海外ビジネスを展開する企業にとって、輸出入コストの大幅削減に直結し、価格競争力を強化する上で大きなメリットがある。ただし、EPAに基づく特恵税率は、締約国間の貿易に自動的に適用されるわけではなく、その適用にあたっては、企業が個別の取引ごとに適用の可否・要否を判断した上で、原産地証明書の発行など所定の手続を踏む必要がある。すなわち、EPAの恩恵を受けるためには、一定の知識とリソースの投入が欠かせない。

本章では、まずEPAの概要とメリットを概観し（下記2）、日本企業のビジネスと関係の深いEPAの例をいくつか簡単に紹介した上で（下記3）、EPAに基づく特恵税率の適用に必要な手順を解説する（下記4）。

# 2 経済連携協定（EPA）の概要とメリット

## (1) EPAの定義

EPAとは、経済連携協定（Economic Partnership Agreement）の略で、関税その他の貿易障壁の撤廃・削減を目的として、複数国間で締結される

国際協定（条約）をいう。EPAには、関税の撤廃・削減等を通じた物品貿易の自由化のほか、サービス業を行う際の規制の緩和・撤廃、投資・ビジネス環境の整備、締約国間の紛争を解決するための手続に関する規定なども盛り込まれる。

EPAと重なる概念として、**自由貿易協定**（FTA：Free Trade Agreement）がある。EPAとFTAの区別について、日本政府は、特定の国や地域の間で物品の関税やサービス貿易の障壁等を削減・撤廃することを目的とする協定をFTA、貿易の自由化に加え、投資、人の移動、知的財産の保護や競争政策におけるルール作りなど、幅広い経済関係の強化を目的とする協定をEPAと呼称している[1]（図表4-1）。もっとも、海外ではEPAという呼称は必ずしも一般的ではなく、FTAやRTA（Reginal Trade Agreement、地域貿易協定）などの呼称が使われることが多い。

本章では、便宜上、EPA・FTA・RTAをまとめてEPAと呼ぶことにする。

図表4-1　EPAとFTAの関係（イメージ）

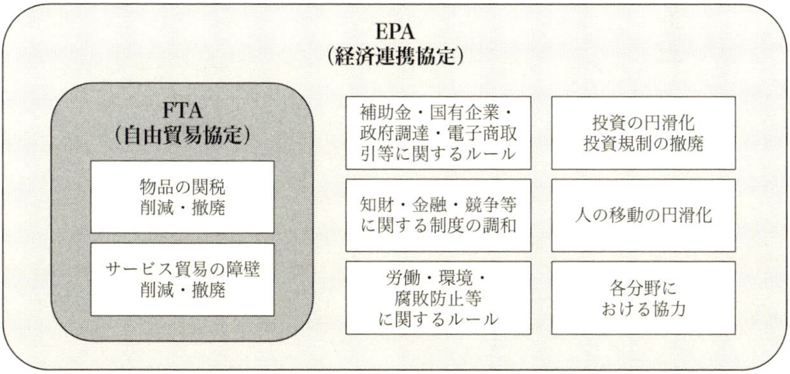

| EPA（経済連携協定） | | | |
|---|---|---|---|
| **FTA（自由貿易協定）** | 補助金・国有企業・政府調達・電子商取引等に関するルール | 投資の円滑化 投資規制の撤廃 | |
| 物品の関税 削減・撤廃 | 知財・金融・競争等に関する制度の調和 | 人の移動の円滑化 | |
| サービス貿易の障壁 削減・撤廃 | 労働・環境・腐敗防止等に関するルール | 各分野における協力 | |

出典：JETRO資料等を参考に作成

---

1）例えば、外務省ウェブサイト「我が国の経済連携協定（EPA／FTA）等の取組」（https://www.mofa.go.jp/mofaj/gaiko/fta/index.html）参照

## (2) WTO 協定と EPA の関係

第1章2(1)で述べたように、国際通商法分野の「基本法」として、WTO 協定が存在する。これに対し、EPA は、有志国間で、WTO 協定の水準を超える貿易自由化を合意したものであり、WTO 協定に対するいわば「特別法」にあたる。

なお、EPA は、関税の撤廃・削減などの恩恵を締約国間の貿易のみに認める点において、貿易相手国同士を差別的に取り扱うものであり、WTO 協定に基づく最恵国待遇(MFN)義務との抵触が問題になる。WTO 協定には、この点の調整規定として GATT24 条が置かれており、①域内における関税その他の貿易障壁を「実質上のすべての貿易について廃止」すること、②域外諸国に対する関税その他の貿易障壁が自由貿易地域の設立以前より制限的でないこと、という2要件を満たす場合に「**自由貿易地域**」(EPA もこれに含まれると考えられる)を認めることとしている。

上記①にいう「実質上のすべての貿易」(substantially all the trade)の意味については明確な基準が定められていないが、EPA 交渉の実務では、90% 程度の関税撤廃率が目安とされているといわれる。そのため、EPA 交渉では、締約国間の貿易に関し、大部分の品目について関税の撤廃が合意されることが通常である。ただし、EPA の発効と同時に関税率をすべてゼロにすると締約国の国内産業への影響が大きいため、EPA では、品目に応じて、数年～20 年程度かけて段階的に関税を削減・撤廃することとされる場合が多い。

## (3) EPA の締結状況

1948 年から 1994 年の間に GATT に通報された EPA (RTA) の件数は 124 件であったが、1995 年の WTO 設立以降大きく件数が増え、2024 年 3 月末時点で GATT/WTO に通報された発効済み EPA の総数は 601 件に上っている[2] (→第1章コラム「GATT、WTO 協定、EPA・FTA の関係」も参照)。

2 経済連携協定（EPA）の概要とメリット

図表 4-2　日本が参加している発効済み EPA 一覧（2024 年 6 月現在）

| 発効済みの二国間 EPA | | | 発効済みの複数国間 EPA | |
|---|---|---|---|---|
| アジア | 日シンガポール | 2002 年 11 月 | 日・ASEAN：2008 年 12 月から順次発効 | |
| | 日マレーシア | 2006 年 7 月 | 日本、シンガポール、ラオス、ベトナム、ミャンマー | 2008年12月 |
| | 日タイ | 2007 年 11 月 | ブルネイ | 2009 年 1 月 |
| | 日インドネシア | 2008 年 7 月 | マレーシア | 2009 年 2 月 |
| | 日ブルネイ | 2008 年 7 月 | タイ | 2009 年 6 月 |
| | 日フィリピン | 2008 年 12 月 | カンボジア | 2009年12月 |
| | 日ベトナム | 2009 年 10 月 | インドネシア | 2010 年 3 月 |
| | 日インド | 2011 年 8 月 | フィリピン | 2010 年 7 月 |
| | 日モンゴル | 2016 年 6 月 | CPTPP（包括的・先進的TPP協定）：2018年12月から順次発効 | |
| 米州 | 日メキシコ | 2005 年 4 月 | メキシコ、日本、シンガポール、ニュージーランド、カナダ、豪州、ベトナム | 2018年12月 |
| | 日チリ | 2007 年 9 月 | ペルー | 2021 年 9 月 |
| | 日ペルー | 2012 年 3 月 | マレーシア | 2022年11月 |
| | 日米 | 2020 年 1 月 | チリ | 2023 年 2 月 |
| 欧州 | 日スイス | 2009 年 9 月 | ブルネイ | 2023 年 7 月 |
| | 日 EU | 2019 年 2 月 | RCEP（地域的な包括的経済連携）協定：2022年1月から順次発効 | |
| | 日英 | 2021 年 1 月 | 日本、ブルネイ、カンボジア、ラオス、シンガポール、タイ、ベトナム、豪州、中国、ニュージーランド | 2022 年 1 月 |
| 大洋州 | 日豪 | 2015 年 1 月 | 韓国 | 2022 年 2 月 |
| | | | マレーシア | 2022 年 3 月 |
| | | | インドネシア | 2023 年 1 月 |
| | | | フィリピン | 2023 年 6 月 |
| | | | ミャンマー | 未発効 |

　日本については、2002 年に日シンガポール EPA が発効したのを皮切りに、2000 年代に多くの二国間 EPA が締結された。また、2010 年代以降は 3 か国以上が参加する広域 EPA の交渉が盛んになり、TPP 協定（2010 年 3 月に交渉開始、2018 年 12 月に米国以外の 11 か国間で CPTPP として発効）、日 EU EPA（2013 年 4 月交渉開始、2019 年 2 月発効）、RCEP 協定（2013 年 5 月交渉開始、2022 年 1 月発効）といった「メガ EPA」が相次いで成立・発効した。日本が当事国になっている発効済み EPA の一覧は図表 4-2 のとおりである。

## (4)　EPA 特恵関税のメリットと企業のサプライチェーン戦略

　図表 4-3 は、EPA に基づく特恵関税のメリットを模式的に表したものである。

---

2）経済産業省「令和 6 年版　通商白書」（2024 年 7 月）264 頁

## 図表 4-3　WTO 税率と EPA 特恵税率の関係

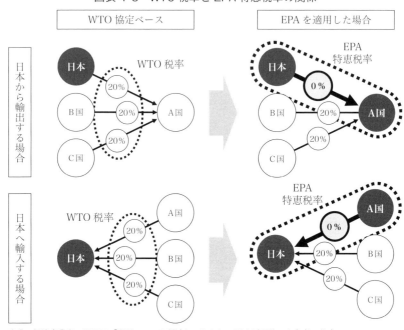

出典：経済産業省・JETRO「貿易のコスト削減！～トクする EPA 活用法」を参考に作成

　まず日本から商品の輸出を行う企業のメリットとして、EPA 特恵税率を利用して関税負担を引き下げることにより、自社製品を現地の企業や消費者に安く届けることができ、現地市場における価格競争力を向上させることが可能になる（図表 4-3 上段）。一方、海外から商品を輸入する企業にとっては、EPA 特恵税率の適用により、貿易相手国から製品や原材料を安く調達し、自国の需要者・消費者に商品を安価で届けることが可能になる（図表 4-3 下段）。こうした特恵関税のインパクトについては、関税が 3％削減されると法人税 30％削減に等しい経済的効果があるといわれることもあり[3]、輸出入にかかわる企業にとって、EPA の活用は重要な経営課題といえる。

---

3）羽生田慶介『すぐ実践！利益がぐんぐん伸びる　稼げる FTA 大全』（日経 BP、2018）参照

さらに、特恵関税は、日本企業の海外進出やサプライチェーン戦略にも大きな影響を及ぼしている。典型的には、EPA特恵税率の適用を前提に、人件費等のコストが安い海外に生産拠点を移管した上で、現地で生産した製品を日本に関税ゼロで輸入することで、トータルの生産コストを削減することが可能になる。日本メーカーの中でも、東南アジア諸国をはじめとするEPA締約国に生産拠点を立地させている例は枚挙に暇がない。

## 3 日本企業のビジネスと特に関係の深いEPA

日本企業のビジネスと特に関係の深いEPAとして、例えば次のものが挙げられる。

### (1) CPTPP

CPTPPは、「環太平洋パートナーシップに関する包括的及び先進的な協定」の略称で、TPP11とも呼ばれる。日本を含む11か国が加盟し、2018年12月30日に発効した。

CPTPPは、もともと、2016年2月に米国を含む12か国で署名したTPP（環太平洋パートナーシップ）協定を基礎とするが、米国トランプ政権が2017年に同協定を離脱したことから、米国以外の11か国（日本、オーストラリア、ブルネイ、カナダ、チリ、マレーシア、メキシコ、ニュージーランド、ペルー、シンガポール、ベトナム）で改めて署名を行ったという経緯がある。その後、2023年7月に英国の加入が正式承認され、CPTPPの参加国は12か国となった（2024年6月現在）。

CPTPPは、米国の離脱により経済効果は縮小したものの、英国の参加に伴い、加盟国の国内総生産（GDP）合計約14.8兆ドル、世界全体のGDPに占める割合約15%、貿易総額約7.8兆ドル、総人口約5億8,000万人の巨大経済圏となっている。また、TPP協定では、米国主導の下、特恵関税以外にも、電子商取引、競争政策、国有企業、知的財産、労働、

環境等の分野で先進的なルールが合意されたが、これらのルールの多くがCPTPPでも維持されている。

### (2) 日EU経済連携協定

日EU経済連携協定（日EU EPA）は、2013年4月に交渉開始され、2018年7月に署名、2019年2月に発効した。日EU EPAは、世界のGDPの約3割、世界貿易の約4割をカバーする大型EPAであり、高いレベルの関税撤廃・削減に加え、国有企業・補助金、知的財産等の分野で先進的なルール整備が行われている。[5]

日本への影響としては、ワイン、チーズといったEU産の農産品等を日本へ輸入する際の関税が削減されるほか、日本産品のEU市場へのアクセスについても、工業製品について100%の関税撤廃（例えば乗用車について8年目に撤廃、自動車部品について9割以上が即時撤廃）が実現するなど、日本の製造業にも大きな経済効果がある。

### (3) 地域的な包括的経済連携（RCEP）協定

地域的な包括的経済連携（RCEP）協定は、2012年11月に交渉を開始し、2020年11月15日に署名され、2022年に発効した。日本、中国、韓国、オーストラリア、ニュージーランド、ASEAN10か国が参加し、世界のGDPの約3割、貿易総額及び人口の約3割、日本の貿易総額のうち約5割をカバーする大型EPAとなっている。[6]

日本にとっては、中国及び韓国との間で締結した初のEPAとして重要な意義があり、大きな経済効果が見込まれる。また、知的財産や電子商取引分野などでもルール整備が行われている。

---

4）日本経済新聞「TPP初の新規加入、英国加盟を正式承認　計12カ国体制に」（2023年7月16日）
5）経済産業省ウェブサイト（https://www.meti.go.jp/policy/trade_policy/epa/epa/eu/eu_epa.html）
6）外務省・財務省・農林水産省・経済産業省「地域的な包括的経済連携（RCEP）協定に関するファクトシート」（2021年4月）

### (4) 日タイ EPA

　日タイ EPA は、2004 年 2 月より交渉が開始され、2007 年 4 月に首脳間で署名に至り、2007 年 11 月に発効した。

　日タイ EPA の締結により、タイは自動車の一部を除くほとんどの鉱工業品の関税を 10 年以内に撤廃し、日本も、多くの農産品を含む包括的な関税撤廃・削減を行うこととなった。また、投資分野では、二国間投資を拡大・円滑化するための基本ルールについて合意がなされ、サービス分野についても、修理・メンテナンスや卸売・小売サービス等について、タイの外資規制が緩和された。

　タイは、ASEAN の中でも日本の特に重要な貿易相手国であり、また、多くの日本企業が現地に進出していることから、日本企業にとって重要な EPA のひとつといえる。

### (5) 日・ASEAN 包括的経済連携（AJCEP）協定

　日・ASEAN 包括的経済連携（AJCEP）協定は、2005 年 4 月に交渉が開始され、2008 年 3～4 月に署名され、2008 年 12 月から 2010 年 7 月にかけて順次発効した。日本初の多国間 EPA であり、日本と密接な関係を有する ASEAN との戦略的関係を強化するものと位置付けられている。

　物品貿易分野では、薄型 TV、自動車部品等について多くの国との間で関税撤廃・削減が約束されたほか、知財・農林水産分野での協力、サービス貿易・投資の自由化・保護についての交渉継続などが規定されている。

### (6) NAFTA／USMCA

　北米自由貿易協定（NAFTA）は、米国、カナダ、メキシコの北米 3 か国間で 1992 年 12 月に署名され、1994 年 1 月に発効した。NAFTA の締結により、2008 年までに域内の関税が原則として撤廃されたため、自動車産業を中心に、日系メーカーを含む多くの企業が人件費の安いメキシコに

生産拠点を設け、米国向けに製品を輸出するようになった。

その後、2017年から2018年にかけて、米国トランプ政権の主導により NAFTA 再交渉が進められ、2018年に、NAFTA を置き換える協定として USMCA（正式名称は「アメリカ合衆国、メキシコ合衆国及びカナダとの協定」）が成立した（2020年7月発効）。NAFTA からの変更点として、米国への乗用車輸入台数に関する数量規制の導入、域内の部材調達比率の62.5% から 75% 以上への引き上げ、部材の 40 〜 45% について時給 16 ドル以上の地域での生産を義務付ける「賃金条項」の導入など、保護主義的・管理貿易的な色彩が強まっている。

##  EPA 特恵税率を利用するための要件と手続

EPA に基づく特恵税率を利用して輸出入を行うためには、一定の実体的・手続的要件を満たす必要がある。これら要件の詳細は EPA によって若干異なるが、典型的なフローを示すと図表 4-4 のとおりである。

EPA に基づく特恵税率を適用する際には、輸入国の税関でその旨の申告を行う必要がある。そのため、通常は、輸入者（又は通関業者）において、原産地証明書（図表 4-4 の⑤）など必要な書類を税関に提出して、納税申告を行うことになる。もっとも、原産地証明書は、通常は輸出者側で準備する必要があることから、特恵関税を利用した取引を行うためには、輸出者と輸入者が緊密な連携を行う必要がある。[7]

以下、日本企業が、EPA を利用して商品を輸出入しようとする場面を想定して、図表 4-4 に示した各ステップについて解説する。

---

7) 特恵関税は、輸出側の企業にとって、相手国での販路拡大というメリットが大きいことから、実務では、輸出者主導で手続が進められることも多い。

図表 4-4　EPA 特恵税率を用いて輸出入を行うためのフロー

| ① | EPA の対象国かを確認 | ・貿易相手国が EPA でカバーされているかを確認する |
|---|---|---|
| ② | HS コードの特定 | ・HS コードは、世界のあらゆる産品を分類した番号<br>・関税率や原産地規則は HS コード毎に決まっている |
| ③ | 関税率を調べる | ・WTO 税率（MFN 税率）と EPA 特恵税率を比較する<br>・複数の EPA が利用可能なときは、有利な特恵税率を選択する |
| ④ | 産品の原産性を確認 | ・特恵税率を適用するためには、EPA 締約国の原産品であることが必要<br>・原産地基準とは、EPA 上「Made in ○○」と名乗れるための要件のこと |
| ⑤ | 原産地証明書の準備 | ・特恵税率適用のため、原産地規則を満たしていることを示す証明書が必要<br>・第三者証明制度や自己申告制度などがある |
| ⑥ | 書類の保存 | ・EPA では、原産性を証明する書類について、一定期間（3〜5 年間）の書類保存を義務付けている |

## (1) EPA の対象国かを確認する──ステップ 1

日本企業が EPA 特恵税率を適用して輸出入を行おうとする場合、まず、相手国との間で、発効済みの EPA があるかを確認する必要がある。2024 年 6 月現在、日本が参加している発効済みの EPA の一覧は前掲図表 4-2 に示したとおりである。

## (2) 輸出入しようとする産品の HS コードを特定する ──ステップ 2

EPA に基づく特恵税率は、産品の HS コード別に定められている。そのため、EPA に基づく特恵税率を調べる前提として、輸出入しようとする産品の HS コードを特定する必要がある。

図表 4-5　輸出統計品目表（部分）

| | | | | | |
|---|---|---|---|---|---|
| 87.08 | | 部分品及び附属品（第 87.01 項から第 87.05 項までの自動車のものに限る。） | | | |
| 8708.10 | 000 | － バンパー及びその部分品 | | KG | ET |
| | | － 車体（運転室を含む。）のその他の部分品及び附属品 | | | |
| 8708.21 | 000 | － － シートベルト | | KG | |
| 8708.22 | 000 | － － この類の号注1のフロントガラス（風防）、後部の窓及びその他の窓 | | KG | |
| 8708.29 | 000 | － － その他のもの | | KG | |
| 8708.30 | 000 | － ブレーキ及びサーボブレーキ並びにこれらの部分品 | | KG | ET |
| 8708.40 | 000 | － ギヤボックス及びその部分品 | | KG | |
| 8708.50 | 000 | － 駆動軸（差動装置を有するものに限るものとし、伝動装置のその他の構成部品を有するか有しないかを問わない。）及び非駆動軸並びにこれらの部分品 | | KG | |
| 8708.70 | 000 | － 車輪並びにその部分品及び附属品 | | KG | |
| 8708.80 | 000 | － 懸架装置及びその部分品（ショックアブソーバーを含む。） | | KG | |

出典：税関ウェブサイト

　第3章コラム「HS コード」に述べたとおり、HS コードとは、「商品の名称及び分類についての統一システムに関する国際条約」（HS 条約）に基づいて定められた分類番号をいう。HS コードは、税関ウェブサイト上の**輸出統計品目表**又は**輸入統計品目表**（実行関税率表）で調べることができる（日本からの輸出申告の場合は輸出統計品目表を、日本への輸入申告の場合は実行関税率表を用いる）。例えば乗用車のホイールの HS コード（6桁までの世界共通コード）は「8708.70」（車輪並びに部分品及び附属品）となる（図表 4-5 参照）。

## (3)　関税率を調べる——ステップ3

　ステップ2で輸出入する産品の HS コードが特定されれば、適用される関税率を調べることが可能になる。EPA に基づく特恵税率は、各 EPA に附属する国別の譲許表（関税率表）に定められている。[8]

　第3章3(3)ウで述べたとおり、WTO 加盟国間の輸出入に適用される原

図表 4-6　譲許表の例：日 EU EPA における EU の譲許表（部分）

| CN 2017 | Description | Base rate | Category | Note | 1st year | 2nd year | 3rd year | 4th year | 5th year | 6th year | 7th year | 8th year | 9th year | 10th year | 11th year | 12th year | 13th year | 14th year | 15th year | As from 16th year |
|---|---|---|---|---|---|---|---|---|---|---|---|---|---|---|---|---|---|---|---|---|
| 8703 10 11 | -- Vehicles specially designed for travelling on snow, with compression-ignition internal combustion piston engine (diesel or semi-diesel), or with spark-ignition internal combustion piston engine | 5.0 % | B7 | | 4.4 % | 3.8 % | 3.1 % | 2.5 % | 1.9 % | 1.3 % | 0.6 % | 0.0 % | 0.0 % | 0.0 % | 0.0 % | 0.0 % | 0.0 % | 0.0 % | 0.0 % |
| 8703 10 18 | -- Other | 10.0 % | B7 | | 8.8 % | 7.5 % | 6.3 % | 5.0 % | 3.8 % | 2.5 % | 1.3 % | 0.0 % | 0.0 % | 0.0 % | 0.0 % | 0.0 % | 0.0 % | 0.0 % | 0.0 % |
| | - Other vehicles, with only spark-ignition internal combustion reciprocating piston engine | | | | | | | | | | | | | | | | | | | |
| 8703 21 | -- Of a cylinder capacity not exceeding 1,000 cm³ | | | | | | | | | | | | | | | | | | | |
| 8703 21 10 | --- New | 10.0 % | B7 | | 8.8 % | 7.5 % | 6.3 % | 5.0 % | 3.8 % | 2.5 % | 1.3 % | 0.0 % | 0.0 % | 0.0 % | 0.0 % | 0.0 % | 0.0 % | 0.0 % | 0.0 % |
| 8703 21 90 | --- Used | 10.0 % | B7 | | 8.8 % | 7.5 % | 6.3 % | 5.0 % | 3.8 % | 2.5 % | 1.3 % | 0.0 % | 0.0 % | 0.0 % | 0.0 % | 0.0 % | 0.0 % | 0.0 % | 0.0 % |
| 8703 22 | -- Of a cylinder capacity exceeding 1,000 cm³ but not exceeding 1,500 cm³ | | | | | | | | | | | | | | | | | | | |
| 8703 22 10 | --- New | 10.0 % | B7 | | 8.8 % | 7.5 % | 6.3 % | 5.0 % | 3.8 % | 2.5 % | 1.3 % | 0.0 % | 0.0 % | 0.0 % | 0.0 % | 0.0 % | 0.0 % | 0.0 % | 0.0 % |
| 8703 22 90 | --- Used | 10.0 % | B7 | | 8.8 % | 7.5 % | 6.3 % | 5.0 % | 3.8 % | 2.5 % | 1.3 % | 0.0 % | 0.0 % | 0.0 % | 0.0 % | 0.0 % | 0.0 % | 0.0 % | 0.0 % |

則的な関税率は、WTO 協定に基づく WTO 譲許税率（MFN 税率）となる。そこで、WTO 税率と EPA 税率を比較して、EPA 税率の方が低ければ、EPA 税率を適用することになる。逆に、WTO 税率が既に無税となっている場合や、WTO 税率が EPA 税率を下回る場合（「逆転現象」と呼ばれる[9]）には、EPA を適用するメリットがないため、原則どおり WTO 税率を適用することになる。

EPA の特恵税率を調べるためには、上記のとおり、各 EPA に附属する国別の譲許表（関税率表）を参照することになる。もっとも、譲許表では、相手国別・品目別・EPA 発効からの経過年数別に税率が決められており煩雑なため（図表 4-6 参照）、実務では、各種のデータベースを活用して関税率を比較するのが便利である。

まず日本への**輸入**にかかる関税率（WTO 税率及び各 EPA に基づく特恵税率）については、税関ウェブサイトで公開されている輸入統計品目表（実行関税率表）により、HS コードごとに各種の税率を一覧的に調べることが可能である（図表 4-7）。

---

8）日本が締結している EPA の譲許表は、税関ウェブサイトから入手・閲覧可能である（https://www.customs.go.jp/kyotsu/kokusai/aitekoku.htm）。

9）EPA の定義上、EPA 特恵税率は WTO 税率を下回ることが通常であるが、例えば EPA が発効した後に WTO 税率が引き下げられた場合、EPA 税率が MFN 税率を上回ることが生じうる。EPA では、大半の品目について最終的には関税の撤廃が予定されているため、逆転現象はいずれ解消されるが、一時的とはいえ、EPA 利用の手間をかけた結果、逆に税率が高くなってしまったということのないよう注意が必要である。

図表 4-7　実行関税率表（肉及び食用のくず肉（第 2 類））

WTO 税率／EPA 特恵税率

| 統計番号<br>Statistical code | | 品名<br>Description | 関税率<br>Tariff rate | | | | | 関税率（経済連携協定）<br>Tariff rate (EPA) | | | | | | |
|---|---|---|---|---|---|---|---|---|---|---|---|---|---|---|
| 番号<br>H.S.code | | | 基本<br>General | 暫定<br>Temporary | WTO協定<br>WTO | 特恵<br>GSP | 特別特恵<br>LDC | シンガポール<br>Singapore | メキシコ<br>Mexico | 豪州<br>Australia | モンゴル<br>Mongolia | TPP11<br>(CPTPP) | 欧州連合<br>EU | 英国<br>UK |
| 02.01 | | 牛の肉（生鮮のもの及び冷蔵したものに限る。） | | | | | | | | | | | | |
| 0201.10 | 000 | 枝肉及び半丸枝肉 | (50%) | 38.5% | (50%) | | 無税 | | 25.8% | | | 22.5% | 22.5% | 22.5% |
| 0201.20 | 000 | その他の骨付き肉 | (50%) | 38.5% | (50%) | | 無税 | | 四分体以外のもので、関税割当数量以内のもの 34.6% | 25.8% | | | 22.5% | 22.5% | 22.5% |

出典：税関ウェブサイト（2024 年 4 月 1 日版実行関税率表）

　一方、日本から商品を輸出する際の各国の関税率については、JETRO（独立行政法人日本貿易振興機構）が提供している関税率情報データベース「World Tariff」[10]を使って検索することが可能である。同サービスは、JETRO が FedEx Trade Networks 社と連携して提供しており、世界 178 か国・地域について、国・品目別に、WTO 税率と EPA 特恵税率を調べることができる。

　貿易相手国によっては、適用できる EPA が複数存在することがある。例えば、日本とベトナムの間では、日ベトナム EPA、AJCEP 協定、CPTPP、RCEP 協定の 4 つの EPA が発効している。このような場合、特恵関税の利用にあたっては、適用可能な EPA のうち税率が最も有利なものを選択することになる。なお、EPA では、発効から数年〜 20 年程度の期間をかけて階段状に税率の削減が行われるが、削減のペースが EPA によって異なるため、年によって最も有利な EPA が変わることがある。したがって、毎年機械的に同じ EPA の適用を続けるのではなく、適時に最適な EPA への切り替えを行うことが重要である。

## (4)　**産品の原産性を確認する──ステップ 4**

　EPA の特恵税率が適用されるためには、各 EPA が定める**原産地規則**

---

10) https://www.jetro.go.jp/theme/export/tariff/

4　EPA特恵税率を利用するための要件と手続

図表4-8　原産地規則の内容

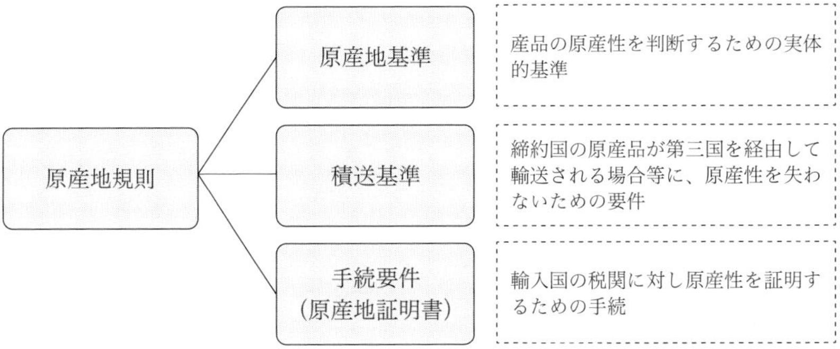

原産地規則
├─ 原産地基準 ── 産品の原産性を判断するための実体的基準
├─ 積送基準 ── 締約国の原産品が第三国を経由して輸送される場合等に、原産性を失わないための要件
└─ 手続要件（原産地証明書）── 輸入国の税関に対し原産性を証明するための手続

(rules of origin）を満たす必要がある。

　WTO協定の下では、最恵国待遇の考え方に基づき、すべてのWTO加盟国からの輸入に対して原則として同じ税率が適用される。そのため、輸入（納税）申告にあたって、産品の原産地はそれほどシビアな問題とはならない。一方、EPAは、締約国間の貿易についてのみ優遇税率を認める仕組みであり、その性質上、締約国の原産品と非締約国の原産品を明確に区別し、他国原産品とのすり替えや迂回輸入を回避する必要がある。このため、原産地規則が重要になるのである。

　原産地規則には、実体的要件として**原産地基準**（origin criteria）と**積送基準**（consignment criteria）が、手続的要件として**原産地証明書**（certificate of origin）に関する要件がある（図表4-8）。以下では原産地基準と積送基準について説明し、原産地証明書についてはステップ5（後記(5)）で説明する。

### ア　原産地基準

　多くのEPAは、①完全生産品、②原産材料のみから生産される産品、③実質的変更基準を満たす産品の3類型をEPA締約国の原産品として規定している（図表4-9）。[11]

　まず**完全生産品**（WO：Wholly Obtained）とは、その生産（採集、収穫、採掘等を含む）が1か国で完結している産品をいう。典型例として、農産

図表4-9 原産性を満たす産品の種類

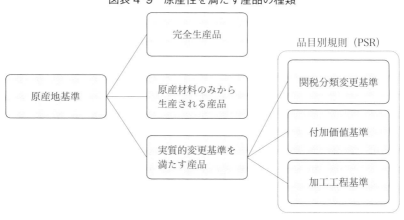

品、水産品、鉱業品の一次産品、くず・廃棄物などが挙げられる。

**原産材料のみから生産される産品**（PE：Produced Exclusively/Entirely）は、生産に直接使用された材料がすべて原産材料であるものをいう。

一方、**実質的変更基準**とは、非締約原産の原材料や部品を使用して生産された産品について、締約国で「実質的変更」といえるほどの生産・加工が行われていることを条件として、原産品と認める考え方をいう。現代では、サプライチェーンのグローバル化に伴い、産品の生産や原材料・部品の調達が複数の国にまたがって行われることが通常であるため、実務ではこの実質的変更基準が問題になることが多い。

実質的変更基準の具体的内容としては、多くのEPAで、①**関税分類変更基準**（CTC）、②**付加価値基準**（VAないしRVC）、③**加工工程基準**（SP）の3類型が用意されている。各EPAでは、図表4-10のように、品目（HSコード）ごとに、これらの類型のうちどの基準を用いて原産性の判断

---

11)「原産品」の定義はEPAによって異なり、大きく分けて「締約国原産」と「協定原産」という2つの考え方がある。「締約国原産」とは、「日本原産品」「マレーシア原産品」のように、締約国ごとに原産品と区別する考え方をいう。一方、「協定原産」は、CPTPP等で採用されており、どの国の原産品かは問わず「一又は二以上の締約国（one or more of the Parties）の領域」（CPTPP3.2条の例）で生産された産品を当該EPA上の原産品とする考え方をいう。日本が締結しているEPAのうち、協定原産の考え方を採用しているのは、CPTPPのほか、日メキシコEPA、日米貿易協定のみとなっている。

## 4 EPA 特恵税率を利用するための要件と手続

図表 4-10 品目別規則の例（RCEP 協定 附属書 3A）

HS コード / 品目名 / 適用される原産地基準

| HS Code (HS 2022) | | | Product Description | Product-Specific Rule |
|---|---|---|---|---|
| Chapter | Heading | Subheading | | |
| | | 8486.40 | - Machines and apparatus specified in Note 11 (C) to this Chapter | CTSH or RVC40 |
| | | 8486.90 | - Parts and accessories | CTH or RVC40 |
| | 84.87 | | Machinery parts, not containing electrical connectors, insulators, coils, contacts or other electrical features, not specified or included elsewhere in this Chapter | CTH or RVC40 |
| 85 | | | CHAPTER 85: ELECTRICAL MACHINERY AND EQUIPMENT AND PARTS THEREOF; SOUND RECORDERS AND REPRODUCERS, TELEVISION IMAGE AND SOUND RECORDERS AND REPRODUCERS, AND PARTS AND ACCESSORIES OF SUCH ARTICLES | |
| | 85.01 | | Electric motors and generators (excluding generating sets) | CTH or RVC40 |
| | 85.02 | | Electric generating sets and rotary converters | CTH or RVC40 |
| | 85.03 | 8503.00 | Parts suitable for use solely or principally with the machines of heading 85.01 or 85.02 | CTH or RVC40 |
| | 85.04 | | Electrical transformers, static converters (for example, rectifiers) and inductors | |
| | | 8504.10 | - Ballasts for discharge lamps or tubes | CTSH or RVC40 |

ができるかが決まっており、**品目別規則**（PSR：Product Specific Rule）と呼ばれている。

### ① 関税分類変更基準

**関税分類変更基準**（CTC：Change in Tariff Classification Rule）とは、関税分類（HS コード）の変更が起こるような製造・加工があった場合に、「実質的変更」が行われたとみなす基準をいう（図表 4-11、4-12）。HS コード何桁レベルの変更を要求するかによって要件の厳しさが異なり、桁数が小さいほど、「実質的変更」が認められるために大きな加工工程が必要になる（原産性が認められるためのハードルが高くなる）。

関税分類変更基準に基づく原産性の判定については、経済産業省が Excel 形式の判定用フォーマットを公表しており[12]、実務上はこれを用いる

図表 4-11　関税分類変更基準の種類と厳格度

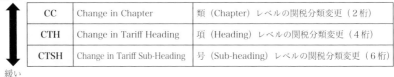

図表 4-12　関税分類変更基準の適用イメージ

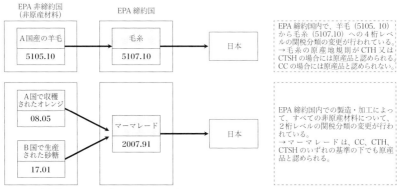

出典：経済産業省・JETRO「貿易のコスト削減！～トクする EPA 活用法」、財務省関税局・税関「我が国の原産地規則～ EPA 原産地規則（詳細）～」（2024 年 4 月）27 頁を参考に作成

のが便利である。

### ②　付加価値基準

付加価値基準（VA：Value Added Rule）ないし域内原産割合基準（RVC：Regional Value Content Rule）とは、締約国内で行われた生産・加工が最終製品の付加価値の一定割合以上である場合に、「実質的変更」が行われたとみなす基準をいう。

例えば、自動車の完成車の原産地規則として付加価値基準が採用されており、付加価値の閾値が 40％ の場合、EPA 締約国内における生産・加工による付加価値が完成車の 40％ 以上であれば、当該国の原産とみなされ

---

12）https://www.meti.go.jp/policy/external_economy/trade_control/boekikanri/gensanchi/guideline.html

図表 4-13　付加価値基準のイメージ

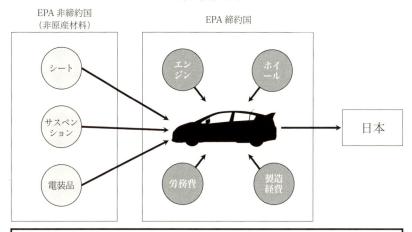

出典：経済産業省・JETRO「貿易のコスト削減！～トクする EPA 活用法」などを参考に作成

る（図表 4-13 参照）。付加価値基準における閾値は「VA40%」「RVC40」等と表現される。

　域内原産割合（原産資格割合）の計算方法には、**控除方式**と**積上げ方式**がある（図表 4-14）。

　**控除方式**は、産品の価額（FOB 価格）から、非締約国から供給された非原産材料の価額を控除したものを域内原産割合とみなす方法をいう。計算が簡便であることから、多くの EPA で採用されている。

　一方、**積上げ方式**は、締約国内で供給された原産材料、労務費、間接費、利益等の価額を積算する計算方法をいう。計算が複雑になるため使われることは多くないが、日本が締約している EPA の中では、日チリ EPA、日モンゴル EPA、日インド EPA、CPTPP、RCEP 協定で選択可能となっている。

### 図表 4-14　付加価値基準の計算（控除方式と積上げ方式）

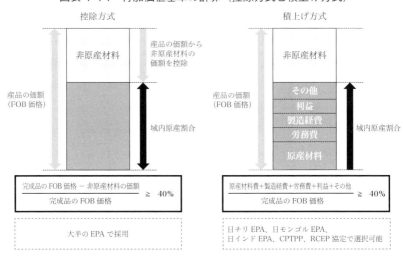

　付加価値基準に基づく原産性の判定についても、経済産業省が Excel 形式の計算表フォーマットを公表しており[13]、これを参考に域内原産割合を計算するのが便利である。

> **コラム**　ロールアップとロールダウン
>
> 　付加価値基準を用いた原産性の判定に際しては、**ロールアップ**又は**ロールダウン**という考え方が用いられることがある。
> 　**ロールアップ**とは、ある産品の域内原産割合の算定に際して、当該産品の生産に用いられた一次原材料が原産品と判断された場合には、たとえ当該原産材料の中に非原産材料（二次原材料）が含まれていても、その価額は考慮しないとする考え方をいう。すなわち、サプライチェーンの過程で投入された非原産材料を、一定の要件の下で原産材料の一体のものとみなすことで、原産比率を実際より高く算定することを認める仕組みである。実例として、日タイ EPA28 条 7 項などが挙げられる。
> 　一方、**ロールダウン**とは、一次原材料が非原産と判断された場合に、当該非原産

---

13）前掲注 12

材料の中に原産品である二次原材料が含まれていたとしても、その原産材料の価額は考慮しない（一次原材料の全体を非原産と扱う）とする考え方をいう。

③ 加工工程基準

加工工程基準（SP：Specific Process Rule）とは、非原産材料を使用した最終産品について、EPA 締約国で特定の加工工程が施されれば、当該国の原産とみなす基準をいう（図表 4-15）。繊維や化学製品（化粧品等）についてこの基準が採用されることがあるが、関税分類番号変更基準や付加価値基準に比べると適用場面は限定されている。

イ　救済規定

EPA では、利便性の観点から、「累積」や「デミニミス」といった原産地基準の救済規定が設けられることが多い。これらの規定を適用することにより、関税分類変更基準や付加価値基準を一見満たさない場合でも、原産性が認められることがある。

(a)　累積

累積（accumulation 又は cumulation）とは、ある国の生産のみでは原産

図表 4-15　加工工程基準のイメージ（日豪 EPA 原産地規則の例）

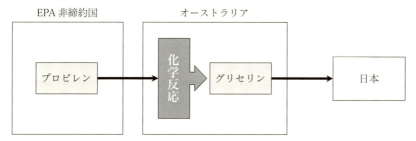

「化学反応」の意味について、日豪 EPA の原産地規則では、「『化学反応』とは、分子内の結合を切断し、かつ、新たな分子内の結合を形成すること又は分子内の原子の空間的配列を変更することにより、新たな構造を有する分子を生ずる工程（生化学的なものを含む。）をいう。」と規定されている（附属書 2 第 1 編 6(a)）。

出典：財務省関税局・税関「我が国の原産地規則〜EPA 原産地規則（詳細）〜」（2024 年 4 月）32 頁を参考に作成

地基準を満たしていない場合でも、他の EPA 締約国における生産を重ね合わせる（＝累積する）ことにより、全体として原産地基準を満たす場合には、産品を原産品と認めるというルールをいう。このルールの下では、他の EPA 締約国の原産品や生産行為を自国の原産材料や生産行為とみなすことで、域内で生産された原材料等をあたかも自国の原産材料であるかのように扱うことができる。

累積には次の 2 種類がある。例えば、日 EU EPA3.5 条ではこれらの両方が認められている。

- モノの累積：他の締約国で作ったモノを自国で作ったモノとみなす
- 生産行為の累積：他の締約国の生産行為を自国の生産行為とみなす

二国間 EPA におけるモノの累積の適用のイメージを、日タイ EPA を例に図示すると図表 4-16 のとおりである。この例では、日本産の原材料 A はタイの原産材料ではないため、累積がなければ、「完成品がタイの原産品といえるかどうか」の判定にあたって、非原産材料の扱いになってしま

図表 4-16　二国間 EPA（日タイ EPA）におけるモノの累積のイメージ

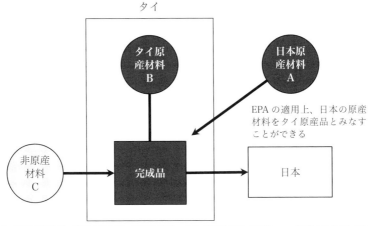

出典：財務省関税局・税関「我が国の原産地規則〜 EPA 原産地規則（詳細）〜」（2024 年 4 月）48 頁を参考に作成

う。しかし、累積規定を適用することにより、当該原材料をタイの原産材料とみなした上で、完成品が「タイの原産品」といえるかどうかの判断に用いることができる。

CPTPP や RCEP 協定といった多国間 EPA では、3 か国以上にまたがって累積を適用することが可能である。例えば RCEP 協定について説明すると、図表 4-17 のように、最終製品（マーマレード）のオーストラリア原産性を判断するにあたり、累積が認められない場合には、品目別規則（CC：類の変更）を満たさず原産性が否定されるが、累積を適用することにより、他の締約国であるタイの原材料（レモン果汁）をオーストラリアの原産材料と扱うことで品目別規則を満たすことができ、オーストラリア原産性が認められることになる。

(b) **僅少の非原産材料**

僅少の非原産材料（デミニミス）とは、わずかな非原産材料については、原産地基準の適用にあたって無視して良いというルールをいう。「僅少」の基準は EPA によって異なり、品目別に、価額、重量、容積等をベースに「僅少」と認められるための上限値が定められている。

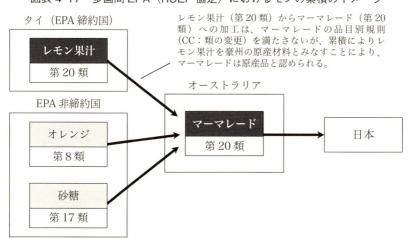

図表 4-17　多国間 EPA（RCEP 協定）におけるモノの累積のイメージ

出典：財務省関税局・税関「RCEP 協定原産地規則について」（2021 年 6 月）13 頁などを参考に作成

RCEP協定を例に僅少の非原産材料の適用イメージを示すと図表4-18のとおりである。

### ウ　積送基準

**積送基準**（consignment criteria）ないし**直送条件**（direct consignment）とは、輸出国の原産品が輸入国に到着するまでに、原産品としての資格を失っていないかどうかを判断するための基準をいう。具体的には、EPAに基づく特恵税率の適用を受けるためには、次の①②いずれかの要件が満たされる必要がある（図表4-19）。

---
① 第三国を経由することなく原産国から日本へ直送されること
② 第三国を経由する場合には、当該第三国において、積替え及び一時蔵置（当該第三国の税関の監督下で行われるもの）以外の取扱いがされないこと
---

特恵税率を適用するためには、積送基準が満たされていることを示すため、税関に一定の書類を提出する必要がある。日本に商品を輸入する場合には、関税法施行令61条1項2号ロに基づき、次の①～③のいずれかの

図表4-18　RCEP協定における「僅少」の適用イメージ

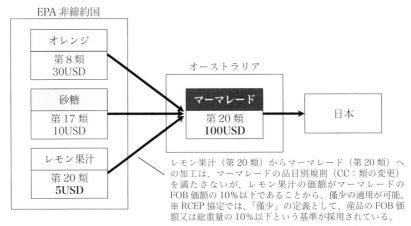

出典：財務省関税局・税関「RCEP協定原産地規則について」（2021年6月）14頁などを参考に作成

### 4　EPA 特恵税率を利用するための要件と手続

図表 4-19　積送基準のイメージ（日豪 EPA の場合）

出典：財務省関税局・税関作成資料などを参考に作成

書類（運送要件証明書）を税関に提出する必要がある（課税価格の総額が 20 万円以下の場合を除く）。

> ①　原産国から日本の輸入港に至るまでの通し船荷証券の写し
> ②　積替え、一時蔵置又は博覧会等への出品がされた第三国の税関その他の権限を有する官公署が発給した証明書
> ③　①又は②が提出できないことにつき相当の理由がある場合には、第三国において積替え及び一時蔵置（当該第三国の税関の監督下で行われるもの）以外の取扱いがされなかったことを証する書類（例えば、倉庫の管理責任者等による非加工の証明書類）

### (5) 原産地証明書の準備──ステップ 5

原産地証明書（certificate of origin）とは、輸入される貨物が原産地基準を満たす原産品であることを、輸入国の税関に対して証明するための書類をいう。

EPA の特恵関税を利用するために必要な原産地証明の方法には、①第三者証明制度、②認定輸出者自己証明制度、③自己申告制度の3つがある（図表 4-20）。

まず①第三者証明制度の下では、輸出国の当局が指定する発給機関が、

図表 4-20　EPA の利用に用いる原産地証明手続の種類

| ①第三者証明制度<br>（第一種特定原産地証明書） | ・各国の当局が指定する発給機関が証明書を発行<br>・日本では日本商工会議所が発給 |
|---|---|
| ②認定輸出者自己証明制度<br>（第二種特定原産地証明書） | ・当局（日本では経済産業大臣）から認定された輸出者自ら原産地証明書を作成<br>・日メキシコ、日スイス、日ペルー、RCEP の 4 協定で採用 |
| ③自己申告制度<br>（特定原産品申告書） | ・貨物が原産品であることについて、生産者・輸出者又は輸入者が自ら申告書を作成する<br>・最近の主要 EPA で採用（CPTPP、日 EU、日英、日米は自己証明のみ利用可能） |

　輸出される商品が原産品であることを証する証明書を発給し、これを輸入国の税関に提出することにより、特恵税率の適用が認められる。日本の場合、「経済連携協定に基づく特定原産地証明書の発給等に関する法律」に基づき、経済産業大臣により**日本商工会議所**が指定発給機関に指定されており、発給される証明書を**第一種特定原産地証明書**と呼んでいる。[14]

　次に、②認定輸出者自己証明制度は、輸出国の当局から認定された輸出者が自ら原産地証明書を作成する制度であり、①第三者証明制度と③自己証明制度の中間的な手続といえる。日本の場合には経済産業大臣が輸出者の認定を行うこととされており、この制度に基づいて輸出者が作成する原産地証明書は**第二種特定原産地証明書**と呼ばれる。[15]　認定輸出者自己証明制度には、第三者証明制度（第一種特定原産地証明書）と比較して、発給コストやリードタイムを軽減できるというメリットがある。

　一方、③**自己申告制度**は、産品の輸入者、輸出者又は生産者が、自ら商品の原産地を申告する書面（**原産地申告書**）を作成し、これを輸入国の税関に提出することにより特恵税率の適用を受ける制度をいう。日本法の下では、原産地の自己申告を行う書面を**特定原産品申告書**と呼んでいる。[16]

　EPA によって、利用可能な原産地証明手続の種類は異なっている（図表 4-21）。従来型の二国間 EPA では第三者証明制度を採用するものがほとん

---

14) 経済連携協定に基づく特定原産地証明書の発給等に関する法律 2 条 3 項
15) 経済連携協定に基づく特定原産地証明書の発給等に関する法律 2 条 4 項
16) 経済連携協定に基づく申告原産品に係る情報の提供等に関する法律 2 条 5 号

図表4-21　日本が参加しているEPAで利用可能な原産地証明手続

| EPA | 発効時期 | 第三者証明 | 認定輸出者自己証明 | 自己申告 |
| --- | --- | --- | --- | --- |
| 日シンガポール | 2002年11月 | ○ | − | − |
| 日メキシコ | 2005年4月 | ○ | ○ | − |
| 日マレーシア | 2006年7月 | ○ | − | − |
| 日チリ | 2007年9月 | ○ | − | − |
| 日タイ | 2007年11月 | ○ | − | − |
| 日インドネシア | 2008年7月 | ○ | − | − |
| 日ブルネイ | 2008年7月 | ○ | − | − |
| 日ASEAN | 2008年12月 | ○ | − | − |
| 日フィリピン | 2008年12月 | ○ | − | − |
| 日スイス | 2009年9月 | ○ | ○ | − |
| 日ベトナム | 2009年10月 | ○ | − | − |
| 日インド | 2011年8月 | ○ | − | − |
| 日ペルー | 2012年3月 | ○ | ○ | − |
| 日豪 | 2015年1月 | ○ | − | ○ |
| 日モンゴル | 2016年6月 | ○ | − | − |
| CPTPP | 2018年12月 | − | − | ○ |
| 日EU | 2019年2月 | − | − | ○ |
| 日米 | 2020年1月 | − | − | ○ |
| 日英 | 2021年1月 | − | − | ○ |
| RCEP | 2022年1月 | ○ | ○ | △ |

どであったが、近年発効したメガEPAでは自己申告制度を採用するものがむしろ主流になっている。なお、EPAによっては、複数の原産地証明手続が認められていることがあり、この場合、申請者の都合に応じていずれを選択しても良い。

> **コラム**　原産地証明書類を入手・作成するための手続
>
> 日本企業がEPAを利用して輸出を行う場合における原産地証明の手続を上記①〜③の類型別にまとめると、次のとおりである。
> ① 第三者証明制度（第一種特定原産地証明書）
> 　商品の輸出に際して、日本商工会議所から第一種特定原産地証明書の発給を受けるためには、事前準備として、日本商工会議所のウェブサイトから企業登録を行った上で、輸出しようとする産品の**原産品判定依頼**を行う必要がある。原産品判定依頼書は、「特定原産地証明書発給システム」を使ってオンラインで提出することが

できる。

　原産品の判定依頼を行うのは、当該産品の生産者又は輸出者となる。依頼書の提出にあたっては、各EPAの品目別規則に従い、原産品であることを明らかにする資料（関税分類変更基準や付加価値基準の判定用フォーマットなど）を準備し、原産性を判定するための資料として提出する。輸出者（商社など）が原産品判定依頼を行う場合には、生産者から産品に関する立証資料を取得する必要がある。

　日本商工会議所から原産品判定の結果が得られたら、これに基づき、第一種特定原産地証明書の発給申請を行う。第一種特定原産地証明書については、EPAの適用を受けようとする輸出の都度、発給申請を行う必要がある。例えば、同じ産品を同じ国に複数回輸出する場合でも、輸出するたびに証明書を取得しなければならない。特定原産地証明書の有効期限は各EPAで定められており、日フィリピンEPAでは発給から6か月、それ以外のEPAでは発給から1年となっている。

　なお、第一種特定原産地証明書と異なり、日本商工会議所による**原産品判定の結果**については、特に有効期間は設けられていない。そのため、ある産品について一度判定結果を取得してしまえば、その後生産工程等が変更されない限り、同一の判定結果を利用して、繰り返し第一種特定原産地証明書の発給申請を行うことが可能である。[17]

② **認定輸出者自己証明制度（第二種特定原産地証明書）**

　日本が締結しているEPAのうち日スイスEPA、日ペルーEPA、日メキシコEPA、RCEP協定の4協定では、認定輸出者自己証明制度が採用されており、経済産業大臣から認定を受けた輸出者が自ら原産地証明書（第二種特定原産地証明書）を作成することができる。

　経済産業大臣の認定を受けるためには、大きく㈠EPAの利用実績、㈡社内責任者等（統括責任者、法令業務責任者、原産地証明書作成担当者）の配置、㈢経済産業大臣（経済産業省原産地証明室）及び生産者との連絡体制の構築の3要件を満たす必要がある。[18] そのほか、認定手続の詳細や、認定輸出者が作成する原産地申告書のフォーマットは経済産業省のウェブサイトを参照されたい。[19]

---

17) ただし、同一の原産品判定を繰り返し利用する場合には、部品や材料が、生産場所の変更や調達価格の変動などにより、原産部品や原産材料でなくなる可能性もあるため、少なくとも申請者の社内では、発給申請の都度、原産地基準が満たされているかについての確認を行う必要がある。このことも踏まえ、実務的には、原産地判定依頼の際に、例えばRVC40の場合には原産品割合50％以上を確保する等、一定の余裕を見ておくことが推奨される。

18) 経済連携協定に基づく特定原産地証明書の発給等に関する法律7条の4第1項、経済連携協定に基づく特定原産地証明書の発給等に関する法律施行規則14条3号

### ③ 自己申告制度（特定原産品申告書）

　日本が締結しているEPAのうち日豪EPA、CPTPP、日EU EPA、日米貿易協定、日英EPA、RCEP協定では、自己申告制度が採用されており、輸入者、輸出者又は生産者が自ら原産地の申告書類（特定原産品申告書）を作成することができる。自己申告制度の利用にあたり、税関への事前の届出や登録手続等は不要である。

　原産地申告書等の具体的な記載方法については、税関ウェブサイト「EPA・原産地規則ポータル」[20]の「原産地基準・証明手続／様式見本」タブから、各EPAごとに原産品申告書、原産品申告明細書等の様式見本を入手することが可能である。

## (6) 書類の保存――ステップ６

　EPAでは、特定原産地証明書の発給機関に証明書の発給を申請した者や自己証明を行った者に対し、一定期間、原産性を証明する書類を保存することを義務付けている。日本が締約しているEPAにおける保存期間は３～５年となっている（図表4-22）。

　保存すべき書類の考え方については、経済産業省原産地証明室作成の「原産性を判断するための基本的考え方と整えるべき保存書類の例示」（2024年２月改訂版）[21]で詳しく解説されているので、参照されたい。

　なお、特恵税率を適用して輸出した貨物について、相手国の税関当局が、各EPA及び関税関係法令の規定に基づき、その貨物が輸出締約国（日本）

図表4-22　原産性を証明する書類の保存期間

| 保存期間 | EPA |
| --- | --- |
| 3年 | 日ブルネイ、日ASEAN、日スイス、日ベトナム、RCEP |
| 4年 | 日EU（輸出者） |
| 5年 | 日メキシコ、日マレーシア、日チリ、日タイ、日インドネシア、日フィリピン、日インド、日ペルー、日豪、日モンゴル、CPTPP、日EU（輸入者） |

19) https://www.meti.go.jp/policy/external_economy/trade_control/boekikanri/gensanchi/approved.html
20) https://www.customs.go.jp/roo/index.htm
21) https://www.meti.go.jp/policy/external_economy/trade_control/boekikanri/download/gensanchi/roo_guideline_preservation.pdf

の原産品であるか否かについての確認を事後的に行う際に、日本の輸出者・生産者に情報の提供を求めることがある。期限内に回答をしない場合や提供された情報が原産品であることを確認するために十分でない場合、相手国の税関当局から特恵税率の適用が否認されることがある。

【参考文献】
- 飯野文『WTO・FTA・CPTPP―国際貿易・投資のルールを比較で学ぶ―』（弘文堂、2019）
- 今川博・松本敬『メガEPA原産地規則―自己申告制度に備えて』（日本関税協会、2019）
- 今川博『日米貿易協定―原産地規則の概要と実務―』（日本関税協会、2020）
- 日本関税協会編『TPPコンメンタール』（2019）
- 日本関税協会編『RCEPコンメンタール』（2022）
- 長谷川実也・松本敬『基礎から学ぶ原産地規則』（日本関税協会、2023）
- 羽生田慶介『すぐ実践！　利益がぐんぐん伸びる　稼げるFTA大全』（日経BP社、2018）

# 第5章

# 貿易救済とアンチダンピング

第5章 貿易救済とアンチダンピング

# 1 はじめに

**貿易救済**（trade remedies）とは、外国から輸出される産品によって自国の産業に損害やそのおそれが生じている場合に、輸入国政府が、国内産業の保護を目的として、当該産品に対し追加関税の賦課等の輸入制限措置をとることをいう。

WTO協定の下では、貿易救済措置として、①**アンチダンピング（AD）**、②**相殺関税（CVD）**、③**セーフガード（SG）**の3種類が認められている[1]（図表5-1）。

これらの中でも特にアンチダンピングは、米国やEUをはじめ主要国によって頻繁に利用されており、国際通商法実務の一大分野を成している。かつては、日米貿易摩擦等も背景に、日本製品が米国等のアンチダンピング調査の対象となる事例が頻発していたが、現在では、欧米先進国による措置のターゲットは中国等の新興国にシフトしている。一方、新興国の側も、自国産業の育成・保護のためのツールとしてアンチダンピングを積極的に利用しており、日本製品が措置の対象になるケースも増えている。

日本では、これまで輸出産業主導で経済発展してきた経緯もあり、政府・産業界ともに、貿易救済の活用には消極的であった。しかし、新興国

図表5-1 貿易救済措置の種類

| 貿易救済 | アンチダンピング（AD） | 不当な安値での製品輸出（ダンピング輸出）に対抗するための追加関税 |
|---|---|---|
| | 相殺関税（CVD） | 外国政府の補助金を受けた安値での製品輸出に対抗するための追加関税 |
| | セーフガード（SG） | 予期しない事情の発展による輸入急増に対抗するための緊急の輸入制限 |

---

1）国によっては、WTO協定で認められた措置のほかに、国内法で独自の制裁関税等を認めている場合がある。代表的なところでは、米国の1962年通商拡大法232条に基づく安全保障目的の追加関税や1974年通商法301条に基づく制裁関税が挙げられる。ただし、これらの措置のWTO協定整合性については議論が多い。

の経済発展に伴い、日本企業が外国からの安値輸出に悩まされる例が増えており、貿易救済の戦略的価値が改めて注目されている。

本章では、まず上述した3つの貿易救済措置（アンチダンピング、相殺関税、セーフガード）の概要を説明した上で（下記2）、中でも特に重要性が高いアンチダンピングを例に、日本企業が外国政府による調査の対象となった場合の実務対応（下記3）と、日本企業が、他国からの輸入品について日本政府にアンチダンピング措置の発動を申請する際の手順を解説する（下記4）。

## 2 貿易救済措置の種類と概要
──アンチダンピング、相殺関税、セーフガード

上記のとおり、貿易救済措置には、アンチダンピング、相殺関税、セーフガードの3つがある。これらは、いずれも、追加関税等を通じて特定の外国からの産品輸入を制限することを本質とし、WTO協定における自由

図表5-2　貿易救済措置に関する法令の構造

| | アンチダンピング（AD） | 相殺関税（CVD） | セーフガード（SG） | |
|---|---|---|---|---|
| 国際ルール（WTO協定） | GATT6条 アンチダンピング（AD）協定 | GATT6条 補助金協定第V部 | GATT19条 セーフガード（SG）協定 | |
| 日本法上の名称 | 不当廉売関税 | 相殺関税 | 緊急関税等 | 緊急輸入割当て |
| 法律 | 関税定率法8条 | 関税定率法7条 | 関税定率法9条 | 外国為替及び外国貿易法 |
| 政令 | 不当廉売関税に関する政令（平成6年政令第416号） | 相殺関税に関する政令（平成6年政令第415号） | 緊急関税等に関する政令（平成6年政令第417号） | 輸入貿易管理令3条1項 |
| 告示 | ― | ― | ― | 貨物の輸入の増加に際しての緊急の措置等に関する規程（平成6年12月28日通商産業省告示第715号） |
| ガイドライン | 不当廉売関税に関する手続等についてのガイドライン | 相殺関税に関する手続等についてのガイドライン | 緊急関税等に関する手続等についてのガイドライン | 貨物の輸入の増加に際しての緊急の措置に関する手続等についてのガイドラインの制定について（平成7年8月4日輸入注意事項7第54号） |

貿易の原則（GATT2条の関税譲許原則や同1条の最恵国待遇義務）と抵触する関係にある。そのため、WTO協定上、貿易救済措置の発動については、実体面・手続面で厳格な要件が定められており、これらが満たされたときにのみ措置の発動が認められる。

日本の場合、貿易救済措置に関する要件や手続は、WTO協定を踏まえ、関税定率法及びこれに基づく政令やガイドライン等に定められている（図表5-2）。また、貿易救済措置の発動に向けた調査は、財務大臣、産業所管大臣及び経済産業大臣が連携して行うこととされている[2]。

3つの貿易救済措置の概要と、WTO協定上求められている発動のための要件はそれぞれ次のとおりである。

## (1) アンチダンピング

アンチダンピング（anti-dumping）とは、ある国の企業から、**正常価格**（normal value）[3]を下回る安値輸出（**ダンピング輸出**）がなされ、これによって輸入国の産業に損害が生じている場合に、輸入国の政府が、当該産品に対して追加関税を賦課することにより、本来あるべき価格との差額を相殺する制度をいう（図表5-3）。日本の関税定率法では**不当廉売関税**と呼

図表5-3　アンチダンピング関税のイメージ

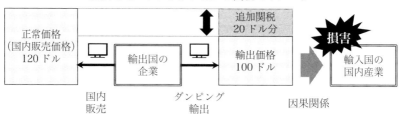

出典：経済産業省「2023年版不公正貿易報告書」285頁を基に作成

---

2）不当廉売関税に関する政令18条、相殺関税に関する政令14条、緊急関税等に関する政令11条、貨物の輸入の増加に際しての緊急の措置等に関する規程9条2項

3）「normal value」はWTO協定の公定訳では「正常価額」と訳されているが、日本の関税定率法では「正常価格」という用語が用いられている。本書では後者の表現で統一する。

ばれている。

　通常、措置国（輸入国）の国内生産者による政府当局への申請に基づいて調査が行われる。調査の結果、所定の要件が満たされた場合に、対象産品の輸入に対して追加関税が賦課される。

　WTO協定では、アンチダンピング措置発動のための実体要件や調査手続は、GATT6条及び**アンチダンピング協定**（AD協定）に定められている。[4]

　措置を発動するための**実体要件**は次の2つである。

---

① **正常価格**を下回る価格で輸出が行われていること（**ダンピング要件**）（GATT6条1項、AD協定2条）
② ダンピング輸入によって輸入国の国内産業に**損害**が生じていること（**損害要件**）（GATT6条1項・6項(a)、AD協定3条）

---

　また、**手続要件**として、AD協定に準拠した国内法の規定に基づいて適切な調査を行い、利害関係者に対して情報提供や意見提出の機会を与えることなどが求められている。

### ア　ダンピング要件

　ダンピングとは、輸出国の企業（生産者・輸出者）が、産品を**正常価格**を下回る価格で他国へ輸出することをいう（GATT6条1項柱書）。

　正常価格は、原則として、「輸出国における消費に向けられる同種の産品の通常の商取引における比較可能な価格」をいう（GATT6条1項(a)、AD協定2.1条）。すなわち、輸出者が、**自国向けの国内販売価格**よりも安値で産品を輸出する場合にダンピングが認められる。[5] 輸出価格と正常価格の差は**ダンピングマージン**（ダンピング価格差）と呼ばれ、これがアンチダンピング関税の税率上限となる（AD協定9.3条）。ダンピングマージン

---

4）正式名称は「千九百九十四年の関税及び貿易に関する一般協定第六条の実施に関する協定」
5）日本の法令用語ではダンピングが「不当廉売」と訳されていることもあり誤解されやすいポイントであるが、ダンピングの有無は、国内販売価格と輸出価格の比較という客観的基準で決まり、輸出価格が実質的に不当であることや輸出企業側の不当な意図は要求されない。

は以下の式で表される。[6]

$$ダンピングマージン = \frac{正常価格 - 輸出価格}{輸出価格} = \frac{国内販売価格 - 輸出価格}{輸出価格}$$

ダンピングマージンは、原則として輸出国の個別企業（生産者・輸出者）ごとに算定される（AD協定6.10条）。上記の計算式における正常価格（国内販売価格）と輸出価格については、それぞれ、個別企業の過去1年分の取引価格の**加重平均値**（weighted average）を用いて比較を行う（W-W比較方式）ことが一般的である。[7]

なお、正常価格の例外として、輸出価格との比較対象となる適切な国内販売価格がない場合には、別の指標（代替ベンチマーク）を正常価格とし

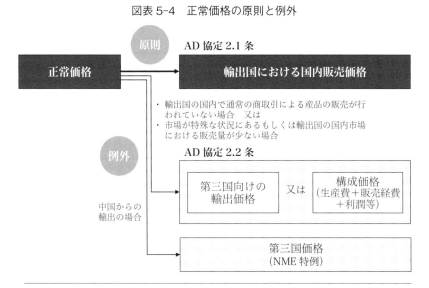

図表5-4　正常価格の原則と例外

---

[6]「ダンピングマージン」という語は①輸出価格と正常価格の差の絶対値を指す場合と、②ダンピングの「率」を指す場合があるが、ここでは後者の意味で用いる。

[7] AD協定では、「W-W比較方式」以外に、個別の取引（transaction）価格同士を比較する「T-T比較方式」も認められているが（2.4.2条第1文）、実際に使われることは稀である。また、例外的な場合には、正常価格については加重平均を、輸出価格については個別取引の価格を用いる「W-T比較方式」を認める規定も置かれている（2.4.2条第2文）。

て用いることが認められている。具体的には、次の2つの場合に代替ベンチマークを用いることができる。

第一は、AD協定2.2条で認められた例外で、輸出国の国内市場で通常の商取引による産品の販売が行われていない、又は市場が特殊な状況にあるためもしくは輸出国の国内市場における販売量が少ないため輸出価格と国内販売価格の適正な比較ができない場合である。具体例としては、輸出国の国内における産品の取引がグループ会社間のみで行われており独立当事者間（アームズ・レングス）価格が存在しない場合、取引量が極端に少ない場合、あるいは輸出国の市場が、政府の特殊な産業政策や補助金によって大きく歪んでいるような場合が挙げられる。このような場合、輸入国の調査当局は、代替ベンチマークとして次のいずれかを用いることができる[8]。

① 同種の産品が第三国に輸出される場合の価格（**第三国輸出価格**）
② 原産国における生産費に管理費、販売経費、一般的な経費及び利潤としての妥当な額を積み上げたもの（**構成価格**）

第二の例外として、日本、米国、EU等の国内法制の下では、中国[9]からの輸出品については、**非市場経済国に関する特例**（NME特例）として、中国以外の**第三国**における同種の産品の価格を正常価格として用いることが認められている[10]（コラム「中国の市場経済国問題」参照）。代替ベンチマークとなる第三国の選定については、一人当たり国民総所得（GNI）等の指標に基づき、中国と経済発展の段階が近い国（例えばフィリピンやマレーシア）を選択することが多い[11]。

---

8) GATT 6条1項(b)、AD協定2.2条。不当廉売に関する政令2条1項2号・3号も参照
9) 中国のほか、ベトナムについても、WTO加盟議定書に、非市場経済国扱いについて中国と同様の定めが置かれており（2018年末に一部が失効）、日本の政令やガイドライン上も中国と同様の扱いとなっている。
10) 日本法の規定として、不当廉売関税に関する政令2条3項及び不当廉売関税に関する手続等についてのガイドライン7(6)参照
11) 日本の実務に関し、経済産業省「不当廉売関税（アンチダンピング関税）を課することを求める書面の作成の手引き」（2023年4月）15頁参照

各国の調査実務では、原則的な正常価格（国内販売価格）を基準とするとダンピング認定が難しい（又は十分なダンピングマージンが出ない）場合に、申請者や調査当局により、戦略的な視点も踏まえて代替ベンチマークが使われる傾向にある。

> **コラム　中国の市場経済国問題**
>
> 中国製品に対するダンピング調査において NME 特例が認められている背景には、中国の WTO 加盟時の経緯が関係している。
>
> すなわち、2001 年に中国が WTO に加盟した際、既存の WTO 加盟国からは、中国では過剰な補助金や国有企業による市場独占等の非市場経済的慣行が行われており、また、行政の透明性の低さから、対中アンチダンピング調査において、ダンピング認定が困難になるのではないかとの懸念が示されていた。こうした懸念を踏まえ、中国の WTO 加盟議定書 15 条(a)に、対中アンチダンピング調査に関する特例として、中国の国内販売価格に代えて、**第三国**における同種の産品の国内販売価格、輸出価格又は構成価格等の指標を用いて、簡易的にダンピング認定を行うことを認める規定が盛り込まれた。
>
> もっとも、中国の WTO 加盟議定書 15 条(a)は、中国の WTO 加盟から 15 年が経過した 2016 年 12 月 11 日に、規定の一部（15 条(a)(ⅱ)）が失効した。そのため、WTO 協定の解釈上、上記規定の一部失効後も NME 方式を引き続き使うことが認められるかが国際的な議論になった。[12]この議論は必ずしも決着していないが、少なくとも米国、EU、日本等は、一部失効後の規定の下でも引き続き NME 方式の適用は WTO 協定に整合するとの整理の下、従前と同様の運用を続けている。

### イ　損害要件

アンチダンピング措置を発動するための 2 つ目の実体要件である**損害**（injury）とは、輸入国の国内産業に対する**実質的な損害**（material injury）もしくはそのおそれ、又は国内産業の確立の実質的な遅延をいう（GATT 6 条 1 項柱書、AD 協定 3 条注）。

---

12) 議論の詳細については、梅島修「中国産品輸入に対する AD 税賦課：中国 WTO 加盟議定書 15 条 a 項ⅱ号の失効の意味と対応策」（RIETI Discussion Paper Series、2017）参照

損害の有無・程度は、国内産業の状態（業績）に関連する次の15指標を考慮して評価される（AD協定3.4条）。実務上、損害認定は過去3年分のデータに基づいて行われることが多い。

図表5-5　国内産業の状態に関する15指標

| ①販売 | ②利潤 | ③生産高 | ④市場占拠率 | ⑤生産性 |
|---|---|---|---|---|
| ⑥投資収益 もしくは ⑦操業度における現実の及び潜在的な低下 ||||||
| ⑧資金流出入 | ⑨在庫 | ⑩雇用 | ⑪賃金 | ⑫成長 |
| ⑬資本調達能力もしくは投資に及ぼす現実の及び潜在的な悪影響 ||||||
| ⑭国内価格に影響を及ぼす要因 || ⑮ダンピングマージンの大きさ |||

また、損害要件には、ダンピング輸入と国内産業に対する損害の間に**因果関係**が存在することも含まれる。すなわち、調査当局は、国内産業に生じた損害（業績の悪化）がダンピング輸入によって引き起こされたものであることを証拠に基づいて積極的に認定しなければならない。同時に、ダンピング輸入以外の要因（例えば国内における対象産品の需要縮小、コスト増、世界的な市況悪化、第三国からの輸入増など）によって生じた業績悪化については、ダンピング輸入による損害と適切に峻別しなければならない（**不帰責分析**）（AD協定3.5条）。

> **コラム　損害認定における競争・代替関係の考慮**
>
> 調査当局が、ダンピング輸入による国内産業への損害が認められるかを検討する際には、輸入品と同種国産品の間の**競争・代替関係**の有無・程度を正しく評価することが重要である。すなわち、ダンピング輸入によって国内産業に損害が生じるメカニズムには、①輸入国の国内市場で安価な輸入品によって国産品のシェアが奪われ、国内生産者の売上が低下すること（**数量効果**）と、②国内生産者が、安価な輸入品に対抗するため価格の引き下げや抑制を余儀なくされる結果、利益率が悪化すること（**価格効果**）の2通りが考えられるが（AD協定3.1条、3.2条参照）、いずれについても、輸入国の国内市場で輸入品と国産品が直接競合していることが、損害発生の論理的前提となる（図表5-6参照）。

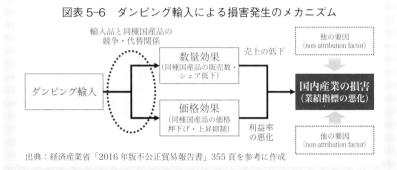

図表 5-6　ダンピング輸入による損害発生のメカニズム

出典：経済産業省「2016 年版不公正貿易報告書」355 頁を参考に作成

　日本製品が新興国のアンチダンピング調査に巻き込まれた場合によく見られる状況として、日本製品と現地製品が一見類似するように見えるが、実際には日本からの輸出品は高性能・ハイグレードの高級品が中心であるのに対し、現地の国産品はロースペックの汎用品が中心となっており、現地市場で棲み分けがなされているというケースがある。そうした場合、日本企業としては、自社製品が現地の国内産業に損害を与えることはありえないとして、調査の初期段階で、自社製品を調査対象から除外するよう求めたり、あるいは少なくとも損害認定の際に適切な考慮を行うよう求めるべきである（→外国政府によるアンチダンピング調査への対応については後記3参照）。ただし、結果的に損害認定がなされてしまったときは、WTO紛争解決手続などを通じて、当局の認定を事後的に争うことになる。[13]

　逆に、日本企業が、日本政府に対し、外国からの輸入品に対するアンチダンピング措置の発動を申請する際には、自社製品と輸入品の間に直接的な競争・代替関係があることをデータに基づいて当局に説明する必要がある（→アンチダンピング申請の手順については後記4参照）。

## ウ　調査手続

　AD協定に定められたアンチダンピング調査のフローは後掲図表 5–12 に示すとおりである。調査手続は各国の国内法で定められており、国ごと

---

[13) 例えば、中国が日本産高性能ステンレス継目無鋼管（HP-SSST）に対して発動したアンチダンピング措置を日本がWTO提訴した事案で、中国の当局が高スペックの日本製品と低スペックの中国製品の違いを適切に考慮せずに、日本製品による損害を肯定したことが、AD協定違反と認定された事案がある（*China – HP-SSST (Japan)* 上級委員会報告書（2015））。同様に、日本製の空気圧バルブと韓国製の空気圧バルブの競争関係が問題になった事例として、*Korea – Pneumatic Valves* 上級委員会報告書（2019）も参照。

に細部は異なるが、WTO加盟国であれば、基本的にはAD協定に準拠した調査手続が整備されている。

**エ　救済措置**

　当局による調査の結果、ダンピング及び国内産業への損害が認められた場合、該当する輸入品に対して**アンチダンピング関税**が賦課される。追加関税の税率は、生産者・輸出者ごとに認定されるダンピングマージンを超えてはならない（AD協定9.3条）。なお、EUなど一部の国では、アンチダンピング関税の上限について、ダンピングマージンよりも損害救済に必要な税率の方が低い場合には、税率を後者の限度に収めるという「**レッサーデューティー・ルール**」が採用されている場合がある（AD協定9.1条参照）。

　アンチダンピング関税の課税期間は、ダンピングによる国内産業への損害を防止するために必要な期間に限られ、最長でも5年とされる。ただし、国内産業の申請又は調査当局の職権に基づく調査（**サンセットレビュー**）により、措置の撤廃によってダンピング及び損害が再発する可能性があると判断された場合には、5年を超えて措置を継続することが可能である（AD協定11.3条）。例えば米国による対日アンチダンピング措置の中には、1970～1980年代に発動された措置について延長が繰り返され、現在なお課税が継続しているものもある。[14]

> **コラム**　**各国によるアンチダンピング措置の利用状況**
>
> 　WTO発足（1995年）から2023年までの主要国によるアンチピング調査の開始件数は、図表5-7のとおりである。伝統的には、制度を早くから整備していた米国、EU、カナダ、オーストラリアによる措置が多かったが、近時は、中国、インド、韓国、ブラジル等の新興国による発動も多い。このうち、2022年6月末時点で日本企業に対する課税が継続しているアンチダンピング措置の数は、中国22

---

14) PC鋼より線に対するアンチダンピング措置については1978年12月に、溶接管継手に対するアンチダンピング措置については1987年2月に初回の賦課決定がなされている。

図表 5-7　アンチダンピング調査の開始件数（1995 ～ 2023 年）

| | 1995~1999 | 2000~2004 | 2005~2009 | 2010~2014 | 2015~2019 | 2020~2023 | 合計 |
|---|---|---|---|---|---|---|---|
| 米国 | 134 | 222 | 84 | 87 | 201 | 196 | 924 |
| EU | 186 | 117 | 102 | 63 | 53 | 36 | 557 |
| オーストラリア | 103 | 72 | 35 | 79 | 62 | 30 | 381 |
| カナダ | 56 | 77 | 18 | 45 | 51 | 33 | 280 |
| インド | 132 | 268 | 192 | 148 | 239 | 196 | 1175 |
| ブラジル | 68 | 48 | 64 | 189 | 49 | 27 | 445 |
| アルゼンチン | 92 | 92 | 73 | 58 | 73 | 36 | 424 |
| 中国 | 5 | 104 | 69 | 40 | 70 | 7 | 295 |
| 南アフリカ | 132 | 45 | 37 | 17 | 3 | 21 | 25 |
| トルコ | 13 | 76 | 55 | 36 | 49 | 18 | 247 |
| メキシコ | 37 | 42 | 18 | 32 | 32 | 19 | 180 |
| 韓国 | 41 | 36 | 31 | 19 | 25 | 18 | 170 |
| 日本 | 0 | 2 | 4 | 2 | 6 | 3 | 17 |

出典：WTO の統計を基に作成

件、米国 19 件、インド 7 件、韓国 6 件、カナダ 3 件、メキシコ 3 件、オーストラリア 3 件、タイ 2 件、ブラジル 1 件、EU 1 件、マレーシア 1 件となっている。[15]

　一方、日本政府によるアンチダンピング調査について見ると、1995 年以降の調査開始件数は累計で 18 件（2024 年 6 月現在）[16]、うち課税に至った事例は 10 件であり、諸外国と比較して突出して少ない。背景としては、日本は伝統的に輸出産業が盛んだったため、他国からの輸入に対して貿易救済で対抗する必要性が必ずしも高くなかったこと、かつて、日米貿易摩擦を背景に日本企業が頻繁にアンチダンピングの標的にされてきたことのトラウマもあり、政府や産業界の中にアンチダンピングへの否定的な見方が根強かったことなどが考えられる。

　しかし、近年では、新興国の経済成長といった世界経済の構造変化も背景に、日本の産業界にとってアンチダンピングの戦略的重要性は高まっている。実際にも、2010 年代半ば以降、企業や業界団体の申請に基づき毎年のようにアンチダンピング措置が発動されている。日本政府も、申請要件の緩和といった制度改正に加え、モデル申請書や各種の手引きの公表などを通じて、産業界によるアンチダンピング申請を支援している。

---

15) 経済産業省「2023 年版不公正貿易報告書」293 ～ 297 頁
16) 図表 5-7 のとおり、2023 年末時点で 17 件であったが、2024 年 4 月に中国産黒鉛電極に対するアンチダンピング調査が開始され、18 件になった。

2 貿易救済措置の種類と概要——アンチダンピング、相殺関税、セーフガード

図表5-8 日本政府が過去に発動したアンチダンピング措置(1995〜2023年)

| 対象産品 | 対象国 | 課税期間 | AD税率 | 申請者 |
|---|---|---|---|---|
| 綿糸 | パキスタン | 1995.8〜2000.7 | 2.1〜9.9% | 日本紡績協会 |
| ポリエステル短繊維 | 韓国・台湾 | 2002.7〜2012.6 | 韓国 6.0〜13.5%<br>台湾 10.3% | 帝人㈱、東レ㈱、㈱クラレ、東洋紡績㈱、ユニチカファイバー㈱ |
| 電解二酸化マンガン | オーストラリア | 2008.9〜2013.8 | 29.3% | 東ソー日向㈱、東ソー㈱ |
| | スペイン・南アフリカ | 2008.9〜2019.3 | スペイン 14.0%<br>南アフリカ 14.5% | |
| | 中国 | 2008.9〜2024.2 | 34.3〜46.5% | |
| トルエンジイソシアナート | 中国 | 2015.4〜2020.4 | 69.4% | 三井化学㈱ |
| 水酸化カリウム | 韓国・中国 | 2015.8〜2026.8 | 韓国 49.5%<br>中国 73.7% | カリ電解工業会 |
| 高重合度ポリエチレンテレフタレート | 中国 | 2017.12〜2028.2 | 39.8〜53.0% | 三井化学㈱、三菱化学㈱、日本ユニペット㈱、越前ポリマー㈱ |
| 炭素鋼製突合せ溶接式継手 | 韓国・中国 | 2018.3〜2023.3 | 韓国 41.8〜69.2%<br>中国 57.3% | ㈱ベンカン機工、日本ベンド㈱、古林工業㈱ |
| トリス(クロロプロピル)ホスフェート | 中国 | 2020.9〜2025.9 | 37.2% | 大八化学工業㈱ |
| 炭酸カリウム | 韓国 | 2021.6〜2026.6 | 30.8% | カリ電解工業会 |
| 溶融亜鉛めっき鉄線 | 韓国・中国 | 2022.12〜2027.12 | 韓国 9.8〜24.5%<br>中国 26.5〜41.7% | 日亜鋼業㈱、NS北海製線㈱、㈱ガルバート・ジャパン、㈱ワイヤーテクノ |

出典：経済産業省 貿易経済協力局 貿易管理部 特殊関税等調査室「アンチダンピング（AD）措置の効果と活用」（2023年4月）を参考に作成（税率については個別事案における不当廉売関税の賦課に関する政令による）

## (2) 相殺関税

相殺関税（countervailing duty）とは、外国政府等からの補助金を受けた産品が安値で輸出され、輸入国の国内産業に損害が生じている場合に、輸入国の政府が、補助金の効果を相殺し、輸入価格の適正化を図るため、補助金を受けない時の価格と補助金を受けた価格の差分を関税として課す制度をいう（図表5-9）。アンチダンピングと同様、通常は輸入国の国内生

図表5-9 相殺関税のイメージ

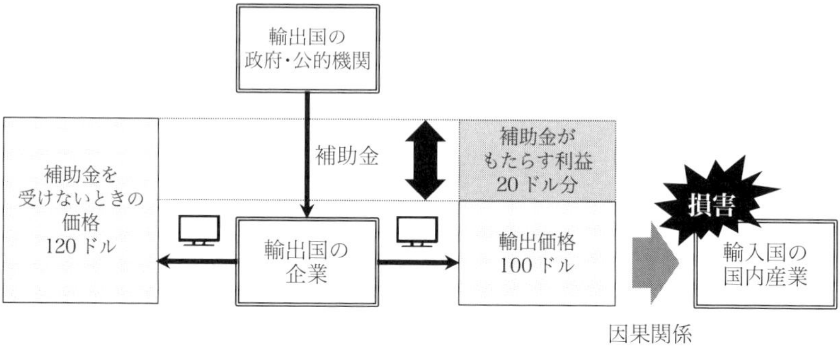

[図：輸出国の政府・公的機関から輸出国の企業へ補助金が支払われ、補助金を受けないときの価格120ドルに対し、輸出価格100ドル（補助金がもたらす利益20ドル分）で輸出され、因果関係により輸入国の国内産業に損害が生じる様子を示す]

産者の申請に基づき調査が開始される（補助金協定11.1条）。

相殺関税は、アンチダンピングと制度趣旨は異なるものの、輸出国における**不公正な貿易慣行**に対する輸入国側の自衛措置という点で共通しており、実体要件や手続要件を含めてアンチダンピングと似通う部分が多い。

WTO協定では、GATT6条と補助金協定第Ⅴ部[17]に、措置発動のための実体要件や調査手続に関する規定が置かれている。

措置を発動するための**実体要件**は、次の2つである（GATT6条3項、補助金協定10条参照）。

> ① 相殺対象となる**補助金**が存在すること（GATT6条3項、補助金協定1条、2条、14条）
> ② 補助金を受けた輸入によって輸入国の国内産業に**損害**が生じていること（GATT6条6項(a)、補助金協定15条）

また、**手続要件**として、措置国の国内法に基づき適切な調査を行い、利害関係者に対して情報提供や意見提出の機会を与えることなどが求められている。

---

17) 正式名称は「補助金及び相殺措置に関する協定」

## ア　相殺対象となる補助金の存在

WTO 補助金協定の下で、「**補助金**」は、**政府又は公的機関**（public body）からの**資金的貢献**（financial contribution）によって、受け手企業に**利益**（benefit）が生じるものと定義されている（同協定 1.1 条）。この定義の範囲は広く、政府からの現金や財物の贈与はもちろん、市場の条件より有利な融資や出資、債務保証、税制恩典（減税）なども補助金に含まれる。さらに、特殊法人、国営企業、国有企業、国有商業銀行のように一定の公共的な役割を担っている法人や団体（**公的機関**）による支援も補助金に含まれうる（→第 1 章コラム「補助金に関する規律」も参照）。

相殺関税は、上述のとおり、補助金によって生じた利益を相殺する限度で追加関税を課す制度であるところ、利益額の算定は、政府等の資金的貢献によって受給者が現実に得た経済的地位と、そうした資金的貢献がなかったと仮定した場合に受給者が当該国の市場の一般的状況の下で得たであろう経済的地位（ベンチマーク）を比較することによって行われる[18]。例えば、生産者が政府から現金の直接給付を受ける場合には、受領した金額がそのまま「利益」になる。一方、政府系金融機関から市場金利より有利な条件で低利の融資を受けたような場合には、市場金利と優遇金利の差が「利益」となる。相殺関税は、調査対象産品の価格又は数量あたりの補助金による利益率（**補助金マージン**）を上限として課すことができる（補助金協定 14 条、19.4 条）。

なお、補助金協定上、相殺関税の対象となる補助金は、交付対象が特定の企業・産業又は企業・産業の集団に限定されたものでなければならないとされる（補助金協定 1.2 条、2 条）。これを「**特定性**」（specificity）の要件と呼んでいる。例えば、国内の全ての産業に一律に交付されるような補助金は、相殺関税の対象とならない[19]。

---

18) *US – Large Civil Aircraft (2nd Complaint)* 上級委員会報告書（2012）パラ 635 〜 636、662、690
19) 特定性要件の理論的根拠（なぜ必要か）については諸説あり、立法論としては、特定性要件は不要ではないかとの見解もある。

### イ　損害要件

相殺関税における損害認定のための要件は、補助金協定15条に規定されている。この規定の文言はアンチダンピングに関するAD協定3条の文言とほぼ同一であり、アンチダンピングの損害要件（上記(1)イ）と同様の規律が適用される。

### ウ　調査手続

相殺関税調査の手続については、補助金協定11条（調査の開始及び実施）、12条（質問状・現地調査等）、17条（仮決定・暫定措置）、18条（価格約束等）、22条（公告）などに規定されている。これらの内容はAD協定の規律（詳細は後記3参照）と共通する部分が多いため、説明は割愛する。

### エ　救済措置

当局による調査の結果、補助金の存在及び国内産業への損害が認められた場合、補助金を受けた輸入品に対して**相殺関税**が賦課される。追加関税の額は補助金の額を超えてはならず、かつ、補助金を受けたすべての産品について「適正な額」(appropriate amounts) を無差別に課すこととされている（補助金協定19.2条、19.3条）。アンチダンピングと同様、EUなど一部の国では相殺関税について「レッサーデューティー・ルール」が採用されている（補助金協定19.2条参照）。

相殺関税の課税期間は、アンチダンピングと同じく最長5年とされており、サンセットレビューに基づく措置の延長に関する定めもアンチダンピングと同様である（補助金協定21.3条）。

> **コラム**　各国による相殺関税の利用状況
>
> WTO発足（1995年）から2023年までの各国による相殺関税調査の開始件数は、図表5-10のとおりである。米国では毎年10～20件程度の調査が開始されているほか、EUやカナダでも毎年数件の調査が行われている。ただし、近年、日本の産品が外国政府による調査の対象となった事例は生じていない。

日本政府によるWTO発足後の相殺関税の調査・発動は、韓国製DRAMに対する1件のみである。[20]

図表5-10 相殺関税調査の開始件数（1995～2023年）

|  | 1995～1999 | 2000～2004 | 2005～2009 | 2010～2014 | 2015～2019 | 2020～2023 | 合計 |
|---|---|---|---|---|---|---|---|
| 米国 | 32 | 37 | 32 | 54 | 104 | 71 | 330 |
| EU | 33 | 10 | 11 | 20 | 12 | 9 | 95 |
| カナダ | 6 | 10 | 8 | 25 | 23 | 8 | 80 |
| オーストラリア | 3 | 5 | 4 | 8 | 13 | 8 | 41 |
| インド | 0 | 0 | 1 | 1 | 20 | 13 | 35 |
| 中国 | 0 | 0 | 3 | 4 | 6 | 4 | 17 |
| ブラジル | 0 | 2 | 1 | 7 | 2 | 3 | 15 |
| 南アフリカ | 4 | 7 | 2 | 0 | 0 | 0 | 13 |
| エジプト | 4 | 0 | 0 | 6 | 2 | 0 | 12 |
| ペルー | 1 | 2 | 3 | 2 | 2 | 0 | 10 |
| ニュージーランド | 6 | 0 | 0 | 0 | 3 | 0 | 9 |
| 日本 | 0 | 1 | 0 | 0 | 0 | 0 | 1 |

出典：WTOの統計を基に作成

## (3) セーフガード

セーフガード（safeguards）とは、関税譲許等、貿易自由化に関する合意当時に**予見されなかった事情**によって他国からの産品の輸入が急増し、国内産業に重大な損害又はそのおそれが生じている場合に、輸入国の政府が、国内産業に構造転換の猶予を与えるための緊急措置として、関税の引き上げや輸入数量制限を行うことをいう。[21]

WTO協定では、GATT19条及びセーフガード協定（SG協定）[22]に、措置発動のための実体要件や調査手続に関する規定が置かれている。

セーフガード措置を発動するための**実体要件**は次の2つである。

---

20) 2004年6月にエルピーダメモリ社及びマイクロンジャパン社により、韓国ハイニックス社製DRAMに対する課税申請が行われ、2004年8月に調査開始、2006年1月に相殺関税の課税が行われた。しかし、韓国によるWTO提訴が行われ、2007年に公表された上級委員会報告書で、日本の措置について一部違反が認定された。これも踏まえ、2008年8月に相殺関税率の変更が行われ、最終的には2009年4月に相殺関税廃止に至った。同事案の後、日本政府による相殺関税の発動事例はない。

> ① 事情の予見されなかった発展による輸入数量の増加（GATT19条1項(a)、SG協定2条）
> ② 輸入増加によって国内産業に**重大な損害又はそのおそれ**が生じていること（**損害要件**）（GATT19条1項(a)、SG協定2条、4条）

　また、**手続要件**として、SG協定に基づき、措置国の国内法に基づき適切な調査を行い、利害関係者に対して情報提供や意見提出の機会を与えることなどが求められている。

### ア　事情の予見されなかった発展による輸入数量の増加

　GATT19条は、セーフガード措置発動の要件のひとつとして、「**事情の予見されなかった発展**の結果及び自国がこの協定（著者注：GATT）に基づいて負う義務（関税譲許を含む。）の効果」によって、産品の輸入数量が増加していることを定めている。[23]

　「予見」の基準時については、セーフガード措置を発動しようとする加盟国が、関税譲許等により協定上の義務を負った時点（例えば、WTO協定の発効日やWTOへの加盟時）において予見できず、かつ予見すべき合理的期待がなかったような事情の発展を意味すると考えられる。[24] 例えば、ある国で、WTO協定の発効時にはおよそ予見しえなかったような劇的なイノベーションの結果、特定の産品の生産能力が飛躍的に増加し（あるいは価格が低下し）、別の国の市場への輸入が急増したような場合がこれに該当

---

[21] 貿易救済のうちアンチダンピングと相殺関税は、特定の国の企業や政府による不公正な貿易慣行に基づく安値輸出に対抗するため、当該国ないし企業を狙い打ちにして追加関税の賦課を行うもので、いわば正当防衛的な性格を有する措置といえる。これに対し、セーフガードは、貿易自由化（関税譲許）交渉の当時に予見できなかった事情の発展によって輸入品が急増した場合に、一種の緊急避難として輸入制限を認めることを制度趣旨とする。

[22] 正式名称は「セーフガードに関する協定」

[23] WTO協定では、GATT19条とは別に新たにSG協定が設けられたため、GATT19条が定める「事情の予見されなかった発展」要件が、SG協定の要件と重畳的に適用されるかについて議論もあった。しかし、上級委員会の先例にならい、GATT19条の要件はSG協定の要件と重畳的に適用されるとの解釈が事実上確定している（*Korea – Dairy* 上級委員会報告書（1999）パラ77、*Argentina – Footwear (EC)* 上級委員会報告書（1999）パラ89、*US – Lamb* 上級委員会報告書（2001）パラ69参照）。

[24] *Argentina – Footwear (EC)* 上級委員会報告書（1999）パラ96、*Korea – Dairy* 上級委員会報告書（1999）パラ86

する。

また、輸入数量の増加は、絶対的な増加か国内生産量に比較しての相対的な増加であるかを問わないが（SG 協定 2 条 1 項）、増加の度合いが国内産業に重大な損害を生じさせるのに十分な程度に「直近、突然、急激かつ重大な」（recent, sudden, sharp, and significant）ものである必要がある。[25]

### イ 損害要件

国内産業に対する「**重大な損害**」（serious injury）とは、「国内産業の状態の著しい全般的な悪化」をいい、重大な損害の「おそれ」とは、「明らかに差し迫った重大な損害」をいう（SG 協定同第 4 条 1 項(a)、(b)）。重大な損害又はそのおそれの認定にあたっては、調査当局は、国内産業の状態に関係を有するすべての要因であって客観的なかつ数値化されたもの、特に関係産品の輸入の増加率及び増加量、増加した輸入産品の国内市場占拠率並びに販売、生産、生産性、操業度、損益及び雇用といった指標の変化を評価することとされている（SG 協定 4 条 2 項(a)）。

アンチダンピングや相殺関税と同様、セーフガードにおいても、調査当局は、産品の輸入数量の増加と重大な損害の間に**因果関係**が存在することを客観的な証拠に基づいて認定する必要があり、輸入増加以外の要因の影響は適切に峻別しなければならない（SG 協定 4 条(b)）。

### ウ 調査手続

WTO 加盟国は、国内法の下で事前に調査手続を整備し、公表した上で、これに基づいて調査を行った場合にのみ、セーフガード措置をとることができる。また、セーフガード調査の過程では、利害関係者に対する合理的な公告を行い、公聴会において自己の見解を提出する機会を与えることとされている。さらに、調査当局は、セーフガード措置発動の根拠となる認定やその理由等、調査の結果を報告書の形で公表しなければならない（以上につき、SG 協定 3 条 1 項）。遅延すれば回復し難い損害を与えるような

---

25) *Argentina – Footwear (EC)* 上級委員会報告書（1999）パラ 131

危機的な事態が存在する場合には、輸入国は、仮の決定に基づき、暫定的なセーフガード措置をとることもできる（SG協定6条）。

なお、日本の場合、セーフガード調査については、アンチダンピングや相殺関税と異なり、法律上は利害関係者（国内生産者）による申請の手続は設けられておらず、政府（経済産業大臣、財務大臣及び産業所管大臣）が、利害関係者の求め等も踏まえつつ職権によって調査を行うこととされている（関税定率法9条6項）。

**エ　救済措置**

セーフガードでは、救済措置として、**追加関税**のほか、**輸入数量制限**（輸入割当て）も認められる。ただし、輸入数量制限を行う場合には、原則、直近3年間の輸入量の平均値を下回ってはならない（SG協定5条1項）。

セーフガード措置は、調査対象の輸入品に対し、輸入源を問わず無差別に適用しなければならない（SG協定2条2項）[26]。セーフガード措置の適用期間については、国内産業への重大な損害を防止又は救済するのに必要な期間のみとされ、原則4年以内とされている。延長も可能であるが、合計で8年を超えることはできない（SG協定7条1～3項）。

> **コラム　各国のセーフガード利用状況**
>
> WTO発足（1995年）から2023年までの各国によるセーフガード調査の開始件数は、図表5-11のとおりである。
>
> 現在のセーフガード制度は、もともと米国1974年通商法201条をモデルに策定されたともいわれ、米国は、WTO発足直後はセーフガードを積極的に利用していた。しかし、初期のWTO紛争解決案件で、パネルや上級委員会によりセーフガード措置に関する厳しい判断が続き、また、米国が2002年に発動した鉄鋼製品に対するセーフガード措置が上級委員会により協定違反と判断されたことも踏まえ[27]、米国はセーフガードを事実上封印することとなった。しかし、トランプ政権が

---

26) ただし、開発途上国からの輸入品については、輸入シェア3％以下等の要件を満たす場合には、セーフガード措置の適用除外としなければならない（SG協定9条1項）。
27) *US – Steel Safeguards* 上級委員会報告書（2003）

発足した2017年、米国は16年ぶりに2件のセーフガード調査を開始した。また、インド、インドネシア、トルコ、ウクライナなどの新興国も、セーフガード措置を積極的に発動している（ただし、これら新興国の措置については、要件の検討が不十分で、協定整合性に問題があることも多い）。

日本がWTO協定に基づいてセーフガード調査を行ったのは、2000年12月に調査が開始されたねぎ・生しいたけ・畳表の3品目に関する1件のみである。2001年4月から200日間の暫定措置が発動されたが、確定措置を発動するには至らなかった。[28)]

図表5-11　セーフガード調査の開始件数（1995～2023年）

|  | 1995～1999 | 2000～2004 | 2005～2009 | 2010～2014 | 2015～2019 | 2020～2023 | 合計 |
|---|---|---|---|---|---|---|---|
| 米国 | 7 | 3 | 0 | 0 | 2 | 1 | 13 |
| インド | 9 | 6 | 11 | 13 | 7 | 2 | 48 |
| インドネシア | 0 | 1 | 4 | 21 | 8 | 9 | 43 |
| トルコ | 0 | 5 | 10 | 5 | 5 | 4 | 29 |
| ウクライナ | 0 | 0 | 5 | 6 | 5 | 9 | 25 |
| フィリピン | 0 | 6 | 3 | 2 | 4 | 6 | 21 |
| チリ | 2 | 8 | 2 | 3 | 5 | 0 | 20 |
| ヨルダン | 0 | 9 | 5 | 3 | 2 | 0 | 19 |
| エジプト | 2 | 1 | 1 | 7 | 3 | 1 | 15 |
| モロッコ | 0 | 2 | 2 | 3 | 4 | 2 | 13 |
| 日本 | 0 | 1 | 0 | 0 | 0 | 0 | 1 |

出典：WTOの統計を基に作成

## 3　外国政府によるアンチダンピング調査への対応

以上述べた3つの貿易救済措置の中でも、主要国における発動件数が最も多く、実務上重要なのが**アンチダンピング**である。そこで、本節では、日本企業の製品が、外国政府によるアンチダンピング調査の対象となった場合の対応について説明する。

---

28) 中国は、日本の暫定措置に対する報復として自動車等に100％の特別関税を課税したが、確定措置が見送られたことを受けて報復措置を撤回した。

図表 5-12　AD 調査の基本的な流れ（AD 協定ベース）

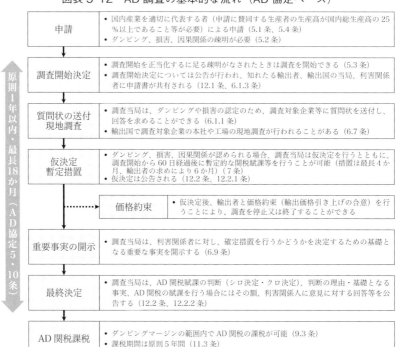

　WTO 加盟国のアンチダンピング法制は、基本的に GATT 6 条及び AD 協定に準拠しており、概ね図表 5-12 に示すようなフローで行われる。ただし、手続の細部や実際の運用は国ごとに異なるため、調査対応にあたっては、現地の専門家に助言を求めることが望ましい。

## (1) 自社製品についてアンチダンピング調査が開始された場合の初動対応

　前述のとおり、アンチダンピング調査は、通常、措置国（輸入国）の国内生産者からの申請に基づいて開始される。

　外国政府がアンチダンピング調査を開始した場合、まず、調査当局から輸出国（日本）政府、当局に知られている輸出者・生産者、輸入者その他

の利害関係者に対し、調査開始の決定が通知されるとともに、官報による公告が行われる（AD 協定 12.1 条）。当局のウェブサイトでも調査開始した旨の公表がなされることが多い。

日本企業が自社製品に対する調査開始の報に接した場合、まずは速やかに**申請書**を入手し[29]、調査対象産品の範囲、ダンピング及び損害に関する申請者側の主張や証拠を検討した上で、大きな対応方針を検討することが重要である。

AD 協定上、調査対象企業をはじめとする利害関係者には、**質問状**への回答や調査当局による**現地調査**への対応を通じて調査当局に情報や証拠を提供したり（AD 協定 6.1 条、6.1.1 条、6.7 条、附属書 1 参照）、自らの利益を擁護するため、調査当局の保有する情報を閲覧し、意見表明をする機会が与えられる（AD 協定 6.2 条、6.4 条）。調査対象企業としては、これらの規定に基づき調査当局に対して意見や証拠を提出し、防御を行うことになる。

アンチダンピング調査開始から最終決定までは原則として 1 年以内とされているところ、質問状への回答など当局の心証を左右する重要な手続がプロセスの前半に集中しているため、迅速な初動対応が求められる。

## (2) 申請書の検討ポイント

### ア 調査対象産品の範囲の確認

申請書の検討ポイントのひとつとして、自社が生産・輸出する製品のうちどれが調査対象になっているのかの把握が挙げられる。

アンチダンピング調査の対象産品は HS コードで特定されることが多いが、HS コードに加えて物理的・化学的特性やスペックで更なる絞り込みが行われることもある。企業としては、申請書における産品の特定が十分に明確かを確認し、疑問点や不明確な点があれば、早期に調査当局への指

---

29）調査当局は、調査開始決定を行った場合には、調査対象産品の知られている輸出者及び輸出国の当局に対し、申請書の全文を提供することになっている（AD 協定 6.1.3 条）。

摘を行う必要がある。調査対象産品の範囲が過度に広い場合には、措置が発動された場合の影響も大きいため、当局に対して調査対象の限定を求めることもある。

　また、日本から輸出している製品と現地製品との間に、**競争・代替関係**があるかを確認することも重要である。前掲コラム「損害認定における競争・代替関係の考慮」で述べたように、日本からの輸出品がハイスペック品に特化しており、現地製品（普及品）と現地の市場で直接競合する関係にない場合、日本企業としては、ダンピング輸入による損害は生じえないとして、自社製品を調査対象から除外するか、又は少なくとも損害認定の文脈で当該事情を考慮するよう、調査当局に求めることが考えられる。

#### イ　実体要件に関する反論の検討

　アンチダンピングの申請書には、措置発動の要件であるダンピング輸入の事実及び国内産業の損害に関する申請者の主張が記載され、証拠も添付される。調査対象になった日本企業としては、これら実体要件についても、申請者の主張の妥当性を吟味し、事実に反する点や反論すべき点があれば、積極的に争うことが考えられる。

### (3)　質問状への回答

　調査開始の決定がなされた後、調査当局から、ダンピングや損害の検討のため、輸出者等の利害関係者に対して**質問状**が送付される（AD 協定 6.1 条参照）。質問状における質問項目は多岐にわたるが、典型的には次のような項目に関する質問が含まれる。前述のとおり、調査対象期間（POI）は、ダンピングについて過去 1 年、損害についてはダンピング調査の 1 年分を含めた過去 3 年となるのが通例である。

- 企業情報（企業名、役員、株主構成、主要生産品目等）
- 調査対象産品に関する情報（種類・型番、物理的・化学的・技術的特性、生産体制・生産量、販売概況等）

- 輸出価格に関する情報（個別の輸出取引の価格や工場出荷価格に調整するための情報等）
- 正常価格に関する情報（国内向け個別取引の価格や工場出荷価格に調整するための情報、代替的な正常価格を用いる場合の第三国向け輸出価格や構成価格に関する情報）

AD協定上、回答期限は質問書の受領から少なくとも30日とされている。もっとも、実務的には、上記のような多岐にわたる質問について、データを収集・分析・整理するためには相当な工数を要するため、必要に応じて延長申請を検討すべきである。AD協定では、延長申請には妥当な考慮が払われ、特に、理由を示して延長申請を行った場合には、可能な限り延長が認められるべきとされている（AD協定6.1.1条）。

### コラム　アンチダンピング調査対応を行うことのメリット・デメリット

　AD協定上、輸出者をはじめアンチダンピング調査の利害関係者には、意見や証拠提出といった調査対応（応訴）を行う機会が保障されることになっている。
　ただし、こうした機会は権利であって義務ではなく、調査当局からの質問状に回答しなくても、刑事罰や行政罰が課されるわけではない。そこで、日本企業が外国政府によるアンチダンピング調査の対象となった場合の対応としては、調査の費用や手間も考慮してあえて調査対応を行わない、あるいは、対応する場合でも論点を絞って対応するという選択肢もある。特に、アンチダンピングの実体要件のうちダンピングの有無・程度を争う場合には、自社や取引先の製品価格、製品の生産・販売に係るコストなど膨大なデータを収集・整理しなければならず、作業負担が大きい。また、企業として、そうした機微な情報を外国政府に提供すること自体に抵抗を感じることもあろう。そのため、実務では、ダンピング要件については調査対応を行わず、損害要件に的を絞って意見・証拠の提出を行うことも多い。
　一方、調査対応を行わない場合のデメリットとして、調査当局により、**ファクツ・アヴェイラブル**（facts available）を用いた事実認定が行われてしまうリスクがある。ファクツ・アヴェイラブルとは、AD協定6.8条に定められた概念で、利害関係者が必要な情報を提供せず、あるいは調査を妨げた場合、調査当局は**知ることができた事実**に基づいて決定を行うことができるという制度である。これが適用

されると、ダンピングや損害について、申請書に記載された国内生産者の「言い値」に基づく認定がされてしまい、高率のアンチダンピング関税が課される可能性もあるため注意が必要である。特に米国では、利害関係者が回答を行わないことをもって、当局が積極的に不利益推認(adverse facts available)を行うことが法令の明文で認められており[30]、実際にもこの規定に基づいて高率のダンピングマージンが認定されることも多い(ただし、当該プラクティスのAD協定整合性については懐疑的な見方も多い)。

このように、アンチダンピング調査についてどこまでの対応を行うかは、企業の総合的・戦略的な経営判断といえる。

## (4) 現地調査

AD協定上、調査当局は、調査対象企業から提供された情報の正確性を検証したり、さらに詳細な情報を入手するため、輸出国に赴いて現地調査を行うことができるとされている(AD協定6.7条)。具体的には、数名の調査官から成るチームが調査対象企業の本社や工場を訪問し、数日かけて帳簿や伝票を閲覧し、質問状への回答等で提出したデータの正確性を検証するといったことが行われる。現地調査は、国によって仮決定の前に行われることもあれば、仮決定後に行われることもある[31]。

現地調査に対応する場合、本社や工場で保管している帳票類を予め1か所に集めて整理したり、調査官に正確な説明を行うため通訳を手配するといった負担が生じる。企業としては、現地調査対応に要する手間・コストとファクツ・アヴェイラブル(上記コラム参照)が適用されるリスクとを天秤にかけて、対応の要否を検討することになる。

---

30) 19 CFR §351.308
31) 後掲図表5-13のとおり、日本の場合には仮決定の前に現地調査が行われる。

## (5) 公聴会（ヒアリング）

 多くの国では、アンチダンピング調査の過程で、利害関係者からの情報収集や意見聴取を目的とした**公聴会（ヒアリング）**が開催される。

 公聴会の手続や形式は国ごとに異なるが、調査対象企業、輸入国の国内生産者、ユーザー、消費者団体等、相反する利害を有する者を同席させて行われる場合が多い（AD 協定 6.2 条参照）。また、公聴会の開催を原則としている国もあれば、利害関係者の申請があった場合にだけ開催する例もある。公聴会は仮決定の後に行われることもあれば、仮決定の前に行われることもある[32]。なお、日本のアンチダンピング調査では、調査開始から原則 5 か月後に、利害関係者の求めに応じて「対質」が開催されることとされている[33]。

 公聴会は、調査当局の問題意識や他の利害関係者の立場を知る貴重な機会であるが、参加は任意であり、出席しないことによって不利な取扱いがされることはない（AD 協定 6.2 条）。

## (6) 仮決定と暫定措置

 仮決定については、AD 協定上行うことが義務付けられているわけではない。しかし、多くの国で、仮決定を行った上で、利害関係者に対して反論や意見表明の機会を与える運用が行われている。また、仮決定を行った場合、調査当局は、調査期間中の損害を防止するために必要な限度で、暫定的に関税賦課等の措置をとることができる（AD 協定 7.1 条）。

 仮決定や暫定措置の適用については公告が行われ、ダンピング及び損害に関する当局の認定が明らかにされる（AD 協定 12.2 条、12.2.1 条）。調査対象企業としては、事実認定その他当局の判断に誤りや不合理な点がないか、AD 協定に整合しているかなどを精査し、必要に応じて書面で反論を

---

32) See Judith Czako, Johann Human and Jorge Miranda, *A Handbook on Anti-Dumping Investigations* (Cambridge, 2003), pp. 69-70
33) 不当廉売に関する政令 12 条、不当廉売関税に関する手続等についてのガイドライン 6(5)二

行うことを検討することになる。

## (7) 重要事実の開示と最終決定

調査当局は、最終決定を行う前に、利害関係者に対して決定の基礎となる**重要な事実**を通知し、反論の機会を与えなければならない（AD 協定 6.9 条）。重要事実の開示は、最終決定のドラフトをそのまま共有する形で行われることもあれば、最終決定の中で考慮する予定の情報が報告書等の形で開示されることもある。重要事実の通知は、「十分な時間的余裕をもって」行われなければならないとされており（AD 協定 6.9 条）、例えば 1 ～ 2 週間といったコメント期間が設けられる[34]。調査対象企業にとっては、意見表明を行う最後の機会になるため、当局の認定に不合理な点や AD 協定に整合しない点がないかを改めて精査した上で、必要に応じて反論等を提出することになる。

調査当局は、重要事実開示も踏まえて、アンチダンピング措置を発動するか否かの最終決定を行う。最終決定は公告される（AD 協定 12.2 条、12.2.2 条）。

## (8) 不当な措置に関する救済手段

不当なアンチダンピング措置が発動された場合に措置を争う方法としては、大きく、①措置国の国内法に基づく救済手続と、② WTO 紛争解決手続（WTO DS）の利用がある。①については、調査当局が発動した措置（最終決定）の内容や手続が国内法の規定に反する場合に、国内裁判所に対して行政訴訟等を提起することが考えられる。

一方②については、措置の内容や調査手続が AD 協定の要件と整合していないことを理由として、同協定 17 条及び WTO 紛争解決了解（DSU）に基づき、WTO 提訴（協議要請及びパネル設置要請）を行うことになる

---

34) 前掲注 32・pp. 72-73

(→WTO DS については第 1 章 3 ⑷参照)。ただし、WTO DS は、WTO 協定に基づく国家間の紛争解決手続であり、民間企業による提訴は認められていない。そのため、日本政府に要請書を提出するなどして WTO 提訴を働きかける必要がある[35]。

なお、WTO 提訴にまで至らない場合でも、日本政府が、外国政府のアンチダンピング調査の手続や措置の内容に問題があると考える場合には、政府が利害関係者の立場で調査当局に対して調査対象の日本企業を支持する意見書を提出したり (AD 協定 6.11 条⒤参照)、スイス・ジュネーブの WTO 本部で行われるアンチダンピング委員会で WTO 協定上の問題点を指摘するといった対応を行うことがあり、不当な措置の牽制に一定の効果を有する。

##  日本企業によるアンチダンピング申請の手順

アンチダンピングは、新興国などからの安値輸出に悩む日本企業にとって、国内市場における競争力維持のための有力なツールとなりうる。政府に対しアンチダンピング申請を行うためには、申請書の準備や調査当局との事前協議など、相応の手間とコストが必要になる。しかし、調査を経てアンチダンピング措置の発動が実現すれば、向こう 5 年間 (サンセットレビューを経ればさらに長期間) にわたり、輸入品に対して数十パーセントといった高率の関税を課すことができ、その間、市場シェアや価格を維持できることのメリットは大きい。

以下では、日本企業による申請の手順とポイントを述べる。なお、本節で参照する法令等については次の略語を用いる。

---

35) 民間企業による WTO 提訴の要請は相応に尊重されるが、実際に提訴を行うかの最終判断については、政府が、個社の意見だけでなく日本の産業界全体の利害、WTO ルールの解釈・適用の一貫性確保、相手国との外交関係といった事情も勘案して総合的に判断を行うことになる。また、政府が提訴に踏み切る場合、提訴によって利益を受ける企業や業界団体に対し、弁護士費用の一部負担の要請がなされることも多い。

| 略　語 | 名　称 |
|---|---|
| 法 | 関税定率法（明治43年法律第54号） |
| 施行令 | 関税定率法施行令（昭和29年政令第155号） |
| 政令 | 不当廉売関税に関する政令（平成6年政令第416号） |
| ガイドライン | 財務省・厚生労働省・農林水産省・経済産業省・国土交通省「不当廉売関税に関する手続等についてのガイドライン」（令和5年4月） |
| 手引き | 経済産業省「不当廉売関税（アンチダンピング関税）を課することを求める書面の作成の手引き」（令和5年4月)[36] |
| モデル申請書 | 経済産業省「貿易救済措置（モデル申請書）」[37] |

## (1) 日本におけるアンチダンピング申請と調査の流れ

日本におけるアンチダンピング申請（課税の求め）とその後の調査の流れは図表5-13のとおりである。このうち申請者が行う作業としては、**申請書の作成**とこれに添付する証拠資料の収集・作成が最も重要である。そのほか、調査が開始された場合には、調査当局からの質問状への回答や追加資料の提出、輸出国の生産者等の利害関係者[39]からの主張に対する意見や証拠の提出といった対応も生じる。

## (2) 申請要件の確認

アンチダンピング申請を行う場合、まず、自社が申請者としての要件を満たしているかを確認する必要がある。

アンチダンピング申請は、一社単独で行うことも、他の企業と共同で行うこともできるが、いずれの場合にも、申請者が、対象製品の国内総生産高の25％以上の生産高を有する必要がある。また、業界団体が申請を行う場合には、団体の構成員の2以上の者が調査対象産品を生産している必

---

36) https://www.meti.go.jp/policy/external_economy/trade_control/boekikanri/trade-remedy/petition/index.html
37) 同上
38) 質問状の標準的な様式については、ガイドライン別添5参照
39) 利害関係者には、調査対象となる輸入貨物の供給者、輸入者、申請者等が含まれる（政令10条1項、8条1項参照）。

4 日本企業によるアンチダンピング申請の手順

図表5-13 日本におけるアンチダンピング申請と調査の流れ

|  |  |
|---|---|
| 申請（課税の求め） | ・申請者は対象製品の国内総生産高の25％以上の生産高を有することなどが必要<br>・申請書の内容については、必要に応じて事前に当局とのすり合わせを行う |
| 調査開始 | ・調査は財務大臣、経済産業大臣及び産業所管大臣が共同で実施 |
| 質問状の送付 | ・調査当局から利害関係者及び産業上の使用者に対し、不当廉売された貨物の輸入の事実及び当該輸入が本邦の産業に与える実質的な損害等の事実に関する質問状を送付 |
| 回答 | ・利害関係者は証拠提出・証言及び意見表明が、産業上の使用者及び主要な消費者団体は情報提供及び意見表明が可能<br>・証拠提出・証言の期限は調査開始から原則3か月、その他は原則4か月 |
| 対質 | ・意見の相反する利害関係者が各々の主張を陳述<br>・利害関係者の求めに応じ、調査開始から原則5か月後に開催 |
| 現地調査 | ・提供された情報（質問状への回答を含む）の正確性を確認し、又は更に詳細な情報を入手するため、必要に応じ、調査開始から原則6か月後に実施 |
| 仮の決定 | ・調査開始から原則8か月後 |
| 暫定的な不当廉売関税課税 | ・ダンピング及び損害の事実が推定され、本邦の産業を保護するため必要があると認められる場合、暫定的なAD関税の課税が可能<br>・課税は調査開始から60日以降に可能。課税期間は原則4か月以内 |
| 重要事実の開示 | ・調査開始から原則10か月後に、最終決定の基礎となる重要な事実を開示 |
| 価格約束 | ・重要事実の開示の10日後まで<br>・約束の受諾は仮の決定後随時可能 |
| 最終決定 | ・最終決定は調査開始から原則1年後 |
| 課税せず | ・暫定的なAD関税については還付がなされる |
| 不当廉売関税課税 | ・ダンピング及び損害の事実が認められ、本邦の産業を保護するため必要があると認められる場合、AD関税が課税される<br>・課税期間は原則5年間 |

原則1年以内・最長18か月

出典：手引き3頁などを参考に作成

要がある（法8条4項、政令5条1項1号）。このほか、調査開始の要件として、申請を支持する国内生産者の生産高が、申請に積極的に反対する国内生産者の生産高を上回っている必要がある（ガイドライン6(2)三）。

## (3) 申請書の作成

### ア 申請書の内容と構成

アンチダンピング申請書（不当廉売関税を課することを求める書面）の具体的な構成と内容については、経済産業省から**モデル申請書**[40]が公表されており、これを参考に作成するとよい。モデル申請書に基づき、申請書の標準的な構成（見出し）と記載事項を示すと図表5-14のとおりである。

これらの記載事項のうち、**ダンピング**及び**損害・因果関係**（記載事項5）については、単なる申請者の主張では足りず、**十分な証拠**を添えて疎明を行わなければならない（政令7条1項柱書）。「十分な証拠」とは、「合理的に入手可能な情報に基づく証拠」をいい（ガイドライン5(2)）、申請時点で完璧な証拠を揃える必要まではない。

申請書の作成は弁護士に依頼することも多いが、自社で作成しても構わない。ただし、後記(4)に述べるとおり、共同申請の場合には、独占禁止法上の考慮から、外部弁護士の起用が事実上必須となる。なお、実務では、申請書の正式な提出に先立って、調査当局（経済産業省・財務省）との間で事前に内容のすり合わせが行われることが多い。

### イ 調査対象産品の定義

アンチダンピング調査を求める産品の範囲については、輸入統計品目番号（HSコード）、物理的・化学的特性、製造工程、用途、流通経路等を考慮して決定する。実務では、調査対象産品の範囲はHSコードで特定することが多いが、同じ品目番号の中に、市場で競合していない複数の産品（モデル等）が含まれる場合には、物理的・化学的特性等によってさらに対象を絞り込むこともある。ただし、アンチダンピング関税の徴収に際して、税関で対象品目と非対象品目を区別する必要があるため、目視や成分表等で容易に識別できる指標を用いて区別する必要がある。

調査対象産品の範囲は、原則として申請者が任意に指定することができ

---

40) 前掲注36

## 図表5-14　申請書の記載事項（モデル申請書による）

| 区分 | 記載事項 |
|---|---|
| 調査対象産品の定義 | 1．申請者の氏名又は名称及び住所又は居所 |
| | 2．不当廉売された貨物の品名、銘柄、型式及び特徴<br>2-1．不当廉売された貨物の品名<br>2-2．不当廉売された貨物の所属する関税定率法別表の適用上の所属区分及び輸入統計品目番号<br>2-3．不当廉売された貨物の銘柄、型式及び特徴 |
| | 3．不当廉売された貨物の供給者又は供給国 |
| | 4．本邦の産業に利害関係を有する者に該当する事情<br>4-1．本邦の産業が生産する不当廉売された貨物と同種の貨物<br>4-2．申請者が本邦の産業に利害関係を有する者に該当することの説明 |
| ダンピング<br>損害・因果関係 | 5．不当廉売された貨物の輸入の事実及び当該輸入の本邦の産業に与える実質的な損害等の事実の概要<br>5-1．不当廉売された貨物の輸入の事実<br>　5-1-1．正常価格<br>　5-1-2．本邦向け輸出価格<br>　5-1-3．不当廉売差額（ダンピング・マージン）<br>5-2．不当廉売された貨物の輸入の本邦の産業に与える実質的損害の事実の概要<br>　5-2-1．不当廉売された貨物の輸入量<br>　5-2-2．不当廉売された貨物の輸入が本邦産の同種の貨物の価格に及ぼす影響<br>　5-2-3．不当廉売された貨物の輸入が本邦の産業に及ぼす影響<br>　5-2-4．因果関係 |
| 申請要件 | 6．本書面に記載された事項の一部又は証拠の全部もしくは一部を秘密として取り扱うことを求めるときは、その旨及びその理由 |
| | 7．関税定率法第8条第4項の規定による求めに対する関係生産者等又は関係労働組合の支持の状況 |
| 申請者以外の利害関係者に関する情報等 | 8．その他参考となるべき事項<br>8-1．不当廉売された貨物の輸入者<br>8-2．不当廉売された貨物と同種の貨物を生産している申請者以外の本邦の生産者等<br>8-3．不当廉売された貨物と同種の貨物の産業上の使用者及びその団体<br>8-4．不当廉売された貨物の本邦及び他国における不当廉売関税課税状況 |

出典：モデル申請書を参考に作成

るが、過不足ない範囲を指定することが重要である。仮に調査対象産品の範囲を広く設定しすぎた場合、申請要件である25％のシェアを満たすためのハードルが高くなったり、ダンピングや損害を立証するためのデータや証拠収集の負担が増す可能性がある。反対に、調査対象産品の範囲を絞りすぎた場合には、課税措置が発動された後に、輸出国の生産者が調査対象産品以外の類似品に生産を切り替えるなど、アンチダンピング措置が迂回されてしまう可能性もある。したがって、申請準備段階では、輸入品と

国産品の競争状況等も十分に考慮し、専門家の助言も得ながら、調査対象産品を戦略的に定義する必要がある。

アンチダンピングの調査対象は1か国である必要はなく、複数国を同時に調査対象とすることも可能である。アンチダンピング措置の発動後に新たに対象国を追加することはできず、新規調査をやり直す必要があるため、1か国のみを対象にした場合に生産者が別の国に生産拠点を移すことで措置が迂回されるリスクなども勘案しつつ、調査対象国を選定することになる。

> **コラム　迂回について**
>
> アンチダンピングをはじめとする貿易救済措置について、「**迂回**」（circumvention）の問題が議論されている。迂回とは、アンチダンピング関税等の対象となる産品につき、課税を免れることを目的として、課税範囲から形式的に外れるように生産工程やサプライチェーンの変更を行うことをいう。国際的に議論されている迂回行為の類型には主に次の3つがある。
>
> ① **輸入国迂回**：既存措置の対象国から対象産品の部品を措置発動国（輸入国）へ輸出し、措置発動国内に移転させた生産設備で組み立てる
> ② **第三国迂回**：既存措置の対象国から対象産品の部品を第三国に輸出し、当該第三国に移転させた生産設備で組み立てた後に措置発動国へ輸出する
> ③ **微小変更・後発品迂回**：既存措置の対象産品をわずかに異なる産品に切り替えて輸出する
>
> 主要国（例えば米国、EU、カナダ、オーストラリア等）では、迂回行為に対して当初調査よりも簡易な方法で調査を行い、決定された課税の対象となる国や産品を拡大する制度（**迂回防止制度**）が整備されている。日本では、今のところ迂回防止制度は整備されていないが、近時、日本のアンチダンピング措置に対する外国企業の迂回行為が問題になった事例も生じており、今後、制度の導入に向けた議論が加速する可能性もある。

**ウ　ダンピング輸入の事実**

ダンピングの有無及びその程度（ダンピングマージン）は、輸出国における正常価格と日本向けの輸出価格とを比較することによって行う。前述

のとおり、ダンピングマージンは次の式で表される。正常価格と輸出価格については、通常は、過去1年分の個別取引の価格の加重平均を用いる（ガイドライン6(6)一、7(1)一参照）。

$$ダンピングマージン = \frac{正常価格 - 輸出価格}{輸出価格} = \frac{国内販売価格 - 輸出価格}{輸出価格}$$

　正常価格（輸出国における通常の商取引における国内販売価格）と輸出価格の比較にあたっては、取引の段階や取引数量によって価格が変動するため、条件を揃えた上で比較を行う必要がある（AD協定2.4条、政令2条4項参照）。具体的には、原則として工場出荷段階の価格（EXW価格）同士を比較する（ガイドライン7(1)四参照）。例えば、輸出価格に工場出荷後の運賃や保険料が加算されている場合、これらの費用を控除することにより、工場出荷時の価格に引き直すことになる。

　少額又は少量の取引、試験用サンプルの輸入、見本のための無償取引、関連企業間の取引等については、「通常の商取引」における価格ではないため、価格比較の検討から除外することができる（法8条1項、政令2条1項1号、ガイドライン7(1)五・(2)・(4)一、施行令1条の8）。

　ダンピングマージンを算定するためには、輸出国における国内販売価格や日本に向けた輸出価格のデータが必要になるが、一般に価格情報は機微であり、通常は公表されていない。そこで、正常価格については例えば輸出国内の業界紙や入札用の情報誌、調査会社による調査結果等を参照し、また、日本向け輸出価格については財務省貿易統計[41]や国連の貿易通関データ[42]、有料にはなるがIHS社が作成しているGlobal Trade Atlas[43]（世界168か国・地域の貿易統計データベース）や調査会社から購入した輸出国通関データ等を用いることが考えられる。

　前記2(1)アに述べたとおり、中国製品に対するアンチダンピング調査で

---

41) https://www.customs.go.jp/toukei/search/futsu1.htm
42) https://comtradeplus.un.org/pb
43) https://www.spglobal.com/marketintelligence/en/mi/products/maritime-global-trade-atlas.html

は、NME 特例に基づき、第三国における同種産品の価格を代替的な正常価格として用いることが可能である。具体的には、一人あたり GNI 等に基づいて、中国と比較可能な最も近い経済発展段階にある国を選定した上で、当該国の業界誌などの情報源を通じて、当該国における同種の産品の国内販売価格、輸出価格、又は構成価格に関する情報を集めることが考えられる（手引き 15 頁）。また、第三国に申請企業の現地生産拠点（子会社等）がある場合には、当該拠点における国内販売価格等のデータを入手し、これを正常価格の算定に用いることができる可能性もある。

#### エ　損害・因果関係

国内産業への損害と因果関係については、原則として過去 3 年分（ガイドライン 6(6)参照）のデータに基づき、①ダンピング輸入による**数量効果**や**価格効果**（前掲コラム「損害認定における競争・代替関係の考慮」参照）に関する事項、②国内生産者の**業績**への影響に関する事項（具体的には、売上、利潤、市場シェア等、図表 5-5 に掲げた 15 個の損害指標）、③**因果関係**に関する事項（不帰責分析を含む）等を申請書に記載することになる（ガイドライン 6(2)四②参照）。

なお、数量効果と価格効果（上記①）はいずれか一方が認められればよく、両方が認められる必要はない（図表 5-6 参照）。また、損害指標（上記②）についても、15 個の指標すべてが悪化している必要はなく、国内産業の状態が、ダンピング輸入がないと仮定した場合と比較して総体として悪化していることが示されれば良い。

#### オ　秘密情報の取扱い

アンチダンピング調査を開始することが決定された場合は、調査当局は、速やかに、不当廉売された貨物の供給者又はその団体、輸入者又はその団体及び輸出国政府に対し、申請書（課税を求める書面）を提供しなければならない。また、それ以外の利害関係者に申請書が提供されることもある（AD 協定 6.1.3 条、政令 8 条 2 項）。

一方、申請書には、申請企業の価格情報など機微な営業情報が含まれる

ことが多く、開示されると事業に差し障りが生じることがある。そのため、申請者は、申請書や証拠における具体的な記載部分を特定した上で、理由を示して、秘密情報について非開示の取扱いをを求めることができる（AD協定6.5条、政令7条1項6号）。実務上は、申請書等において、秘密情報としたい情報を隅付き括弧（【 】）で囲むことにより、秘密情報の範囲を明示することが多い（手引き30頁参照）。

　課税を求める書面又は証拠に秘密としての取扱いを求める記載部分が含まれる場合には、申請書は、当該記載部分も含めた「非開示版」と、当該記載部分を要約した「開示版」の二種類を提出する必要がある[44]（AD協定6.4.1条、政令7条6項）。

### (4) 共同申請を行う場合の留意点

　複数の企業がアンチダンピング措置を共同申請する場合や複数の企業が加盟する業界団体が申請を行う場合には、申請にあたって必要となる価格や収益といった機微情報の情報交換について、独占禁止法上の懸念が生じうる。

　この点に関する考え方としては、2020年に経済産業省から「アンチダンピング措置の共同申請に向けた検討のモデルケース」が、公正取引委員会から「『アンチダンピング措置の共同申請』における独占禁止法上の考え方について」がそれぞれ公表されている。これらの指針によれば、共同申請に向けて事業者間で情報交換を行うこと自体が直ちに独占禁止法上問題となるものではないが、情報交換の過程で、事業者間で、価格、数量、顧客・販路、設備等について、競争の制限に係る合意が形成された場合には、独占禁止法が禁止する私的独占や不当な取引制限に該当しうる。

　そこで、アンチダンピングの共同申請を行う場合には、外部の弁護士を起用して、申請書の作成にあたって必要となる価格データ等の個社情報を弁護士に集約するとともに、弁護士において集計・加工した情報であって

---

44) 秘密情報の要約の方法については、ガイドライン別添3の「秘密証拠等の要約の作成例」を参照

も、他社情報が推認できる情報には相互に触れないよう、適切な情報遮断措置を講じる必要がある。調査対象産品の輸入価格等についても、一般的に入手可能な情報であっても、競争の制限にかかる合意形成の契機となるおそれがあるため、申請準備に最低限必要な情報に限定し、具体的な数値ではなく、トレンドなどの定性的な情報を基に議論を行うといった対応が考えられる（上記モデルケース３頁参照）。

## 【参考文献】

- 経済産業省通商政策局編『2024年版 不公正貿易報告書』
- 中川淳司『中国のアンチダンピング：日本企業への影響と対応策』（ジェトロ、2004）
- Kyle W. Bagwell, George A. Bermann, Petros C. Mavroidis (Ed.), *Law and Economics of Contingent Protection in International Trade* (Cambridge University Press, 2009)
- Derk Bienen, Gustav Brink, Dan Ciuriak (Ed.), *Guide to International Anti-Dumping Practice* (Wolters Kluwer Law & Business, 2013)
- Dominic Coppens, *WTO Disciplines on Subsidies and Countervailing Measures : Balancing Policy Space and Legal Constraints* (Cambridge University Press, 2014)
- Judith Czako, Johann Human, Jorge Miranda, *A Handbook on Anti-Dumping Investigations* (Cambridge University Press, 2003)
- Philippe De Baere, Clotilde du Parc, Isabelle Van Damme *The WTO Anti-Dumping Agreement A Detailed Commentary* (Cambridge University Press, 2021)
- Fernando Piérola-Castro, *WTO Agreement on Safeguards and Article XIX of GATT A Detailed Commentary* (Cambridge University Press, 2022)

# 第6章

# 輸出管理

# 第6章　輸出管理

## 本章で用いる輸出管理関係法令等の略称一覧

| 法律 | |
|---|---|
| 外為法 | 外国為替及び外国貿易法（昭和24年法律第228号） |
| **政令** | |
| 輸出令 | 輸出貿易管理令（昭和24年政令第378号） |
| 外為令 | 外国為替令（昭和55年政令第260号） |
| **省令** | |
| 貨物等省令 | 輸出貿易管理令別表第一及び外国為替令別表の規定に基づき貨物又は技術を定める省令（平成3年通商産業省令第49号） |
| 貿易外省令 | 貿易関係貿易外取引等に関する省令（平成10年通商産業省令第8号） |
| 核兵器等開発等省令 | 輸出貨物が核兵器等の開発等のために用いられるおそれがある場合を定める省令（平成13年経済産業省令第249号） |
| 通常兵器開発等省令 | 輸出貨物が輸出貿易管理令別表第一の一の項の中欄に掲げる貨物（核兵器等に該当するものを除く。）の開発、製造又は使用のために用いられるおそれがある場合を定める省令（平成20年経済産業省令第57号） |
| 遵守基準省令 | 輸出者等遵守基準を定める省令（平成21年経済産業省令第60号） |
| **告示** | |
| 無償告示 | 輸出貿易管理令第4条第1項第二号のホ及びへの規定に基づく経済産業大臣が告示で定める無償で輸出すべきものとして無償で輸入した貨物及び無償で輸入すべきものとして無償で輸出する貨物（平成12年12月18日通商産業省告示第746号） |
| 核兵器等開発等告示 | 貿易関係貿易外取引等に関する省令第9条第2項第七号イの規定により経済産業大臣が告示で定める提供しようとする技術が核兵器等の開発等のために利用されるおそれがある場合（平成13年経済産業省告示第759号） |
| 通常兵器開発等告示 | 貿易関係貿易外取引等に関する省令第9条第2項第7号ハの規定に基づく経済産業大臣が告示で定める提供しようとする技術が輸出貿易管理令別表第一の一の項の中欄に掲げる貨物（同令第4条第1項第1号イにおいて定める核兵器等に該当するものを除く。）の開発、製造又は使用のために利用されるおそれがある場合（平成20年経済産業省告示第187号） |
| **通達** | |
| 運用通達 | 経済産業省貿易経済協力局「輸出貿易管理令の運用について」（輸出注意事項62第11号・62貿局第322号（S62.11.6）） |
| 役務通達 | 経済産業省貿易経済協力局「外国為替及び外国貿易法第25条第1項及び外国為替令第17条第2項の規定に基づき許可を要する技術を提供する取引又は行為について」（4貿局第492号（H4.12.21）） |
| 提出書類通達 | 経済産業省貿易経済協力局「輸出許可・役務取引許可・特定記録媒体等輸出等許可申請に係る提出書類及び注意事項等について」（輸出注意事項24第18号・平成24・03・23貿局第1号（H24.4.2）） |
| 包括許可取扱要領 | 経済産業省貿易経済協力局「包括許可取扱要領」（輸出注意事項17第7号・平成17・02・23貿局第1号（H17.2.25）） |
| キャッチオール規制通達 | 経済産業省貿易経済協力局「大量破壊兵器等及び通常兵器に係る補完的輸出規制に関する輸出手続等について」（輸出注意事項24第24号・平成24・03・23貿局第1号（H24.4.2）） |
| CP通達 | 経済産業省貿易経済協力局「輸出管理内部規程の届出等について」（輸出注意事項17第9号・平成17・02・23貿局第6号（H17.2.25）） |

# 1 はじめに

輸出管理（安全保障貿易管理）とは、自国又は国際社会の平和及び安全を維持することを目的として、武器や軍事転用可能な貨物・技術（デュアルユース品目）が懸念活動を行う国家や主体（テロリストなど）に渡ることを防ぐため、外国への輸出や提供を規制する制度をいう。

特に、先進国が保有するハイスペックな製品や技術は、大量破壊兵器や通常兵器の開発・製造等に用いることができ、懸念国やテロリストに渡った場合には国際的な脅威となりうる。そこで、日本を含む技術保有国を中心に、「**国際輸出管理レジーム**」と呼ばれる多国間の枠組みを整備し、軍事転用可能性の高い貨物や技術をリストアップした上で、各国が協調してこれらの品目の輸出管理を行うこととしている。

「国際輸出管理レジーム」という語は、通常、**原子力供給国グループ**（NSG）、**オーストラリアグループ（AG）**、**ミサイル技術管理レジーム（MTCR）**及び**ワッセナーアレンジメント（WA）**の4つを指す（図表6-1）。日本や欧米先進国はこれらすべてに参加している。中国はNSGのみに参加しており、ロシアはNSG、MTCR、WAの3つに参加している。各レジームでは、規制対象とすべき品目のリスト（control list）や規制手法に関するガイドライン等が定められており、定期的に改訂が行われる。

輸出管理では、通常、**貨物**の輸出と**技術**（ソフトウェアを含む）の提供がセットで規制される。これは、懸念国に対する軍事転用可能貨物の輸出を規制しても、その設計や製造に必要な情報が流出すれば、規制が潜脱さ

図表6-1 国際輸出管理レジームの概要

| 名称 | 大量破壊兵器関連 | | | 通常兵器関連 |
|---|---|---|---|---|
| | 核兵器 | 生物・化学兵器 | ミサイル | |
| 名称 | NSG<br>原子力供給国<br>グループ | AG<br>オーストラリア<br>グループ | MTCR<br>ミサイル技術管理<br>レジーム | WA<br>ワッセナー<br>アレンジメント |
| 発足年 | 1978年 | 1985年 | 1987年 | 1996年 |
| 参加国 | 48か国 | 42か国＋EU | 35か国 | 42か国 |

れてしまうためである。本章では、貨物の輸出と技術の提供を総称する用語として適宜「輸出等」という語を用いる。

近時、主要国の間では、経済安全保障の観点も踏まえた輸出管理の強化・拡大が続いている。機微技術を保有する企業にとって、輸出管理への対応は法令遵守の最重要項目のひとつといえる。本章では、日本企業が押さえておくべき規制として、**外為法**に基づく輸出管理（下記2）と**米国輸出管理規則（EAR）**に基づく再輸出規制（下記3）について解説する。

> **コラム** **輸出管理の性質変化**
>
> 　東西冷戦期における国際的な輸出管理は、**ココム**（対共産圏輸出統制委員会）と呼ばれる枠組みの下で、西側諸国から旧共産圏諸国への戦略物資・技術の移転を阻止する観点から実施されていた。その後、東西冷戦の終結に伴い、ココムに代わって新たに**ワッセナーアレンジメント（WA）**が発足した。WA では、ロシアなどの旧共産圏諸国も含め、機微技術を保有する国を可能な限り参加国として取り込んだ上で、軍事転用可能性が高い機微な（ハイスペックな）製品・技術を規制リストで指定し、これらの品目の WA 非参加国への移転を規制するという形で輸出管理の実効性・公平性を確保していた。これを**不拡散型輸出管理**と呼んでいる。
>
> 　もっとも、近時、WA 参加国であるロシアのウクライナ侵攻（2022 年）、WA 非参加国である中国、イスラエル等の技術的台頭に伴い、「レジームの中と外」で区別する従来型の輸出管理は必ずしも意味をなさなくなりつつある。また、レジームの内部でも、参加国間の意見対立から、規制品目について迅速な合意形成ができない場面も生じている。さらに、最近の武力紛争では、ドローン、衛星通信装置、3D プリンタなど市中で容易に調達可能な民生品が戦局を左右する事態が見られ、品目のスペックだけに着目した規制にも限界が生じている。
>
> 　こうした中、主要国の間では、レジームにおける合意を待たず、自国の単独措置又は少数国・有志国協調に基づいて規制品目を追加したり、**キャッチオール規制（補完的輸出規制）**の枠組みの中で、品目のスペックだけでなく仕向地・最終用途・最終需要者に着目した規制を強化するといった動きがみられるようになっている。さらに、半導体・AI など先端技術分野における覇権争いの激化に伴い、ライ

---

1) 本章の解説は、主に日本企業における輸出管理対応を想定しているが、大学や研究機関にも当てはまる内容となっている。

バル国への技術流出阻止のためのツールとして輸出管理を活用する例も増えている。

このように、輸出管理制度は不拡散型から経済安全保障型に大きく変化するとともに、その内容も多極化・複雑化しており、ビジネスへの影響が飛躍的に増大している。

## 2 外為法に基づく輸出管理

### (1) 概要

日本の外為法は、国際的な平和及び安全の維持の観点から、政令で定める特定の貨物の輸出及び特定の技術の提供について、**経済産業大臣の事前許可を受ける義務**を課している（貨物の輸出について48条1項、技術の提供について25条1項・3項）。具体的な規制対象は政令以下で定められており、大きく①リスト規制と②キャッチオール規制（補完的輸出規制）に分けられる。

**リスト規制**とは、大量破壊兵器や通常兵器の開発等に用いられるおそれが類型的に高い機微な（ハイスペックな）貨物や技術をリスト化した上で、その輸出等に際し、経済産業大臣の事前許可を要求する制度をいう。我が国のリスト規制は、基本的に4つの国際輸出管理レジームの規制リストに準拠している。リスト規制品目の典型例として、高性能な工作機械、炭素繊維、暗号装置等が挙げられる。これらの品目を輸出等する場合には、**仕向地を問わず、経済産業大臣の事前許可が必要**となる。

一方、**キャッチオール規制**とは、リスト規制に該当しない汎用的な

図表6-2　リスト規制とキャッチオール規制

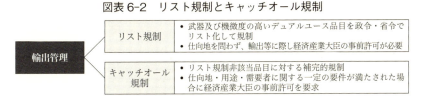

| 輸出管理 | リスト規制 | ・武器及び機微度の高いデュアルユース品目を政令・省令でリスト化して規制<br>・仕向地を問わず、輸出等に際し経済産業大臣の事前許可が必要 |
|---|---|---|
| | キャッチオール規制 | ・リスト規制非該当品目に対する補完的規制<br>・仕向地・用途・需要者に関する一定の要件が満たされた場合に経済産業大臣の事前許可を要求 |

(ロースペックな) 品目に関する**補完的輸出規制**をいう。民生品・汎用品を広くカバーする制度であるため、あらゆる取引を規制するのではなく、**仕向地・用途・需要者**から見て特にリスクが高い取引に限って経済産業大臣の事前許可を要求することとしている。

輸出管理に関する法令構造の大枠を図示すると図表 6-3 のとおりであるが、図示したもの以外にも多数の省令・告示・通達が存在する（本章冒頭の略称一覧参照）。

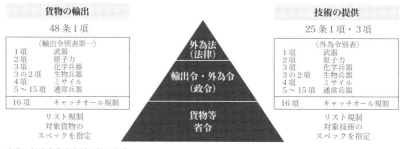

図表 6-3　輸出管理に関する法令の体系

出典：経済産業省資料を基に作成

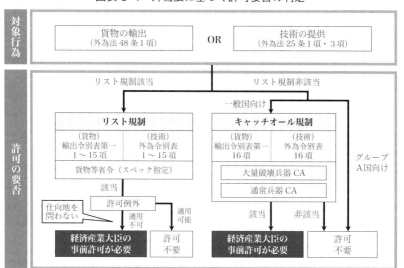

図表 6-4　外為法に基づく許可要否の判定

外為法に基づく輸出管理における許可要否の判定フローは図表6-4のとおりである。以下、規制対象行為（下記(2)）、リスト規制（下記(3)）、キャッチオール規制（下記(4)）、企業における輸出管理体制の構築（下記(5)）の順に説明する。

### (2) 規制対象行為――貨物の輸出と技術の提供

外為法の下では、**貨物の輸出**（48条1項）と**技術の提供**（25条1項・3項）の2つが規制対象行為とされている。

#### ア　貨物の輸出（法48条1項）

外為法上「**貨物の輸出**」について明文の定義は置かれていないが、一般に、貨物を日本から外国に向けて送り出すことをいう。国境を越えてモノを持ち出す行為は、有償・無償を問わずすべて輸出に該当し、例えば次のような行為が輸出に含まれる。

- 船便や航空便による製品輸出
- 無償サンプルの輸出
- 旅行者・出張者によるハンドキャリーでの持ち出し
- 海外展示のための一時的持ち出し
- 外国からの輸入貨物の返品

規制対象の取引について許可申請の義務を負うのは「貨物の輸出を行おうとする者」である（外為法48条1項）。輸出貨物について所有権を有する者である必要はないが、自己の判断において輸出しようとする者であることを要する（運用通達1―1(2)(イ)注）。

> **コラム　仲介貿易規制**
>
> 外為法に基づく輸出管理は、原則として本邦（日本）から外国に向けた貨物の輸出を規制するものである。ただし、例外として、居住者が非居住者との間で行う外

国相互間の貿易を仲介する取引（外国相互間の貨物の移動を伴う貨物の売買、貸借又は贈与に関する取引）が規制される場合がある。具体的には、法25条4項及び外為令17条3項に基づき、次の2類型の取引について、経済産業大臣の許可が必要とされている。[2]

① 輸出令別表第一1項に該当する貨物（武器）の移動を伴う外国相互間の売買、貸借、贈与を行うとき（すべての国・地域が対象）
② 輸出令別表第一2〜16項に該当する貨物であって、大量破壊兵器等の開発等のために用いられるおそれがある貨物の移動を伴う外国相互間の売買、貸借、贈与を行うとき。ただし、船積地域又は仕向地がグループA国（輸出令別表第三の地域）であるものを除く

**イ 技術の提供（法25条1項・3項）**

技術の提供とは、**特定技術**（すなわちリスト規制又はキャッチオール規制に該当する技術）を他者が利用できる状態に置くことをいう。「**技術**」とは**貨物の設計、製造又は使用に必要な特定の情報**をいう（役務通達1(3)）。

外為法の下では、特定技術の提供について次の4つの行為が規制されている。

(a) **外国への技術提供（法25条1項前段）**

特定技術を外国において提供することを目的とする取引の規制（ボーダー規制）である。居住者・非居住者を問わず、日本国内にいるあらゆる者から、外国にいるあらゆる者に対して特定技術を提供する取引が該当する。具体例としては、海外での技術開発会議や技術指導が挙げられる。

(b) **非居住者への技術提供（法25条1項後段）**

**居住者**が、日本国内で**非居住者**に対して特定技術を提供することを目的とする取引を規制するものである。日本国内における非居住者への技術提供を外国への技術の「輸出」（上記(a)）と同様に規制するという意味で「みなし輸出」管理と呼ばれる。典型例として、日本国内における外国か

---

2) 日本からの貨物の輸出を伴わないため、外為法48条に基づく輸出規制ではなく、25条に基づく役務取引規制の枠組みの中で規制されている。

## 2 外為法に基づく輸出管理

図表 6-5 居住者と非居住者

|  | 居住者 | 非居住者 |
|---|---|---|
| 日本人 | ① 日本に居住する者<br>② 日本の在外公館に勤務する者 | ① 外国にある事務所に勤務する目的で出国し外国に滞在する者<br>② 2年以上外国に滞在する目的で出国し外国に滞在する者<br>③ 出国後外国に2年以上滞在している者<br>④ 上記①〜③に掲げる者で、一時帰国し、その滞在期間が6月未満の者 |
| 外国人 | ① 日本にある事務所に勤務する者<br>② 日本に入国後6か月以上経過している者 | ① 外国に居住する者<br>② 外国政府又は国際機関の公務を帯びる者<br>③ 外交官又は領事館及びこれらの随員又は使用人（ただし、外国において任命又は雇用された者に限る） |
| 法人等 | ① 日本にある日本法人等<br>② 外国の法人等の日本にある支店、出張所、その他の事務所<br>③ 日本の在外公館 | ① 外国にある外国法人等<br>② 日本法人等の外国にある支店、出張所、その他の事務所<br>③ 日本にある外国政府の公館及び国際機関 |

らの出張者との技術討議、外国人研修生への技術指導が挙げられる。

技術提供がみなし輸出管理の対象になるかを判断する上では、居住者・非居住者の区別が重要である。これについては、大蔵省通達（昭和55年11月29日蔵国第4672号）により図表6-5のとおり定義されている。外国人でも日本にある事務所に勤務していれば勤務初日から居住者となり、また、日本人でも外国にある事務所（日本企業の海外支店を含む）で勤務していれば非居住者となることに注意を要する。

> **コラム** みなし輸出管理の運用明確化（2022年5月1日施行）
>
> 外為法25条1項では、みなし輸出の定義として「[居住者が]特定技術を特定国の非居住者に提供することを目的とする取引」という用語が使われており、居住者から居住者への技術提供はみなし輸出管理の対象外とされている。
>
> しかし、この規制の運用をめぐっては、居住者性は日本での滞在期間や企業への就職によって容易に変動するところ、形式的に「居住者」にあたる者への技術提供であっても、当該者が外国の影響下にある場合には、非居住者に対する技術提供と同様のリスクがあるのではないかという問題があった。そこで、2022年5月1日施行の役務通達改正により、みなし輸出管理の「運用明確化」[3]が行われ、自然人である居住者（日本人・外国人を問わない）のうち、図表6-6に示す**特定類型**

にあたる者への提供を目的とする取引は、居住者から非居住者に対する技術提供と同視されることとなった（役務通達1⑶サ）。すなわち、特定類型に該当する居住者への技術提供にあたっては、事前に経済産業大臣の許可が必要とされることになった。

図表6-6　特定類型

| | 定　義 | 具体例 |
|---|---|---|
| 特定類型① | 外国法人等又は外国政府等と雇用契約等を締結しており、当該外国法人等又は当該外国政府等の指揮命令に服する又はそれらに対して善管注意義務を負う者。ただし、以下の場合は除く<br>（イ）当該者が日本法人と雇用契約等を締結しており、当該者又は当該日本法人が当該外国法人等又は当該外国政府等との間で、指揮命令等について日本法人の指揮命令等が優先すると合意している場合<br>（ロ）当該者が日本法人と雇用契約等を締結しており、かつそのグループ外国法人等と雇用契約等を締結している場合 | ● 外国企業の従業員又は役員（ただし、日本企業の従業員又は役員を兼務している場合には左記(イ)・(ロ)の例外がある）<br>● 外国の大学と兼業をしている日本の大学の教職員 |
| 特定類型② | 外国政府等から多額の金銭その他の重大な利益（金銭換算する場合に当該者の年間所得のうち25％以上を占める金銭その他の利益をいう）を得ている者又は得ることを約している者 | ● 外国政府の理工系人材獲得プログラムに参加し、個人として多額の研究資金や生活費の提供を受けている研究者<br>● 外国政府から留学資金の提供を受けている学生 |
| 特定類型③ | 国内における行動に関し外国政府等の指示又は依頼を受ける者 | |

　みなし輸出の運用明確化を踏まえた企業の対応としては、居住者への技術提供にあたり、相手方が特定類型に該当するかについて、通常果たすべき注意義務を果た

---

3）外為法は、違反の場合に刑事罰が科される刑罰法規であるため、罪刑法定主義の観点から、居住者から居住者への技術提供を規制対象にするためには、本来、外為法本体の改正が必要になる。そのため、通達による運用変更は、居住者から居住者への技術提供を正面から規制対象に含める趣旨ではなく、一定の条件を満たす居住者への技術提供については、事実認定の問題として「非居住者に提供することを目的とする取引」と認めるとの運用の「明確化」を行う趣旨と解される。

さなければならない。この点については、役務通達別紙1―3にガイドラインが定められており、これに従った対応をすれば、通常果たすべき注意義務を果たしているものと解される。例えば自社の従業員に対する技術提供との関係では、採用時に、特定類型に該当しないことを自己申告する誓約書（同通達別紙1―4）を取得するなどの対応が求められる。なお、役務通達では、特定類型該当性について国籍を要件としていないため、日本人への技術提供についても特定類型該当性の確認が必要となる。

(c) 特定記録媒体等の輸出（法25条3項1号イ）

特定技術を内容とする情報が記載され、又は記録された文書、図画又は記録媒体（特定記録媒体等）の輸出を規制対象とするものである。具体例としては、冊子、USBなどの送付やハンドキャリーでの持ち出しが挙げられる。

(d) 電子データを外国へ送信する行為（法25条3項1号ロ）

外国において受信されることを目的として行う電気通信による特定技術を内容とする情報の送信を規制対象とするものである。具体例としては、電子メールや添付ファイルの送信が挙げられる。海外の取引先とのオンライン会議の際に口頭で技術の説明をしたり、画面共有機能を使って設計図面を示すことも規制行為に該当しうるので注意が必要である。

## (3) リスト規制

### ア　概要

リスト規制とは、武器並びに大量破壊兵器及び通常兵器の開発等に用いられるおそれが高いハイスペックな貨物・技術をリスト化して規制する制度をいう。前述のとおり、リスト規制に該当する場合、友好国を含むすべての国・地域向けの輸出等について、原則として経済産業大臣の事前許可が必要になる。

日本におけるリスト規制品目は、貨物について**輸出令別表第一**1～15項、技術について**外為令別表**1～15項（以下、これらの別表を合わせて

図表 6-7　リスト規制品目のカテゴリー

| 分類 | 政令別表項番号 | 分野 | 貨物等省令（スペック指定） 貨物 | 貨物等省令（スペック指定） 技術 | 対応する国際レジーム |
|---|---|---|---|---|---|
| 武器 | 1 | 武器 | — |  | WA |
| 大量破壊兵器関連 | 2 | 原子力 | 1条 | 15条 | NSG |
| 大量破壊兵器関連 | 3 | 化学兵器 | 2条 | 15条の2 | AG |
| 大量破壊兵器関連 | 3の2 | 生物兵器 | 2条の2 | 15条の3 | AG |
| 大量破壊兵器関連 | 4 | ミサイル関連 | 3条 | 16条 | MTCR |
| 通常兵器関連 | 5 | 先端材料 | 4条 | 17条 | WA |
| 通常兵器関連 | 6 | 材料加工 | 5条 | 18条 | WA |
| 通常兵器関連 | 7 | エレクトロニクス | 6条 | 19条 | WA |
| 通常兵器関連 | 8 | コンピュータ | 7条 | 20条 | WA |
| 通常兵器関連 | 9 | 通信 | 8条 | 21条 | WA |
| 通常兵器関連 | 10 | センサー・レーザー | 9条 | 22条 | WA |
| 通常兵器関連 | 11 | 航法関連 | 10条 | 23条 | WA |
| 通常兵器関連 | 12 | 海洋関連 | 11条 | 24条 | WA |
| 通常兵器関連 | 13 | 推進装置 | 12条 | 25条 | WA |
| 通常兵器関連 | 14 | その他 | 13条 | 26条 | WA |
| 通常兵器関連 | 15 | 機微品目 | 14条 | 27条 | WA |

「政令別表」という）に列挙されている。このうち 2 ～ 15 項の品目については、経済産業省令である**貨物等省令**により規制対象となるスペックが別途指定されており、これを満たすもののみが規制対象となる（図表 6-7）。政令別表及び貨物等省令における規制対象の指定は、レジームの規制リストを国内法に引き写す形で行われており、レジームの規制リストの改訂に合わせて定期的に更新される。ただし、政令別表 1 項の武器品目については省令によるスペック限定はなされておらず、WA の武器品目リスト（Munitions List）と厳密な意味では対応していない。

### コラム　レジーム合意に基づかないリスト規制品目の追加

　従来、日本のリスト規制は国際輸出管理レジームの規制リストに厳格に準拠する形で運用されてきた。しかし、昨今の経済安全保障への関心の高まりも背景に、レジーム合意に基づかずにリスト規制品目を追加する動きが現実化している。
　転換点となったのは、2023 年 7 月 23 日施行の貨物等省令改正による半導体製造装置関連 23 品目（同省令 6 条 17 号ル～フ及び 17 号の 2）及び関連技術のリ

スト規制品目への追加である。具体的には、日本が強みを有する準先端半導体露光装置やレジスト塗布現像装置のほか、成膜装置、エッチング装置等、先端半導体の製造に欠かせない装置とその部分品・附属品及び関連技術がリスト規制の対象に追加された。この改正は、半導体製造装置分野で世界シェアの多くを占める日・米・オランダの連携に基づく措置といわれており、米国では2022年10月及び2023年10月のEAR改正により、オランダでは2023年9月施行の輸出管理規則の改正により、概ね日本と同様のリスト規制拡大が行われている。これらの措置の背景には、ライバル国（特に中国）による半導体製造能力の獲得を阻止する狙いがあると見られるが、日本とオランダの規制は、（リスト規制の性質上）特定の国を名指ししない形で行われている。

以上のような少数国連携に基づく措置に加え、国際輸出管理レジーム内で技術的議論が成熟し、多くの国の賛同が得られているにもかかわらず一部の国の反対により合意に至っていない品目について、レジーム内の同盟国・同志国の連携に基づいてリスト規制品目の追加を行う動きも生じている。[5]

## イ　該非判定

リスト規制の対応にあたっては、輸出等を行おうとする品目が規制品目に該当するかの判定（**該非判定**ないし**該非確認**）が重要である。

輸出等しようとする貨物・技術がリスト規制に該当するかの判定は、問題となる貨物・技術について、カタログ、製品説明書、仕様書等の資料により種類・内容・スペックを特定した上で、政令別表及び貨物等省令の要件と照合することにより行う。上述のとおり、規制対象品目は定期的に見直されるため、最新の法令を確認する必要がある。また、政令別表及び省令で用いられている品目名その他の用語の解釈について、運用通達1—1(7)「(イ)輸出令別表第1の解釈」中の表及び役務通達の別紙1「外為令別表（貨物等省令を含む。）中解釈を要する語[6]」に当局の運用方針が示されてい

---

4) 最先端のEUV半導体露光装置については、もともとWA合意に基づき各国のリスト規制品目に含まれていた。
5) 経済産業省産業構造審議会通商・貿易分科会安全保障貿易管理小委員会「中間報告」（2024年4月24日）11～13頁参照
6) https://www.meti.go.jp/policy/anpo/law_document/tutatu/26fy/kamotsu-kaishaku.pdf
7) https://www.meti.go.jp/policy/anpo/law_document/tutatu/t10kaisei/gijutsu-kaishaku.pdf

る場合があるので、該非判定時に漏れなく参照する必要がある。

　もっとも、企業の担当者にとって、輸出等しようとする貨物・技術について、政省令や通達の原文と逐一照らし合わせることは必ずしも現実的ではない。そこで、経済産業省は、リスト品目の指定に関係する政令、省令、通達の内容を Excel 形式の表にまとめた「**貨物のマトリクス表**」、「**技術のマトリクス表**」、「**貨物・技術の合体マトリクス表**」を作成してウェブサイトで公開しており[8]、実務上はこの表を検索することにより該非判定を行うのが便利である。

　マトリクス表以外の該非判定の方法として、有料にはなるが、一般財団法人安全保障貿易情報センター（CISTEC）[9]が提供している「項目別対比表」や「パラメータシート」を購入してより精密な判定を行ったり、該非判定支援サービスを利用して専門のアドバイザーの助言を受けることも考えられる。また、他社から購入した製品を輸出する際には、メーカーや代理店から該非判定書を入手できる場合もある。ただし、メーカー等の該非判定書に誤りがあり、リスト規制に「該当」の品目を誤って「非該当」と判定して輸出等した場合、最終的に外為法違反の責任を問われるのは輸出等を行う者である点に注意を要する。

> **コラム　マトリクス表を用いた該非判定の手順**
>
> 　「貨物のマトリクス表」、「技術のマトリクス表」、「貨物・技術の合体マトリクス表」は Excel 形式となっており、政令別表の項（カテゴリー）別のシートで、政令、省令、通達（用語の解釈）の内容がまとめられている。マトリクス表を使って該非判定を行う場合には、Excel の検索機能を用い、「反応器」「炭素繊維」等、調べたい品目の名称を入力することより、リスト規制該当性を調べることができる。

---

8) https://www.meti.go.jp/policy/anpo/matrix_intro.html
9) CISTEC は、輸出管理に関する我が国で唯一の非営利総合推進機関で、日本及び主要国の輸出管理関連情報の発信、輸出管理ツール（パラメータシート、ガイダンス）の提供、企業による該非判定・輸出管理体制構築の支援、輸出管理に関する実務能力認定試験等を行っている。もともと、1987 年に発生した東芝機械ココム違反事件を契機に、1989 年 4 月に通商産業省所管の「財団法人戦略技術貿易情報センター」として発足した。その後 1994 年に「安全保障貿易情報センター」に改称し、2011 年に一般財団法人へ移行した。

## 2 外為法に基づく輸出管理

### 図表6-8 マトリクス表を使った検索の例

出典：経済産業省ウェブサイト

　検索を行う際の注意点として、政令別表1～15項に対応するすべてのシートを一括検索するため「検索場所」は「ブック」を選択し、「検索方向」は「列」を選択する。また、工作機械や炭素繊維のように複数のカテゴリーで規制されている場合もあるので、「次を検索」機能により、該当する項番を漏れなく検索する。さらに、政省令で使われている名称（例えば「炭素繊維」）が、一般に使用されている名称（例えば「カーボンファイバー」）と異なる場合があるため、経済産業省が作成・公表している「読替が必要な用語（例）」[10]も参照しつつ、複数のパターンで検索を試みるとよい。

　なお、リスト規制品目には、製品（完成品）全体だけでなく**部分品**や**附属品**が含まれる場合がある。例えば、政令別表で「ポンプ又はその部分品」（輸出令別表第一3項(2)9）、「伝送通信装置又はその部分品若しくは附属品」（同9項(1)）のように規定されているケースがこれにあたる。この場合、該非判定を行うには、判定対象の貨物が何の部分品・附属品なのかを確認し、元となる製品等の名称（ポンプや伝送通信装置）をキーワードとして検索して確認を行うことになる。部分品・附属品には、解釈の表で「他の用途に用いることができるものを除く。」という限定が付されている場合があり、この場合には専用の部分品・附属品のみが該当となる。

---

10) https://www.meti.go.jp/policy/anpo/kanri/shyourei-matrix/kensaku-yougo.xlsx

> **コラム** 該非判定リスクへの対応

　該非判定は、輸出等しようとする品目（貨物・技術）の機能やスペックに関する技術的知見と法令に関する理解の両方を必要とする専門的判断であり、輸出管理対応の中でも特に誤りが生じやすい工程である。実際、輸出管理に関する過去の外為法違反の多くが該非判定に関するものであり、単純な判定漏れのほか、該非判定を実施したものの結果が誤っていたという事例も多発している[11]。

　この点、該非判定の誤りは、多くの場合、製品の機能・スペックのような事実関係の誤認ではなく、法令の解釈・適用に関する誤りであるため、仮に輸出者等に法令違反の認識がなかったとしても故意が阻却されず、結果責任的に罰則（刑事罰や行政処分）を受ける可能性もある。また、輸出管理を所管する経済産業省は、法令の解釈については照会を受け付けているものの、個別事案における該非判定の相談は受けていない（後述するように、米国では、当局への該非判定に関する照会制度が設けられている）。そのため、輸出者等にとってセーフハーバーが存在しない状況となっている。近時、日本メーカーが中国に輸出した製品について、無許可輸出（該非判定誤り）を理由として会社代表者らが長期にわたって勾留された冤罪事件も発生しており、該非判定の「怖さ」が改めて注目されている。

　こうしたリスクに対応するため、企業では、技術と法令に詳しい者から成る専門の該非判定部門や該非確認責任者を設置し、慎重に該非判定を行うことが求められる。また、後日疑義が生じた場合に備えて、必ず判定結果や判定理由を**該非判定書**の形で記録化しておくべきである。該非判定書の形式としては、図表6-9のような汎用的な書式を使う方法のほか、CISTECの項目別対比表やパラメータシートを該非判定書（ないし非該当証明書）として用いることもできる。なお、法令の解釈・適用について特に微妙な判断が求められる場合には、弁護士意見書を取得するケースもある。

---

[11] 経済産業省貿易経済協力局安全保障貿易検査官室「外為法違反事案の分析結果について（安全保障貿易管理関係）（2022年度）」によれば、令和4年度に経済産業省が処分を決定した外為法違反事例の64％が該非判定に関する事案であり、うち約半数が判定未実施、残りが判定の誤り（他者誤判定鵜呑み、判定誤り、法令解釈誤り）となっている。

図表 6-9 該非判定書の書式例

| | 該非判定<br>責任者 | 該非判定<br>上長 | 判定者 |
|---|---|---|---|
| | 年　月　日 | 年　月　日 | 年　月　日 |
| | | | |

| 承認年月日 | |
|---|---|
| 貨物又は技術の名称<br>（型名等） | |
| 貨物又は技術<br>の仕様等 | |
| 該非判定部門名<br>（判定責任者名） | |
| 該非結果 | ＜貨物＞輸出令別1：　項　　号　　□該当　□非該当　□対象外　□不明・疑義<br>　　　　　　（貨物等省令：　　条　　項　　号）<br>＜技術＞外為令別表：　項　　号　　□該当　□非該当　□対象外　□不明・疑義<br>　　　　　　（貨物等省令：　　条　　項　　号） |
| 判定理由 | |
| 判定根拠資料 | |

出典：経済産業省が公表している書式を基に作成

### ウ　許可例外

　貨物・技術がリスト規制に該当する場合には原則として輸出許可が必要になる。しかし、一定の要件を満たす取引については、政省令・告示・通達に基づく**許可例外**が適用でき、許可申請が不要となることがある。代表

的な許可例外として、図表6-10に示すものが挙げられる。

図表6-10に掲げた許可例外のうち、貨物の輸出に関する**少額特例**は、比較的機微度が低い貨物の中で、総価額が一定の価格以下のものを許可不要とする制度である（輸出令4条1項4号）。適用の可否と適用上限額は貨物の区分ごとに異なっている（図表6-11）。貨物の仕向地が輸出令別表第四の国（イラン、イラク、北朝鮮）の場合、及び別表第三の国・地域（グループA国）以外に向けた輸出であってキャッチオール規制の要件に該当する場合には、少額特例は適用できない。また、少額特例は**貨物の輸出**に

図表6-10　主な許可例外

| 名称 | 概要 | 根拠規定 |
| --- | --- | --- |
| **貨物の輸出** | | |
| 少額特例 | 一定の範囲の貨物の中で、貨物の種類ごとに定められた一定の価格以下のもの | 輸出令4条1項4号<br>運用通達4－1－4 |
| 無償特例 | ・無償で輸出すべきものとして無償で輸入した貨物であって、経済産業大臣が告示で定めるもの<br>・無償で輸入すべきものとして無償で輸出する貨物であって、経済産業大臣が告示で定めるもの | 輸出令4条1項2号ホ・ヘ<br>無償告示<br>運用通達4－1－2(5) |
| 部分品特例 | 輸出される貨物が他の貨物の部分をなしており、当該他の貨物の主要な要素となっていない（部分品の価額が本体価格の10％を超えない場合）又は当該他の貨物と分離しがたいと判断されるもの | 運用通達1－1(7) |
| **技術の提供** | | |
| 公知の技術 | 公知の技術を提供する取引（新聞、書籍等、既に不特定多数のものに対して公開されている技術を提供する取引等）又は技術を公知とするために当該技術を提供する取引 | 外為令17条5項<br>貿易外省令9条2項9号 |
| 基礎科学分野の研究活動 | 基礎科学分野の研究活動において技術を提供する取引 | 外為令17条5項<br>貿易外省令9条2項10号 |
| 工業所有権の出願又は登録 | 工業所有権の出願又は登録を行うために、当該出願又は登録に必要な最小限の技術を提供する取引 | 外為令17条5項<br>貿易外省令9条2項11号 |
| 貨物の輸出に付随して提供される使用に係る技術 | 貨物の輸出に付随する技術で、当該貨物の据付、操作、保守又は修理のために必要最小限のものを提供する取引 | 外為令17条5項<br>貿易外省令9条2項12号 |
| プログラムの提供に付随して提供される使用に係る技術 | プログラムの提供に付随して提供される使用に係る技術であって、当該プログラムのインストール、操作、保守又は修理のための必要最小限のものを提供する取引 | 外為令17条5項<br>貿易外省令9条2項13号 |
| 市販プログラムの提供 | プログラムを提供する取引であって、購入に関して何らの制限を受けず、販売店の在庫から販売されるもの（市販プログラム）又は使用者に対し何らの制限なく無償で提供されるもの | 外為令17条5項<br>貿易外省令9条2項14号イ |

図表 6-11　少額特例の適用上限額

| 貨物区分（輸出令別表第一の項番） | 適用の可否・適用上限額 |
|---|---|
| 1〜4項の貨物 | 適用不可 |
| 5〜13項の貨物のうち告示貨物以外 | 100万円 |
| 告示貨物（平成13年経済産業省告示第758号で指定） | 5万円 |
| 14項の貨物 | 適用不可 |
| 15項の貨物 | 5万円 |
| 16項の貨物（キャッチオール規制） | 適用不可 |

※少額特例の適用にあたり、貨物の総価額は、輸出令別表第一の該当項番の括弧ごとの総額を積算して計算する（運用通達4－1－4）。

関する許可例外であり、技術の提供には適用できない。

このほか、各許可例外については、政省令・告示・通達で適用要件が厳格に決められているため、必ず根拠規定の原文を確認した上で適用の可否を判断するべきである。[12]

**エ　許可手続**

リスト規制に該当し、かつ、適用できる許可例外がない場合には、輸出等にあたり、経済産業大臣の事前許可が必要となる。許可の形態には**個別許可**と**包括許可**がある。

**(a)　個別許可**

個別許可は、貨物の輸出又は技術の提供に関する取引ごとに許可を行う制度であり、輸出許可の原則的形態となる。

個別許可のための提出書類と申請窓口は、提出書類通達により、政令別表の該当項番と仕向地の組み合わせごとに定められており、経済産業省ウェブサイトからも確認できる。[13] 許可申請の方法は、2022年7月以降はすべて「NACCS外為法関連業務」を用いた電子申請となっている（→NACCSについては第3章2も参照）。

当局による許可の判断は、貨物や技術が「国際的な平和及び安全の維持

---

12) 例えば「無償特例」は、名称からは無償での輸出に広く適用できそうであるが、実際には、日本から輸出した貨物を日本で修理した後に再輸出する場合や、国際博覧会のために日本に持ち込まれた貨物を博覧会終了後に返送する場合など、告示に列挙された限定的な取引にのみ利用できる。

13) 貨物について https://www.meti.go.jp/policy/anpo/apply09.html、技術について https://www.meti.go.jp/policy/anpo/apply07.html

を妨げるおそれのある用途に使用されないことが確からしいか否か」等を基準として行われる（運用通達1―1(7)(ロ)(a)、役務通達2(5)(a)）。審査期間は原則として90日以内で、これを超える場合には申請者に事前に通知される。

審査の結果、許可が得られた場合には、輸出等を実行することができる。個別許可の有効期間は許可の翌日から起算して6か月となる（輸出令8条1項、貿易外省令2条1項、運用通達8―1）。なお、許可に際して、最終需要者や最終用途等に関する条件が付される場合があり、その場合には輸出等にあたって条件を遵守する必要がある（外為法67条参照）。[14]

一方、輸出等が許可されなかった場合、そのまま輸出等を実行することは外為法違反になる。国際取引の実務では、債務不履行リスクに対処する観点から、輸出等をしようとする貨物・技術が規制品目に該当する可能性がある場合には、経済産業大臣の許可が得られることを契約の効力要件としておくなどの対応が求められる。

### (b) 包括許可

リスト規制品目を日常的に輸出等しているメーカーや商社にとって、個々の取引のたびに許可申請を行うことは煩瑣である。そこで、輸出等を行う者が適切な輸出管理体制を構築していることなどを条件に、一定の仕向地・品目の組合せの取引について、一括して許可を行う制度が設けられている。これを**包括許可**という。包括許可の範囲内であれば、有効期間（最大3年）中、経済産業大臣への個別申請を行うことなく、何度でも輸出等を行うことができる。なお、包括許可の対象はリスト規制対象の取引のみであり、キャッチオール規制には適用できない。

包括許可の種類、申請要件、適用できる取引の範囲は経済産業省の通達である**包括許可取扱要領**に定められており、概要は図表6-12のとおりである。

包括許可を取得しようとする場合、輸出者等は、原則として**輸出管理内**

---

14) 例えば、政令別表2〜4項及び15項に掲げる貨物・技術の輸出等の許可申請にあたっては、最終需要者等から最終用途誓約書を取得する必要があり、また、最終需要者等が再輸出等を行う場合には、経済産業省に事前同意に係る手続を行う必要がある（提出書類通達Ⅱ．2(1)、(3)①)。

図表 6-12　包括許可の種類

| 種　類 | 概　要 |
|---|---|
| 一般包括許可<br>（ホワイト包括） | 貨物・技術の機微度が比較的低い品目について、輸出令別表第三の地域（グループA国）向けに限定し、一定の仕向地・品目の組合せの輸出等を包括的に許可する制度 |
| 特別一般包括許可 | 貨物・技術の機微度が比較的低い品目について、輸出令別表第三の地域（グループA国）以外の地域向けも含め、一定の仕向地・品目の組合せの輸出等を包括的に許可する制度 |
| 特定包括許可 | 継続的な取引関係を行っている同一の相手方に対する輸出等を包括的に許可する制度 |
| 特別返品包括許可 | 本邦において使用するために輸入された輸出令別表第一1項に該当する物（武器）又はその物に内蔵された外為令別表1項に該当する技術（プログラム）であって、不具合による返品、修理又は異品のためのみに輸出等する貨物や技術を一括して許可する制度 |
| 特定子会社包括許可 | 我が国企業の子会社（50％超資本）に向けた一定の品目の輸出等を包括的に許可する制度 |

部規程（CP）を策定した上で経済産業省に提出し、安全保障貿易検査官室からCP受理票及び輸出者等概要・自己管理チェックリスト受理票の交付を受ける必要がある。ただし、グループA国（図表6-16参照）向けの輸出等を対象とする**一般包括許可**については、CP受理票等に代えて、該非確認責任者及び統括責任者を申請時に登録することでも足りる（包括許可取扱要領Ⅰ．2(2)①）。すなわち、グループA国向けの輸出等については包括許可取得のハードルが大幅に軽減されている。

包括許可の適用可否は、包括許可取扱要領別表Aの**貨物包括マトリクス**及び別表Bの**技術包括マトリクス**において、「貨物・技術の種類×仕向地」ごとに、適用可能な包括許可の種類が明示されている（図表6-13参照）。

包括許可マトリクスでは、仕向地について、国・地域ごとに「い地域①」「ろ地域」といったグループ分けがなされているところ、各国がどの地域に属するかは、運用通達別紙の**仕向地マトリクス**（図表6-14）から確認可能となっている。

図表6-13　包括許可マトリクス（抜粋）

[ 2の項 ]

| 輸出令別表第1項番 | 仕向地 | い地域① | い地域② | ろ地域（ち地域を除く。） | ち地域 |
|---|---|---|---|---|---|
| 輸出令別表第1の2の項(1)、(2)、(4)又は(5)に掲げる貨物であって、貨物等省令第1条第1号、第2号、第4号又は第5号（第4号ロに該当するものを除く）に該当するもの | | － | － | － | － |
| 輸出令別表第1の2の項(3)に掲げる貨物であって、貨物等省令第1条第3号に該当するもののうち、輸出申告の際の重水素の原子質量の総量が20キログラム未満のもの（原子炉用のものを除く。） | | 特別一般 | 特別一般 | 特別一般 | － |
| 輸出令別表第1の2の項(3)に掲げる貨物であって、貨物等省令第1条第3号に該当するもの（原子炉用のものを除く。） | | 特定 | 特定 | 特定 | － |
| 輸出令別表第1の2の項(3)に掲げる貨物であって、上記を除くもの | | － | － | － | － |

図表6-14　仕向地マトリクス（抜粋）

| 国・地域名 | 仕向地及び提供地 | い地域① | い地域② | ろ地域 | は地域① | は地域② | に地域 | ほ地域 | へ地域 | と地域① | と地域② | ち地域 |
|---|---|---|---|---|---|---|---|---|---|---|---|---|
| アイスランド | | | ○ | | ○ | | | | | | | |
| アイルランド | | ○ | | | | | | | | | | |
| アゼルバイジャン | | | | ○ | | ○ | | | ○ | | | |
| アフガニスタン | | | | | | | | | | | | |
| アメリカ合衆国 | | ○ | | | | | | | | | | |
| アラブ首長国連邦 | | | | ○ | | ○ | | | | | | |
| アルジェリア | | | | ○ | | ○ | | | | | | |
| アルゼンチン | | | | ○ | | ○ | | | | | | |
| アルバニア | | | | | | | | | | | | |

## (4) キャッチオール規制

### ア　概要

　キャッチオール規制とは、リスト規制非該当の汎用的な（ロースペックな）品目について、仕向地・用途・需要者などに着目し、安全保障上のリスクが特に高いと考えられる場合に、経済産業大臣の事前許可を求める制度をいう。本書執筆時点では、2002年に導入された**大量破壊兵器キャッチオール規制**と、2008年に導入された**通常兵器キャッチオール規制**の2種類が存在する（輸出令4条1項3号、貿易外省令9条2項7号）[15]。

　キャッチオール規制の対象品目は、政令別表16項で指定されており、基本的に、リスト規制対象品目（1～15の項）以外のすべての品目が含まれる。ただし、食品や木材は除かれている。

---

15）キャッチオール規制は貨物について政令、技術について省令で定められており、法令構造が非対称になっている。

図表6-15　キャッチオール規制の適用状況

| 仕向地 | 大量破壊兵器キャッチオール | | | 通常兵器キャッチオール | |
|---|---|---|---|---|---|
| | 用途要件 | 需要者要件 | インフォーム要件 | 用途要件 | インフォーム要件 |
| ①グループA国<br>（輸出令別表第三の地域） | 適用なし | | | | |
| ②一般国<br>（①③以外の地域） | ○ | ○ | ○ | 適用なし | ○ |
| ③国連武器禁輸国<br>（輸出令別表第三の二の地域） | ○ | ○ | ○ | ○ | ○ |

図表6-16　輸出令別表第三の地域（グループA国）

| | | | |
|---|---|---|---|
| アルゼンチン | デンマーク | イタリア | ポルトガル |
| オーストラリア | フィンランド | 大韓民国[16] | スペイン |
| オーストリア | フランス | ルクセンブルク | スウェーデン |
| ベルギー | ドイツ | オランダ | スイス |
| ブルガリア | ギリシャ | ニュージーランド | 英国 |
| カナダ | ハンガリー | ノルウェー | アメリカ合衆国 |
| チェコ | アイルランド | ポーランド | |

図表6-17　輸出令別表第三の二の地域（国連武器禁輸国）

| | | |
|---|---|---|
| アフガニスタン | レバノン | 南スーダン |
| 中央アフリカ | リビア | スーダン |
| コンゴ民主共和国 | 北朝鮮 | |
| イラク | ソマリア | |

　キャッチオール規制は、仕向地に応じて規制の強度に段差が設けられている。具体的には、輸出令別表第三の国（**グループA国**ないし旧ホワイト国）については、そもそもキャッチオール規制の対象外とされている。逆に、輸出令別表第三の二の国（**国連武器禁輸国**）向けの輸出等については通常兵器キャッチオール規制の要件が加重されている。

**イ　大量破壊兵器キャッチオール規制**

　貨物・技術の用途又は需要者に懸念がある場合（**客観要件**）と、経済産業大臣から輸出等について許可が必要である旨の通知を受けた場合（イン

---

16）韓国は2019年8月にグループA国から除外されたが、2023年7月にグループA国に復帰した。

フォーム要件）に、経済産業大臣の事前許可が必要となる。

(a) 用途要件

輸出等に関する契約書もしくは輸出者等が入手した文書等、又は輸入者等からの連絡により、貨物・技術が次の行為に用いられることが判明している場合に許可が必要となる（貨物について輸出令4条1項3号イ及び核兵器等開発等省令1号、技術について貿易外省令9条2項7号イ及び核兵器等開発等告示1号）。

---
① 大量破壊兵器等の開発、製造、使用又は貯蔵（以下「開発等」という）[17]
② 核兵器等開発等省令の別表で指定された行為
    例）核燃料物質・核原料物質の開発等、核融合に関する研究、原子炉又はその部分品・付属装置の開発等、重水の製造、軍等によるロケット・無人航空機の開発等
---

(b) 需要者要件

輸出等に関する契約書もしくは輸出者等が入手した文書等のうち経済産業省告示で定める文書、又は輸入者等からの連絡により、需要者が大量破壊兵器等の開発等を行っている、又は行っていたことが判明している場合に許可が必要になる（貨物について核兵器等開発等省令2号・3号、技術について核兵器等開発等告示2号・3号）。経済産業省告示で定める文書には以下のものが含まれる（平成13年経済産業省告示第760号、核兵器等開発等告示別表）。

---
① 輸入者等から入手したパンフレット又は最終製品のカタログ及びその他の輸出者等が入手した文書等
② 核兵器等の開発等の動向に関し、経産省が作成した文書等
③ 上記のほか、その貨物の輸出に際して輸出者がその内容を確認した文書等
---

[17) 核兵器、軍用の化学製剤もしくは細菌製剤もしくはこれらの散布のための装置もしくはこれらを運搬することができるロケットもしくは無人航空機であってその射程もしくは航続距離が300キロメートル以上のものをいう。

上記②の文書としては、経済産業省が、大量破壊兵器等の開発等の懸念が払拭されない外国・地域所在団体の情報を輸出者等の参照用にまとめて公表している「**外国ユーザーリスト**」[18]が重要である。ただし、需要者が外国ユーザーリストに掲載されている場合など需要者要件に形式的に該当する場合であっても、輸出等をしようとする貨物又は技術が大量破壊兵器等の開発等以外のために用いられることが明らかなときは、許可は不要となる[19](核兵器等開発等省令2号・3号括弧書、核兵器等開発等告示2号・3号括弧書)。「明らかなとき」の判断は、キャッチオール規制通達1(6)の「**明らかガイドライン**」に照らして行う。

(c) **インフォーム要件**

経済産業大臣から、輸出する貨物又は取引する技術が、大量破壊兵器等の開発等に用いられるおそれがあるとして、文書で通知を受けた場合に適用される(輸出令4条1項3号ロ、貿易外省令9条2項7号ロ)。インフォームの端緒について詳細は公表されていないが、日本政府が独自に入手した情報又は他の政府機関、外国政府、国連等からの情報に基づいてインフォームを行う場合のほか、輸出者等がキャッチオール規制に該当するか不明なため経済産業省に事前相談した結果、インフォームを受けるような場合も想定される。

**ウ 通常兵器キャッチオール規制**

大量破壊兵器キャッチオール規制と同様、**客観要件**と**インフォーム要件**がある(輸出令4条1項3号ハ・ニ、貿易外省令9条2項7号ハ・ニ)。

このうち客観要件については**用途要件**のみが規定されており、かつ、**国連武器禁輸国**(輸出令別表第三の二の国)向けの輸出等にのみ適用される。このように、大量破壊兵器キャッチオールと比較すると限定的な規制となっている。

---

18) https://www.meti.go.jp/policy/anpo/law05.html
19) この意味で、外為法の需要者要件は厳密な意味でのエンドユーザー規制とは異なる。

#### (a) 用途要件

輸出等に関する契約書もしくは輸出者等が入手した文書等、又は輸入者等からの連絡により、貨物・技術が、通常兵器（輸出令別表第一・外為令別表1項の貨物・技術）の開発、製造又は使用のために用いられることが判明している場合に適用される（通常兵器開発等省令、通常兵器開発等告示）。

#### (b) インフォーム要件

仕向地が輸出令別表第三の国（グループA国）以外の全地域（一般国及び国連武器禁輸国）向けの輸出等に適用される。

### エ　許可手続

キャッチオール規制に該当する場合の許可の形態については**個別許可**のみが認められており、包括許可は利用できない。許可申請する際の提出書類は経済産業省のウェブサイト[20]から確認することができる。なお、キャッチオール規制に該当するかどうかの判断に迷う場合、経済産業省への事前相談を行うことも可能である。[21]

> **コラム　通常兵器キャッチオール規制拡大の動き**
>
> 　従来の通常兵器キャッチオール規制では、用途要件は国連武器禁輸国に限って適用されており、一般国向けは対象外とされていた。しかし、ロシアによるウクライナ侵攻をはじめとする近年の紛争において、汎用品・民生品が戦局を左右する状況が増えていることも踏まえ、本書執筆時点において、用途要件を一般国向けに拡張すべきことが議論されている。また、現行制度では一律にキャッチオール規制の対象から除かれているグループA国向けの輸出等について、懸念国による迂回調達の懸念がある場合など一定の場合にインフォーム要件の対象とすることが検討されている。[22]

---

20) 貨物について https://www.meti.go.jp/policy/anpo/kanri/sinsa-unyo/sinnseisyo-tenpsyorui-itiran/tenp24fy/tenpCA1.html、技術について https://www.meti.go.jp/policy/anpo/kanri/sinsa-unyo/sinnseisyo-tenpsyorui-itiran_ekimu/tenp24fy/tenpCA2.html
21) 経済産業省ウェブサイト（https://www.meti.go.jp/policy/anpo/apply11.html）参照
22) 前掲注5・5〜8頁

## (5) 企業における輸出管理体制の構築

懸念国による大量破壊兵器の開発、ロシアによるウクライナへの軍事侵攻、米中対立の深化等を背景に、輸出管理の重要性は増している。無許可輸出等の外為法違反には、懲役刑を含む**刑事罰**や**行政制裁**が科されることがあるほか、企業のレピュテーションにも多大な影響が生じうる。企業にとって、輸出管理に関する体制整備は喫緊の課題といえる。

企業等において貨物・技術の引き合いがあった場合に、実際に輸出等を行うまでの間に実施すべき手続として、該非判定、取引審査及び出荷管理がある（図表6-18）。これらのそれぞれについて、具体的な手順の策定や責任者の選任等の対応を行う必要がある。

### ア　輸出者等遵守基準

企業における輸出管理体制整備に関する法令上の義務として、**輸出者等遵守基準**（以下「遵守基準」という）がある。これは、外為法55条の10第4項及び遵守基準省令に基づき、輸出者等に対して一定の自主管理の実施を義務付けるものである。

遵守基準では、図表6-19のとおり、①輸出等（外為法48条1項に定める貨物の輸出又は25条1項に定める技術の提供を目的とする取引）を業として行う者[23]と、②リスト規制対象貨物・技術（特定重要貨物等）の輸出等を業として行う者（**特定重要貨物等輸出者等**）の2段階に分けて、輸出者等が遵守すべき事項が規定されている（遵守基準省令1条1号・2号）。ただし、特定重要貨物等輸出者等に適用される基準（上記②）のうち、監査（遵守基準省令1条2号ヘ）、教育（同ト）、子会社等への指導（同チ）、資料管

**図表6-18　企業内における輸出管理の手続**

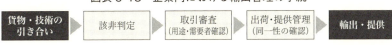

---

23）「業として」とは「反復継続して」を意味するが、年1回といった低頻度の取引や初回の取引であっても、企業の業務として輸出等を行う場合には該当しうる。

図表6-19　輸出者等遵守基準（概要）

| |
|---|
| **①輸出等を業として行う者が遵守すべき基準（遵守基準省令1条1号）** |
| イ　貨物・技術の該非確認についての責任者（**該非確認責任者**）を選任すること |
| ロ　輸出等の業務に従事する者（**輸出等業務従事者**）に対し、最新の法及び法に基づく命令の周知その他関係法令の規定を遵守するために必要な指導を行うこと |
| **②特定重要貨物等輸出者等が遵守する基準（遵守基準省令1条2号）** |
| イ　輸出者等の代表者の中から輸出等の業務を統括管理する責任者（**統括責任者**）を選任すること |
| ロ　組織内の輸出等の業務を行う部門の権限及び責任並びに複数の部門において輸出等の業務を行う場合にあっては当該部門間の関係を定めること |
| ハ　該非確認に係る手続を定めること |
| ニ　特定重要貨物等の用途及び需要者等を確認する手続を定め、当該手続に従って用途及び需要者等の確認を行うこと |
| ホ　特定重要貨物等の輸出等を行おうとする際に、該非判定した貨物等と同一であることの確認を行うこと |
| ヘ　輸出等の業務の適正な実施についての監査の体制及び定期的な監査の実施に係る手続を定め、当該手続に従って監査を定期的に実施するよう努めること |
| ト　統括責任者及び輸出等業務従事者に対し、輸出等の業務の適正な実施のために必要な知識及び技能を習得させるための研修を行うよう努めること |
| チ　子会社が輸出者等の特定重要貨物等の輸出等の業務に関わる場合には、当該子会社に対する指導及び研修並びに当該子会社の業務体制及び業務内容の確認を行う体制及び手続を定め、当該手続に従って定期的に当該指導等を行うよう努めること |
| リ　特定重要貨物等の輸出等の業務に関する文書、図画若しくは電磁的記録を適切な期間保存するよう努めること |
| ヌ　関係法令に違反したとき、又は違反したおそれがあるときは、速やかに経済産業大臣に報告し、その再発防止のために必要な措置を講ずること |

（同リ）については努力義務とされている。

　遵守基準に従っていない場合の罰則として、経済産業省から指導・勧告、さらには命令を受ける場合がある。命令に従わない場合には刑事罰（6か月以下の懲役又は50万円以下の罰金）が科される（外為法55条の11及び55条の12）。

　遵守基準上、企業において具体的にどのような輸出管理体制を整備するかについて画一的な定めは設けられていないが、典型的には例えば図表6-20のような体制が考えられる。もっとも、中小企業などでは、リソース等の問題から独立した社内部門を設置することが現実的ではない場合もあり、企業の業種、人数規模、社内部門の設置状況等の実情に応じてガバナンス体制を構築することになる。いずれにしても、担当者と責任の所在が明確化され、適切な役割分担がなされていることが重要である。

図表 6-20　輸出管理体制の例

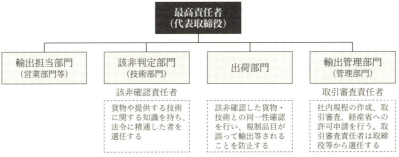

出典：経済産業省「安全保障貿易管理ガイダンス［入門編］第 2.3 版」（2024 年 5 月）43 頁を参考に作成

**イ　輸出管理内部規程（CP）**

　輸出管理内部規程（CP：compliance program）とは、貨物の輸出や技術の提供について、社内における手続を定めるとともに、外為法等の関連法令を遵守し、違反を未然に防ぐための内部規程をいう。CP の策定は任意であるが、最新の法令に基づく CP を策定し、それに従って輸出管理に取り組むことが、輸出者等遵守基準を満たす上でも有効である。

　また、リスト規制対象品目の輸出等に際して**包括許可**（ただし、グループ A 国向けの**一般包括許可を除く**）を取得・利用する場合には、CP を策定して経済産業省に提出し、CP 受理票及び輸出者等概要・自己管理チェックリスト受理票の交付を受けることが必須になる。この場合の CP は、経済産業省の通達（**CP 通達**）別紙 1 で定められた**「外為法等遵守事項」**の要件を満たす必要がある。遵守基準で努力義務とされていた監査、教育、子会社等への指導、資料管理が、CP 通達では義務とされていることに留意が必要である。CP の策定にあたっては、CISTEC が作成・公表している**モデル CP**[24]を参照することも一案である。

---

24）https://www.cistec.or.jp/export/jisyukanri/modelcp/modelcp.html

## 3 米国輸出管理規則(EAR)に基づく再輸出規制

### (1) 概要

日本企業の輸出管理の実務では、米国法に基づく輸出管理も重要である。これは、米国法の下では、米国原産品など一定の品目について、米国から外国に向けた輸出だけでなく、日本を含む第三国から別の外国に向けた**再輸出**も規制されるためである(図表6-21)。

米国の輸出管理は、①武器等の軍事品目については国務省(DOS)**防衛取引管理局(DDTC)**が管轄する**国際武器取引規則(ITAR)**に基づき、②民生品・デュアルユース品目については商務省(DOC)**産業安全保障局(BIS)**が所管する**輸出管理規則(EAR)**[25]に基づき、それぞれ実施されている(図表6-22)。一般的な(防衛産業以外の)日本企業にとっては、EARに基づく民生品・デュアルユース品目の再輸出規制対応が重要である。

図表6-21 再輸出規制のイメージ

図表6-22 米国の輸出管理の所管官庁と法令構造

| | 軍事品目 | 民生品・デュアルユース品目 |
|---|---|---|
| 所管官庁 | 国務省 防衛取引管理局(DDTC) | 商務省 産業安全保障局(BIS) |
| 根拠法 | 1976年武器輸出管理法(AECA) | 2018年輸出管理法(ECA)<br>国際緊急経済権限法(IEEPA) |
| 下位規範 | 国際武器取引規則(ITAR) | 輸出管理規則(EAR) |
| 規制品目リスト | 米国軍事品目リスト(USML) | 商務省規制リスト(CCL) |

---

25) 15 CFR Parts 730-774

米国は、日本と同様、基本的には国際輸出管理レジームに準拠して輸出管理を実施しており、EAR に基づく規制も、リスト規制とそれ以外の規制（補完的規制）が存在する点など、大枠は日本の輸出管理制度と類似している。一方、外為法との違いとして、上述した**再輸出規制**が存在すること、リスト規制について米国独自の規制品目が多数存在すること、リスト規制以外の品目（EAR99 と呼ばれる）についても多様かつ広範な**補完的規制**が導入されていることが挙げられる。

> **コラム** 日本企業が EAR を遵守すべき理由
>
> 　日本企業が日本国内で行う行為（日本から米国以外の外国へ向けた製品の輸出等）について、米国の法令の遵守を強制されること（**域外適用**）の妥当性については国際法上議論もある。しかし、少なくとも実務的には、日本企業であっても、EAR に違反すると、米国の刑事罰や制裁金を課されたり、Denied Persons List（DPL）等の「ブラックリスト」に掲載され、米国関連ビジネス（米国産の貨物・技術の調達等）が困難になるなどの不利益を蒙る可能性がある（後記(5)参照）。そのため、現実問題として EAR 対応は避けて通れないのが実情である。

　日本企業が輸出等の取引を行うにあたって、規制当局（BIS）への許可申請が必要となるかを判断する手順は、大きく、①取引する品目がそもそも EAR の適用対象かどうか（すなわち BIS の規制権限ないし管轄が及ぶか）を判定するステップと、②当該品目が EAR の適用対象となることを前提として、具体的な取引（輸出や再輸出）が EAR 上規制されているかを判定するステップの 2 つに分けられる。一般的な判定フローの概要を示すと図表 6-23 のとおりである。

## (2)　EAR の適用対象品目——subject to the EAR

　EAR の適用対象（subject to the EAR）となる品目（BIS の規制権限が及ぶ品目）には次のア～エの 4 種類がある（EAR §734.3(a)）。このうちイ～エについては、米国からの輸出だけでなく、日本などの外国から別の外国

図表 6-23　EAR に基づく許可要否の判定

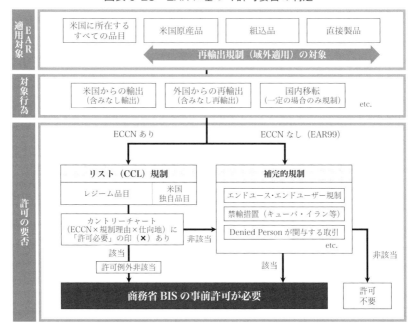

へ向けた再輸出も EAR の適用対象となる。「品目」（item）とは、貨物、ソフトウェア及び技術のことをいう（§772.1）。ただし、技術及びソフトウェアのうち公開（publish）されているものや基礎研究に関するものは EAR の適用対象から除外されている（§734.3(b)(3)）。

### ア　米国に所在するすべての品目

原産地を問わず、米国内に物理的に所在する品目はすべて EAR の適用対象となる。第三国間の輸送中に米国を通過する貨物等も含まれる。

### イ　米国原産品目

米国原産品目は、世界のどこに所在していても EAR の適用対象となる。

---

26) 外為法ではソフトウェアは技術に包含される概念とされているが、米国法では別概念とされている。

## ウ 組込品

　組込品とは、EAR の規制対象となる米国原産品（controlled U.S-origin content）を材料や部品として組み込んだ外国製品のうち、米国原産品の組込比率が「デミニミス値」を超えるものをいう。日本製品に米国原産品を組み込む場合の組込比率は以下の式で計算される[27]。デミニミス値は**通常25%** であるが、テロ支援国向けの場合にはより厳しい値（10%）が適用される（§734.4(c), (d)）。なお、リスト規制対象でない「EAR99」と呼ばれる品目は原則としてデミニミス計算の組込比率にカウントされない（Part 734, Supplement No. 2 (a)(1)参照）。

$$組込比率（\%）= \frac{米国原産品の購入価格}{日本製品の販売価格} \times 100$$

## エ 直接製品

　直接製品（foreign direct product）とは、米国原産の技術又はソフトウェアを使用して外国で生産等された製品のうち、一定の条件に該当するものをいう（§734.9）。組込品のように物理的に米国原産品が含まれていなくても、製品を生み出した技術が米国原産である場合に、EAR の規制対象とするものである。

　直接製品については、後述するリスト規制とは別枠の規制がされており、EAR の個別規定（§§736, 742, 744, 746, 764）で許可が必要とされている場合にのみ、輸出・再輸出・国内移転に際して BIS の許可が必要となる（一般禁止事項3、§736(b)(3)）。

---

[27] 貨物、ソフトウェア及び技術を組み込んだ場合には、原則として貨物は貨物のみで、ソフトウェアはソフトウェアのみで、技術は技術のみで計算する。その他、デミニミス計算の詳細については Part 734, Supplement No. 2 に詳細なガイドラインが定められており、実際の計算の際にはこれを参照する必要がある。

### コラム　直接製品規則について

**直接製品**には、米国原産技術・ソフトウェアから直接生産等された外国製品と、米国原産技術・ソフトウェアから直接生産等された工場又はその主要設備を使用して製造等された外国製品の2類型がある（図表6-24）。

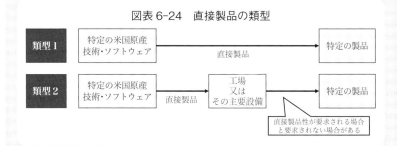

図表6-24　直接製品の類型

**直接製品規則**（FDPR：Foreign Direct Product Rules）は1959年に初めて導入され、当初は国家安全保障（§734.9(b)）1類型のみの比較的シンプルな規制であった。その後、2010年代に2類型（§734.9(c), (d)）が追加され、さらに、2020年以降、米国による半導体分野における対中輸出管理の強化や対ロシア・ベラルーシ経済制裁の文脈で、相次いで4類型が追加された（§734.9(e)～(h)）。特に半導体分野では、例えば米国の半導体設計技術を使って台湾の半導体製造工場（ファウンドリ）で製造した先端チップの中国向け輸出を許可制とするなど、「Made in US」以外の製品の輸出を規制するため、直接製品規則をいわば「飛び道具」的に活用する例も見られる（§734.9(e), (h)参照）。

### (3)　規制対象行為

EARの下で規制対象となる行為の主な類型には輸出、再輸出、国内移転がある。各定義は次のとおりである（§§734.13, 734.14, 734.16）。

#### ア　輸出（export）

米国から米国外への移転をいう。貨物だけでなく、技術及びソフトウェアの海外移転も「輸出」と呼ばれる。

### イ 再輸出（reexport）

　EAR 適用対象の品目を外国から別の外国へ移転することをいう。この定義を満たしている限り、2 回目の輸出である必要はなく、再々輸出、再々々輸出なども再輸出に含まれる。また、組込品や直接製品の外国からの輸出は、初回であっても再輸出になる。

　なお、仕向地が米国である場合、再輸出規制は適用されない。

### ウ 国内移転（transfer (in-country)）

　同一の外国内における最終用途又は最終需要者の変更をいう。例えば国内における再販売がこれにあたる。ただし、国内移転はリスト規制（後記(4)）との関係では規制行為とされておらず（§736.2(b)(1), (2)）、直接製品規則（前記コラム参照）及び補完的規制（後記(5)）の文脈でのみ規制対象となる（§736.2(b)(3)～(7)参照）。

> **コラム　米国法におけるみなし輸出規制**
>
> 　EAR では、技術及びソースコードの移転について**みなし輸出及びみなし再輸出**の規制も導入されている。すなわち、米国内における外国人（foreign person）に対する技術等の移転は、米国外への輸出と同視される（**みなし輸出**）。また、外国（例：日本）において、EAR の適用対象となる技術等を別の外国籍の者に移転することは、技術等の再輸出と同視される（**みなし再輸出**）。
>
> 　日本の外為法に基づくみなし輸出管理では居住者性が判断基準とされているが（前記 2(2)イ(b)）、米国法では、居住者性ではなく国籍（U.S. person か否か等）を基準としたみなし輸出・みなし再輸出管理が行われている。

## (4) リスト（CCL）規制

　EAR におけるリスト規制は、§736.2(b)(1), (2)に**一般禁止事項 1・2**として規定されている。

### ア 規制品目リスト

　EAR に基づくリスト規制品目は、「**CCL**」（Commerce Control List）と

呼ばれる米国商務省の規制リスト（Part 774, Supplement No.1）に列挙されている。リスト規制品目には「ECCN」と呼ばれる5桁の分類番号が付されている（図表6-25）。

ECCNは、品目の分類、貨物・ソフトウェア・技術等の別、規制理由（レジーム品目か米国独自品目か等）を符号化したものであり、この番号を見ることで、どのような品目かをある程度イメージすることが可能である。例えば、「5A002」のように3桁目が0の品目はWA等に基づく国家安全保障（NS：National Security）目的の規制品目であり、「5A991」のように3桁目と4桁目が「9」の品目は、テロ防止（AT：Anti-Terrorism）や地域の安定（RS：Regional Stability）等を目的とする米国独自の規制となる。

貨物・技術等がどのECCNに該当するかについては、原則として企業

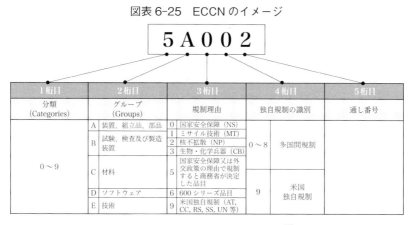

図表6-25　ECCNのイメージ

図表6-26　EARの規制カテゴリー[28]

| 番号 | 分野 | 番号 | 分野 |
|---|---|---|---|
| 0 | 核物質、核施設及び装置 | 5 | 通信及び情報セキュリティ |
| 1 | 材料、化学物質、細菌及び毒素 | 6 | センサー及びレーザー |
| 2 | 材料加工 | 7 | 航法及び航空電子 |
| 3 | エレクトロニクス | 8 | 海洋関連 |
| 4 | コンピュータ | 9 | 航空宇宙及び推進システム |

---

28) 米国のリスト規制のカテゴリー番号と日本の政令別表の項番号は4個ずれている（多くの場合、米国のカテゴリー番号に4を足すと日本の政令別表の項番号になる）。これは、EARでは日本の2～4項品目（大量破壊兵器関連）がカテゴリー0から9に分散されているためである。

が自ら判断する。ただし、他社から製品やソフトウェアを購入する場合、メーカー側からECCNを教えてもらえる場合もある。また、BISに直接ECCNを照会するための手続も用意されている（§748.3）。

一方、リスト規制に該当しない品目は「EAR99」と呼ばれる。概ね日本のキャッチオール規制品目（政令別表16項）に相当するが、EAR99には木材や食品も含めてリスト規制以外のすべての品目が含まれる点が異なっている。

**イ　許可要否の判定**

前述のとおり、外為法のリスト規制では、仕向地を問わず経済産業大臣の許可が必要となる。これに対し、EARのリスト規制では、レジーム品目（上述したNS品目など）については多くの仕向地についてBISの許可が必要とされる一方、米国独自品目（AT品目など）を中心に、一部の仕向地についてだけBISの許可が要求されている場合がある。すなわち、CCLに該当しても直ちに許可が必要というわけではなく、品目と仕向地の組み合わせに応じて許可が必要となる（§736.2(b)(1), (2)）。

許可要否の具体的な判定手順としては、輸出等しようとする品目がリスト規制に該当する（ECCN番号が付されている）場合、まず、CCLにおい

**図表 6-27　CCLにおける規制理由の記載例**

---

3B001 Equipment for the manufacturing of semiconductor devices, materials, or related equipment, as follows (see List of Items Controlled) and "specially designed" "components" and "accessories" therefor.

LICENSE REQUIREMENTS

*Reason for Control:* NS, RS, AT

| Control(s) | Country chart (see Supp. No. 1 to part 738) |
|---|---|
| NS applies to 3B001.a.1 to a.3, b, e, f.1.a, f.2 to f.4, g to i | NS Column 2. |
| NS applies to 3B001.a.4, c, d, f.1.b, j to p | To or within Macau or a destination specified in Country Group D:5 of supplement no. 1 to part 740 of the EAR. *See* § 742.4(a)(4) of the EAR. |
| RS applies to 3B001.a.4, c, d, f.1.b, j to p | To or within Macau or a destination specified in Country Group D:5 of supplement no. 1 to part 740 of the EAR. *See* § 742.6(a)(6) of the EAR. |
| AT applies to entire entry | AT Column 1. |

て当該品目の規制理由（国家安全保障（NS）、核不拡散（NP）、反テロリズム（AT）など）を確認する。例えばECCN 3B001（半導体製造装置等）に該当する品目の場合、規制理由として「NS」、「RS」、「AT」が記載されている（図表6-27）。

次に、カントリーチャート（Part 738, Supplement No.1）と呼ばれる判定表を用いて、「仕向地×規制理由」の組み合わせの欄を確認する。規制理由と仕向地の組み合わせに「✗」印が付いている場合、BISへの許可申請が必要となる（図表6-28参照）。

### ウ　許可例外

上記イのフローに基づきBISの許可が必要と判断される場合でも、「品

図表6-28　カントリーチャート（部分）

| Countries | Chemical & Biological Weapons | | | Nuclear Nonproliferation | | National Security | | Missile Tech | Regional Stability | | Firearms Convention | Crime Control | | | Anti-Terrorism | |
|---|---|---|---|---|---|---|---|---|---|---|---|---|---|---|---|---|
| | CB 1 | CB 2 | CB 3 | NP 1 | NP 2 | NS 1 | NS 2 | MT | RS 1 | RS 2 | FC 1 | CC 1 | CC 2 | CC 3 | AT 1 | AT 2 |
| Afghanistan | X | X | X | X | | X | X | X | X | X | | X | | X | | |
| Albania[2,3] | X | X | | | | X | X | X | X | X | | | | | | |
| Algeria | X | X | | X | | X | X | X | X | X | | X | | X | | |
| Andorra | X | X | | | | X | X | X | X | X | | | | X | | |
| Angola | X | X | | X | | X | X | X | X | X | | | | X | | |
| Antigua & Barbuda | X | X | | | | X | X | X | X | X | X | | | | | |
| Argentina | X | | | | | X | X | X | | X | | X | | X | | |

図表6-29　カントリーグループ（A国群）

| Country | Country Group A | | | | | |
|---|---|---|---|---|---|---|
| | [A:1] Wassenaar Participating States[1] | [A:2] Missile Technology Control Regime[2] | [A:3] Australia Group | [A:4] Nuclear Suppliers Group[3] | [A:5] | [A:6] |
| Albania | | | | | | X |
| Argentina | X | X | X | X | | |
| Australia | X | X | X | X | | |
| Austria | X | X | X | X | | |
| Belgium | X | X | X | X | | |
| Brazil | | X | | X | | |
| Bulgaria | X | X | X | X | | |
| Canada | X | X | X | X | | |
| Croatia | X | | X | X | | |

目×仕向地」の組み合わせによっては各種の**許可例外**（license exception）が適用できる場合がある。仕向地については、世界の国を安全保障上のリスク等に応じて A〜E に分類した**カントリーグループ**（Part 740, Supplement No.1）ごとに、適用できる許可例外の種類が決まっている（図表 6-29 参照）。

主な許可例外には例えば図表 6-30 に示すものがある（§740 参照）。許可例外が適用可能である場合、BIS への許可申請は不要になる。

### (5) リスト規制以外の規制（補完的規制）

リスト規制非該当（EAR99）の場合、又はリスト規制品目であるがカントリーチャートで許可が不要とされている場合であっても、補完的な規制として、§736.2(b)(4)〜(10)が定める**一般禁止事項4〜10** に該当する場合には、BIS への許可申請が必要となる（図表 6-31）。

中でも実務上重要なものとして、**エンドユース**（最終用途）及び**エンドユーザー**（最終需要者）に基づく規制（一般禁止事項5、Part 744）が挙げられる。この規制は、日本のキャッチオール規制における用途要件・需要者要件に似ているが、EAR ではより多種類の規制が存在する[29]。

エンドユーザー規制の文脈では、需要者がエンティティリスト、SDN リスト等の「ブラックリスト」に掲載されていないかの確認が重要である

図表 6-30　許可例外の例

| 名　称 | | 根拠規定 | 概　要 |
|---|---|---|---|
| LVS | Shipments of limited value | §740.3 | B 国群（旧自由主義国）を仕向地とした貨物の少額特例 |
| GBS | Shipments to Country Group B countries | §740.4 | B 国群（旧自由主義国）を仕向地とする NS 理由のみで規制された貨物の輸出・再輸出に適用できる |
| TMP | Temporary imports, exports, reports, and transfers (in-country) | §740.9 | 展示、デモ用、職業用の用具等の一時的な輸出・再輸出・国内移転に適用できる |
| APR | Additional permissive reexports | §740.16 | 日本を含む A: 1 国からの一定の再輸出等に適用できる |

(図表 6-32)。特に、近年の米中対立の文脈で、半導体をはじめとする先端技術分野の中国企業や、人権侵害への関与の疑いのある企業がエンティティリストに掲載される例が相次いでおり、これらの企業との間に取引がある場合には注意が必要である。

エンティティリストに掲載された企業については、多くの場合、すべての EAR 適用対象品目について輸出・再輸出・国内移転が BIS の許可制とされ、かつ、申請しても原則不許可 (presumption of denial) となる (事実上の禁輸措置)。もっとも、企業によっては「個別事案ごと」(case-by-

図表 6-31 一般禁止事項 4 ～ 10 による規制対象行為

| | |
|---|---|
| 一般禁止事項 4 | 剥奪命令 (Denial Order) により禁止された行為への従事 (DPL 掲載者との取引) |
| 一般禁止事項 5 | EAR Part 744 で規制対象とされたエンドユース・エンドユーザーに向けた輸出、再輸出又は国内移転 |
| 一般禁止事項 6 | 米国が禁輸等の対象としている国への輸出、再輸出又は国内移転 |
| 一般禁止事項 7 | 米国人による拡散行為並びに特定の軍事諜報エンドユース及びエンドユーザーの支援行為 |
| 一般禁止事項 8 | 特定国を経由又は通過する輸出又は再輸出 |
| 一般禁止事項 9 | EAR に基づく輸出許可又は許可例外の条件もしくは制約又は EAR に基づく命令に違反する行為 |
| 一般禁止事項 10 | 取引しようとしている品目について EAR 等の違反が発生したこと又は違反が起ころうとしていることを知りながら取引を進めること |

図表 6-32 エンドユーザー規制の対象となる需要者等のリスト

| 名 称 | 概 要 |
|---|---|
| エンティティリスト (EL) | 大量破壊兵器拡散の懸念がある団体や米国の安全保障・外交政策上の利益に反する団体のリスト |
| 未検証エンドユーザーリスト (UVL) | 米国政府が許可前のチェックや許可証を使用した輸出の出荷後検証を実施することができない組織のリスト |
| 取引禁止リスト (DPL) | 違反により輸出権限を剥奪されている企業・個人のリスト |
| 軍事エンドユーザー(MEU)リスト | 中国等向け軍事エンドユース・軍事エンドユーザー規制の観点から懸念のある団体のリスト。EAR 対象品目のうち、Part 744, Supplement No. 2 掲載品目の輸出・再輸出・国内移転が禁止 |
| SDN リスト | 米国財務省外国資産管理室 (OFAC) が作成する国連制裁国・米国禁輸国・テロ支援国の政府関係機関・企業・個人など経済制裁対象者のリスト。掲載企業・個人との取引への U.S. person (米国企業・米国人) の関与は全面的に禁止される |

29) §744.2 ～ 23 で 22 種類のエンドユース・エンドユーザー規制が規定されている。

case）という審査方針が採用されている場合もあり、BIS に申請をすれば許可が得られることもある。なお、米国原産品を一切使用していない製品などそもそも EAR 適用対象（subject to the EAR）でない品目の取引については、BIS の管轄が及ばないため、エンティティリスト掲載企業と取引を行っても原則として問題ない。

> **コラム** 半導体分野における対中輸出管理の強化
>
> 米国では、2020 年ころ以降、先端半導体分野における中国向け輸出管理を強化する動きが続いている。特に、2022 年 10 月に行われた EAR 改正は、EAR の枠組みの下で使用可能なあらゆるツールを組み合わせた広範かつ包括的な規制で、半導体業界に大きな衝撃を与えた。
>
> 米国の措置は多岐にわたるが、大きくは、①中国による計算能力（先端チップやスーパーコンピュータ）獲得の阻止と、②先端半導体の製造能力（製造装置）獲得の阻止という 2 つの観点から行われている。具体的には、例えば図表 6-33 に示すような規制手法が使われている。
>
> 図表 6-33 米国による対中半導体輸出規制
>
> | 規制手法 | 概　要 |
> |---|---|
> | リスト規制品目の追加 | 先端チップ（高性能 GPU など）や半導体製造装置のリスト規制への追加 |
> | 直接製品規則の強化・拡大 | 米国の半導体設計技術・ソフトウェアを用いて外国（台湾など）で製造された先端チップ等（直接製品）の中国向け再輸出規制 |
> | エンドユース規制 | 汎用的な品目（EAR99 を含む）であっても、最終用途が中国の先端半導体製造施設向けである場合等には輸出・再輸出・国内移転を規制 |
> | エンドユーザー規制 | 中国の半導体・スパコン関連企業をエンティティリスト指定 |
> | U.S. person の行為規制 | 米国籍者・米国永住権者等（U.S. person）が、中国における先端半導体製造等に関連する取引に関与することを禁止 |
>
> 米国は、2022 年 10 月の措置を前提に、2023 年 10 月にも迂回防止等の観点から規制強化・拡大を行っている。その後も定期的に規制の見直しが行われており、日本の半導体製造装置・部品メーカーにも大きな影響が生じている。

## コラム　輸出管理法令違反が発覚した場合の対応

　無許可輸出など輸出管理法令の違反が発覚した場合には、当局に自主申告（VSD: voluntary self-disclosure）を行うかどうかを検討する必要がある。

　まず日本の外為法違反が発覚した場合、経済産業省安全保障貿易検査官室（安検室）に自主通報を行い、「**事後審査**」と呼ばれる手続を受けるのが通常である。安検室への第一報は電話やメールで行うこともできるが、その後、「**案件調査票**」と呼ばれる様式を使って、違反の内容・経緯・原因、再発防止策等の詳細を報告することになる。事後審査を踏まえた処分は事案の軽重によって異なり、軽いものから順に①報告書提出、②経緯書＋口頭注意、③経緯書＋文書注意、④警告＋企業名公表、⑤行政制裁（輸出等の禁止）、⑥刑事罰となる。このうち④以上は、故意性のある悪質な違反の場合に適用される。なお、事案によっては包括許可が取り消されることもある。

　一方、米国EAR違反の場合、BISの輸出執行課（OEE）に自主申告を行うことが推奨されている（§764.5）。まず初期申告（initial notification）を行い、180日以内に、違反の内容・経緯・原因、再発防止策等の詳細をまとめた最終報告（full narrative account）を提出することになる（ただし、軽微な違反については簡易的な報告手続が認められている）。処分の種類には軽いものから順に①ノーアクションレター、②警告状、③和解金の支払、④制裁金の支払、⑤刑事訴追がある。

## 【参考文献】

- 浅田正彦編『輸出管理　制度と実践』（有信堂、2012）
- 風木淳・大川信太郎編著『詳解　外為法　貿易管理編』（商事法務、2022）
- 田上博道・森本正崇『輸出管理論─国際安全保障に対応するリスク管理・コンプライアンス』（信山社、2008）
- 『実務者のためのわかりやすい安全保障貿易管理〜Q&A及びガイダンス　第7版』（一般財団法人安全保障貿易情報センター、2018）
- 東芝（株）輸出管理部編『キャッチオール輸出管理の実務　第3版』（日刊工業新聞社、2010）
- 一般財団法人安全保障貿易情報センター『輸出管理ガイダンス〈海外輸出管理法制度〈米国版〉第18版』（2024）
- 一般財団法人安全保障貿易情報センター『米国輸出管理法と再輸出規制実務』（2017）

# 第7章
# 投資管理

# 第7章　投資管理

## 本章で用いる投資管理関係法令等の略称一覧

| 法律 | |
|---|---|
| 外為法 | 外国為替及び外国貿易法（昭和24年法律第228号） |
| **政令** | |
| 直投令 | 対内直接投資等に関する政令（昭和55年政令第261号） |
| 外為令 | 外国為替令（昭和55年政令第260号） |
| **省令・命令** | |
| 直投命令 | 対内直接投資等に関する命令（昭和55年総理府・大蔵省・文部省・厚生省・農林水産省・通商産業省・運輸省・郵政省・労働省・建設省令第1号） |
| 外為省令 | 外国為替に関する省令（昭和55年大蔵省令第44号） |
| **告示** | |
| 指定業種告示 | 対内直接投資等に関する命令第三条第三項の規定に基づき財務大臣及び事業所管大臣が定める業種を定める件（平成26年3月6日内閣府、総務省、財務省、文部科学省、厚生労働省、農林水産省、経済産業省、国土交通省、環境省告示第1号） |
| コア業種告示 | 対内直接投資等に関する命令第三条の二第三項の規定に基づき、財務大臣及び事業所管大臣が定める業種を定める件（令和2年4月30日内閣府、総務省、財務省、文部科学省、厚生労働省、農林水産省、経済産業省、国土交通省、環境省告示第4号） |
| 免除基準告示 | 外国為替及び外国貿易法第二十七条の二第一項の規定に基づき、財務大臣及び事業所管大臣が定める対内直接投資等が国の安全等に係る対内直接投資等に該当しないための基準（令和2年4月30日内閣府、総務省、財務省、文部科学省、厚生労働省、農林水産省、経済産業省、国土交通省、環境省告示第6号） |
| 特定取得指定業種告示 | 対内直接投資等に関する命令第三条第一項及び第四条第二項の規定に基づき、財務大臣及び事業所管大臣が定める業種を定める件（平成29年7月14日内閣府、総務省、財務省、文部科学省、厚生労働省、農林水産省、経済産業省、国土交通省、環境省告示第3号） |
| 特定取得コア業種告示 | 対内直接投資等に関する命令第四条の三第一項の規定に基づき、財務大臣及び事業所管大臣が定める業種を定める件（令和2年4月30日内閣府、総務省、財務省、文部科学省、厚生労働省、農林水産省、経済産業省、国土交通省、環境省告示第5号） |

# 1 はじめに

　**投資管理**とは、外国から国内へ向けた投資（対内投資）や国内から外国へ向けた投資（対外投資）について、安全保障その他の観点から規制を行うことをいう。本章では、投資管理のうち特に**対内直接投資**の規制について解説する。

　「対内直接投資」という語の意味は法域によって微妙に異なるが、一般的には、外国投資家による国内企業の株式取得その他、国内企業の経営に実質的な影響力を及ぼすこととなる取引や行為をいう。こうした取引は、自国の産業に資金、経営ノウハウ、技術、人材等をもたらし、生産性向上や雇用創出に資する一方、防衛装備品、原子力・航空宇宙等の機微技術、軍事転用可能品目の製造業、重要インフラ等が外国投資家の影響下に置かれた場合には、国や国民の安全が脅かされたり、重要技術が海外に流出して優位性・不可欠性が損なわれる可能性もある。そこで、主要国では、国の安全等の観点からリスクのある一定の投資について、当局が事前審査を行う仕組みを設けている。これが対内直接投資規制である。

　近年、主要国の間で、法制度・運用の両面から対内直接投資規制を強化する動きが進んでおり、M&Aの成否やスケジュールに影響を及ぼすことも増えている。

　以下では、日本の外為法に基づく対内直接投資等の審査制度について解説した上で（下記2）、外国の投資管理制度のうち実務でしばしば問題になる米国CFIUSによる審査制度について簡単に説明する（下記3）。

> **コラム**　対外投資規制について
>
> 　主要国では、外国から国内に向けた投資のほか、国内から外国に向けた投資、すなわち**対外投資**についても一定の規制が行われている。日本の場合、外為法に基づき、①漁業（水産動植物の採捕事業）、②皮革又は皮革製品の製造業、③武器の製造業、④武器製造関連設備の製造業、⑤麻薬等の製造業の指定業種5類型に関し、

第7章　投資管理

同法23条2項の定義を満たす対外直接投資について財務大臣への事前届出が必要とされている（法23条1項、外為令12条1項・2項、外為省令21条）。また、最近では、対ロシア経済制裁の文脈で、ロシア事業に関連した対外直接投資の規制（法21条1項及び24条1項に基づく主務大臣の許可制）が導入されており、実務上問題になるケースが増えている（→詳細は第8章3⑵ウ参照）。

米国では、中国を念頭においた対外投資規制（いわゆる「逆CFIUS」制度）を導入する動きも進んでいる。すなわち、2023年8月9日にバイデン大統領が署名した大統領令[1]により、①半導体・マイクロエレクトロニクス、②量子情報技術、③人工知能（AI）の3分野について、米国の個人・企業や関連企業による「懸念国」（具体的には中国、香港、マカオ）向けの一定の対外投資について規制を導入する方針が示された。先端技術分野における中国の急速なキャッチアップを念頭に、米国系ベンチャーキャピタルが行う中国企業への経営支援や人材・ノウハウの提供など、輸出管理だけでは対応しきれない技術流出リスクに対処することを狙いとしたものとみられる。

## 2　外為法に基づく「対内直接投資等」の審査制度

日本の対内直接投資規制は主に外為法[2]の下で実施されている。同法では、外国投資家による国内への一定の投資等について、国の安全等の観点から事前届出を求め、政府当局による審査を受けることを義務付けている。事前届出の対象となる行為には、①外国投資家による国内企業の株式取得等を捕捉する**「対内直接投資等」**（法27条）と、②外国投資家間で行われる日本の非上場会社の株式・持分の取得を捕捉する**「特定取得」**（法28条）の2つがあり（図表7-1）、両規制は概ねパラレルな構造となっている。

本節では、主に対内直接投資等の審査制度について解説し（下記⑴〜⑺）、特定取得についても最後に簡単に説明する（下記⑻）。

---

1) Executive Order on Addressing United States Investments in Certain National Security Technologies and Products in Countries of Concern (August 9, 2023)
2) 外為法以外の外資規制として、航空法、貨物利用運送事業法、日本電信電話株式会社に関する法律、電波法、放送法等に基づく規制が存在する。

図表 7-1　対内直接投資等と特定取得（イメージ）

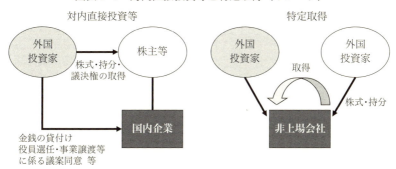

## (1) 対内直接投資等に係る審査制度の概要

　対内直接投資等に係る事前届出及び審査の流れは図表 7-2 のとおりである。

図表 7-2　事前届出及び審査の基本的なフロー

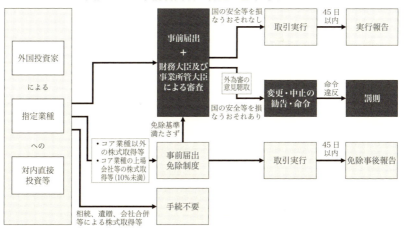

　法 27 条 1 項は、外国投資家が、国の安全を損なう等の事態を生じるおそれがあるものとして政令で定める一定の対内直接投資等を行う場合に、財務大臣及び事業所管大臣宛てに事前届出を行うことを求めている。事前届出の対象となる取引には、告示で指定された業種、すなわち**指定業種**に

207

係る対内直接投資等が含まれる。すなわち、①**外国投資家**、②**指定業種**、③**対内直接投資等**という3要件が満たされた場合に、原則として事前届出が必要になる。

　事前届出を行った外国投資家は、財務大臣及び事業所管大臣が届出を受理した日から起算して30日（短縮されることがある）が経過する日までの間（以下「**禁止期間**」という）、届出に係る対内直接投資等を行ってはならない（法27条2項）。また、財務大臣及び事業所管大臣は、届出に係る取引が国の安全を損なう等の事態を生ずるおそれのある取引（以下「**国の安全等に係る対内直接投資等**」という）に該当しないかどうかを審査する必要があると認めるときは、禁止期間を受理日から起算して4か月まで延長することができる（同3項）。審査の結果、国の安全等に係る対内直接投資等に該当すると認めるときは、関税・外国為替等審議会の意見を聴いて、外国投資家に対し、取引の変更又は中止を勧告することができる（法27条5項）。外国投資家が勧告を応諾しない場合、変更又は中止を命ずることができる（同10項）。

　ただし、上記①〜③の要件を満たす対内直接投資等であっても、次の2つの場合には法27条1項に基づく事前届出義務は免除される。第一に、後述するコア業種以外の株式取得など一定の対内直接投資等については、所定の**免除基準**を遵守することを前提に事前届出を不要とし、事後報告で足りるとする制度（**事前届出免除制度**）がある（後記(6)）。第二に、相続、遺贈、法人の合併による株式の取得等、政令で定める一定の場合（直投令3条1項各号）には規制対象から除外され、手続不要となる（法27条1項括弧書）。

　なお、法27条1項に基づく事前届出の義務を負うのは外国投資家であり、外国投資家の投資を受け入れる側の日本の会社（**発行会社**）に届出義務はない。ただし、外国投資家が必要な事前届出を行わずに無許可で対内直接投資等を実行した場合、財務大臣及び事業所管大臣により取得した株式や持分の処分を命じられるリスクもある（法29条）。そのため、日本企

---

3）事業所管大臣とは、発行会社が営む事業を所管する大臣のことをいう（直投令7条）。

業が外国投資家からの投資等を受け入れる場合には、外国投資家に対して、外為法に基づく審査制度について適切な説明を行っておく必要がある。

## (2) 事前届出の3要件

対内直接投資等について事前届出が必要になる場合の3要件、すなわち①外国投資家、②指定業種、③対内直接投資等の意義はそれぞれ下記ア〜ウのとおりである。

### ア 外国投資家

**外国投資家**とは、法26条1項1〜5号のいずれかに該当する個人及び法人その他の団体をいう（図表7-3）。

このうち1号外国投資家（非居住者である個人）については、国籍ではなく居住性が基準とされている点に注意が必要である。[4] 非居住者の定義は大蔵省通達（昭和55年11月29日蔵国第4672号）に置かれており、本邦の外に住所又は居所を有する外国人、日本人のうち外国にある事務所に勤める者、2年以上外国に滞在する目的で出国し外国に滞在する者、外国に

図表7-3 外国投資家の類型

| 外為法26条1項 | 類型 |
| --- | --- |
| 1号 | 非居住者である個人 |
| 2号 | 外国法令に基づいて設立された法人その他の団体又は外国に主たる事務所を有する法人その他の団体 |
| 3号 | 1号又は2号に掲げる者により直接に保有される議決権と、他の会社を通じて間接に保有される議決権の合計が総議決権の50%以上に相当する会社 |
| 4号 | 投資事業を行う組合、投資事業有限責任組合又は外国の法令に基づいて設立された組合類似の団体のうち、非居住者による出資の割合が総組合員の出資の50%以上に相当するもの、又は業務執行組合員の過半数が非居住者等で占められているもの |
| 5号 | 非居住者である個人が役員又は代表権限を有する役員のいずれかの過半数を占める法人その他の団体 |

4) 外為法以外の個別法では、居住性ではなく国籍を基準とした外資規制が設けられている場合がある（例えば航空法、貨物利用運送事業法、日本電信電話株式会社に関する法律、電波法）。

2年以上滞在するに至った者などが含まれる（→第6章2(2)イも参照）。すなわち、日本国籍を有する投資家でも海外に居住していれば外国投資家に該当し、外国籍の投資家であっても日本の居住者であれば外国投資家に該当しない。

一方、法人については、外国法人（法26条1項2号）が外国投資家に該当することは当然として、日本の法人や組合であっても、議決権や出資の50％以上を非居住者である個人・外国法人が保有する場合など、実質的に非居住者である個人や外国法人の支配下にある場合には外国投資家に該当する（同3～5号）。

**イ　指定業種**

**指定業種**とは、対内直接投資等に係る事前届出の対象となる業種として**指定業種告示**で指定されたものをいう（法27条3項、直投令3条2項1号、直投命令3条3項、指定業種告示）。発行会社自身が指定業種を営んでいる場合はもちろん、**子会社**5)や**議決権半数子会社**6)が指定業種を営んでいる場合も事前届出の対象となる（直投令3条2項1号括弧書、直投命令3条4項）。

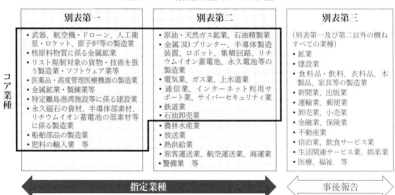

図表7-4　指定業種とコア業種

出典：指定業種告示、コア業種告示等を基に作成

---

5) 会社法2条3号に規定する子会社（外国の法令に基づいて設立された法人その他の団体及び外国に主たる事務所を有する法人その他の団体を除く）をいう（直投令2条1項括弧書）。

指定業種告示には別表第一から第三があり、日本標準産業分類を参照する形で様々な業種が列挙されている。これらの別表は機微度の高い順になっており、**別表第一**及び**別表第二**に掲げるものが指定業種に該当する業種、**別表第三**に列挙されたものは指定業種に該当しない業種となる（図表7-4）。なお、別表第一から第三のいずれにも該当しない業種（公共機関や分類不能の産業など投資の対象になじまない業種として告示に示していない業種が含まれる）も指定業種となる。

指定業種のうち国の安全等との関係で特に機微な業種については、別途、**コア業種告示**により「**コア業種**」に指定されている。コア業種は、後述する**事前届出免除制度**の利用に関係する概念で、該当する業種を営んでいる場合には免除制度の利用が制限される。指定業種告示別表第一の業種はすべてコア業種に指定されており、別表第二の業種については国の安全等の観点から特に重要なもの（例えば重要インフラ関連業種やサイバーセキュリティ関連業種）がコア業種に指定されている。指定業種とコア業種はしばしば混同されるが、法27条1項に基づく事前届出義務の発生根拠となるのはあくまで指定業種であり、コア業種は事前届出免除制度の利用可否の判断にのみ関わる概念と整理できる。

指定業種やコア業種については、近年、経済安全保障等の観点からたびたび拡大が行われており（図表7-5）、該当性の判断にあたっては最新の告

図表 7-5 近時の指定業種・コア業種の追加

| 年 月 | 追加された業種 |
| --- | --- |
| 2019年8月 | サイバーセキュリティ関連業種の追加 |
| 2020年6月 | 医薬品・高度管理医療機器の製造業の追加 |
| 2021年10月 | 重要金属鉱物資源等（レアアース等）に関連する業種の追加 |
| 2023年4月 | 2022年5月に成立した経済安全保障推進法にいう「特定重要物資」（工作機械、ロボット、蓄電池、永久磁石等）の製造業等の追加 |
| 2024年（予定） | 半導体製造関連機器、先端電子部品、工作機械部品、船舶用機関の製造業等を追加 |

6）会社（その子会社を含む）がその総議決権の50％に相当する議決権の数を保有する他の会社（外国の法令に基づいて設立された法人その他の団体及び外国に主たる事務所を有する法人その他の団体を除く）であって、当該会社（発行会社）の子会社に該当しないものをいう（直投命令3条4項）。

示を参照する必要がある。

　M&A 等の実務で発行会社の指定業種該当性を検討する際には、①発行会社やその子会社等が指定業種のうちひとつでも営んでいる場合は事前届出の対象となること、②定款における事業目的の記載等に基づく形式判断ではなく、発行会社が実際に行っている事業によって実質的に判断されること、③指定業種の会社全体の売上に占める割合がわずかであっても事前届出の対象になることなどに注意する必要がある。

　なお、財務省は、日本の全上場会社を対象に、外国投資家が事前届出の要否を判断する際の便宜のため、各社が指定業種・コア業種を営むか否かをリスト化した「本邦上場会社の外為法における対内直接投資等事前届出該当性リスト」をウェブサイト上で公開している。[7] もっとも、各社へのアンケート結果や定款・有価証券報告書等の公開情報に基づいて作成されたものであり、リストの分類と投資実行時の分類が一致しない可能性もある。そのため、実際に投資等を行う際には、その時点における最新の情報に基づいて改めて指定業種該当性を確認し、疑義が生じた場合には事業所管官庁への照会も検討する必要がある。

> **コラム　業種別の事前届出割合**
>
> 　財務省が公表している 2019 年度～ 2022 年度における事前届出の動向に関する資料によれば、[8]指定業種の中でもサイバーセキュリティ関連業種（2019 年 8 月に指定業種に追加）が届出件数の多くを占め、インフラ関連の業種及び武器・航空機・原子力・宇宙関連等の業種がこれに続いている。例えば 2022 年度については、届出件数合計 2,426 件のうちサイバーセキュリティ関連が 61％、インフラ関連が 17％、武器・航空機・原子力・宇宙関連等が 12％ となっている。

### ウ　対内直接投資等

　対内直接投資等とは、法 26 条 2 項 1 ～ 9 号に列挙された行為をいう

---

7）https://www.mof.go.jp/policy/international_policy/gaitame_kawase/fdi/list.xlsx
8）財務省国際局調査課投資企画審査室「対内直接投資等に関する事前届出件数等について（令和 4 年度／ 2022 年度版）」（2023 年 6 月）

2 外為法に基づく「対内直接投資等」の審査制度

図表 7-6　対内直接投資等に該当する行為

| 外為法<br>26条2項 | 行　為 | 直投令の<br>関連規定 |
|---|---|---|
| 1号 | 非上場会社の株式又は持分の取得（他の外国投資家からの取得を除く） | 2条6項 |
| 2号 | 非居住者となる以前から引き続き所有する非上場会社の株式又は持分の譲渡 | － |
| 3号 | 上場会社等の株式の取得であって、密接関係者と合わせて株式保有比率が1％以上となるもの | 2条<br>7～8項 |
| 4号 | 上場会社等の議決権の取得であって、密接関係者と合わせて議決権保有比率が1％以上となるもの | 2条<br>9～10項 |
| 5号 | ・会社の事業目的の実質的な変更に関する同意<br>・取締役又は監査役の選任に係る議案に関し行う同意<br>・事業の譲渡等に係る議案に関し行う同意 | 2条<br>11～12項 |
| 6号 | 本邦における支店等の設置又は本邦にある支店等の種類もしくは事業目的の実質的な変更 | 2条13項 |
| 7号 | 本邦に主たる事務所を有する法人に対する期間が1年を超える金銭の貸付けであって、次のいずれにも該当するもの<br>・当該貸付け後における当該外国投資家から当該国内法人への金銭の貸付けの残高が1億円に相当する額を超える<br>・当該貸付け後における当該外国投資家から当該国内法人への金銭の貸付けの残高と、当該外国投資家が所有する当該国内法人が発行した社債との残高の合計額が、当該貸付け後における当該国内法人の負債の額として定める額の50％に相当する額を超える | 2条<br>14～15項 |
| 8号 | 居住者である法人からの事業の譲受け、吸収分割及び合併による事業の承継 | － |
| 9号 | ・会社の発行する社債（元本の償還の日までの期間が1年以下のもの等を除く）でその募集が特定の外国投資家に対してされるものの取得<br>・特別の法律により設立された法人の発行する出資証券の取得<br>・上場会社等の株式への一任運用<br>・議決権代理行使受任<br>・他のものが所有する上場会社等の株式に係る議決権行使等権限の取得<br>・非居住者となる以前から引き続き直接に保有する非上場会社の議決権の行使についての代理権限の委任<br>・共同して上場会社等の実質保有等議決権を行使することに関する当該上場会社等の実質保有等議決権を保有する他の非居住者である個人又は法人等の同意の取得 | 2条<br>16～18項 |

213

（図表7-6）。最も典型的なものとして、国内の会社の株式等の取得（1号対内直投、3号対内直投、4号対内直投）が挙げられる。このうち**非上場会社**の株式等の取得（1号対内直投）については閾値が設けられておらず、1株（端株を含む）でも取得すれば対内直接投資等に該当する。一方、**上場会社等**の株式・議決権の取得（3号対内直投、4号対内直投）については保有比率が**1％以上**となる場合にのみ対内直接投資等に該当する。

株式等の取得以外の行為として、国内の法人に対する期間1年超の金銭の貸付け（7号対内直投）、会社の事業目的の実質的な変更や役員の選任に係る議案に関し行う同意（5号対内直投）なども対内直接投資等に該当する。法令上「対内直接投資**等**」という用語が使われていることからもわかるとおり、「投資」という日常用語からイメージされるよりも広い行為が捕捉されている。

法26条2項各号に掲げる行為類型については、さらに詳細な定義や閾値が直投令2条6〜18項に規定されており、法律と併せて参照する必要がある。

なお、外為法の下では、外国投資家が日本企業を子会社として持つ外国法人を買収した結果、日本企業の支配権を間接的に取得することになるような取引（**間接取得**）は対内直接投資等の定義に該当せず、事前届出の対象にならない。一方、米国をはじめ諸外国の投資管理制度では、間接取得も審査の対象に含めている場合が多い（後記3(2)ア参照）。

> **コラム**　事前届出が必要になる取引の典型例
>
> 上記ア〜ウの3要件を満たし、法27条1項に基づく事前届出を行う必要がある取引の典型として、例えば次のような事例が挙げられる。

---

9) 上場会社及び店頭公開会社をいう（法26条2項1号括弧書、直投令2条6項）。
10) ただし、M&Aのクロージング後に、外国投資家が、自ら又は関係者を日本子会社の取締役・監査役に選任する場合には、その議決権行使が対内直接投資等に該当し（5号対内直投）、事前届出が必要になる。
11) 事例は財務省国際局「外国投資家による投資について―外為法に基づく対内直接投資審査制度―」（2023年5月）を基に作成

## 2 外為法に基づく「対内直接投資等」の審査制度

【事例①】

> 精緻な加工が可能な輸出管理（リスト規制）の対象となる工作機械を製造する非上場のＡ社が、事業拡大のために国内外から資金調達を行い、Ｚ国に居住する個人投資家Ｂに株式を一部譲渡した。

ア　外国投資家該当性

個人投資家Ｂは非居住者である個人（法26条1項1号）であり、外国投資家に該当する。

イ　指定業種該当性

発行会社（Ａ社）はリスト規制の対象となる工作機械を製造しており、指定業種に該当する（指定業種告示別表第一・五）。

ウ　対内直接投資等該当性

非上場会社であるＡ社の株式を1株以上取得しているため対内直接投資等に該当する（法26条2項1号）。

【事例②】

> 主な事業として民生品向けの金属加工業を営む非上場のＡ社は、事業のごく一部として防衛装備品の専用部品も製造している。経営者・従業員の高齢化に伴い事業継続が困難となり、事業承継先を探していたところ、仲介者からＺ国の投資ファンドＢを紹介され、当該ファンドに株式を全部譲渡した。

ア　外国投資家該当性

投資ファンドＢは外国法人（法26条1項2号）であり、外国投資家に該当する。

イ　指定業種該当性

Ａ社は事業のごく一部であっても武器等の製造業を営んでおり、指定業種に該当する（指定業種告示別表第一・一イ）。

ウ　対内直接投資等該当性

非上場会社であるＡ社の株式を1株以上取得しているため対内直接投資等に該当する（法26条2項1号）。

【事例③】

> 東証プライム市場上場の学習塾を運営するＡ社は、子会社にソフトウェアを受託開発する日本の企業ａ社を有する。Ａ社の株式を持つ外国法人Ｂ社は、Ａ社に対する経営関与を強化するため、Ｂ社の関係者をＡ社の取締役に就任させることについて株主総会において同意し、Ｂ社の関係者が取締役に就任した。

ア 外国投資家該当性
　B社は外国法人（法26条1項2号）であり、外国投資家に該当する。
イ 指定業種該当性
　A社の子会社a社は受託開発ソフトウェア業を営んでおり、指定業種に該当する（指定業種告示別表第二・日本標準産業分類細分類3911）。
ウ 対内直接投資等該当性
　B社の関係者を発行会社（A社）の取締役に就任させることについて株主総会において同意しており、対内直接投資等に該当する（法26条2項5号）。

## (3) 事前届出の手続

　法27条1項に基づく対内直接投資等の事前届出は、取引又は行為を行おうとする日の前6か月以内に、定められた様式により、**日本銀行**を経由して財務大臣及び事業所管大臣宛てに提出して行う（直投令3条3項、10条1号、直投命令3条7項）。届出の様式は直投命令の別紙として用意されており、日本銀行のウェブサイトからも入手できる。

　事前届出を行った外国投資家は、受理日から起算して30日の禁止期間中は、届出に係る対内直接投資等を行うことができない（法27条2項）。

　外国投資家は、財務大臣及び事業所管大臣宛てに届出書を提出するのに先立って、事業所管官庁に事前相談を行うことができる。事前相談を行うことのメリットとして、予定している取引について審査が通る可能性やスケジュールに関する当局の感触を把握したり、当局との認識合わせを通じてスムーズな審査が期待できることが挙げられる。

## (4) 財務大臣及び事業所管大臣による審査

　財務大臣及び事業所管大臣は、届出に係る取引又は行為について、**国の安全等に係る対内直接投資等**に該当するかの審査を行う。国の安全等に係る対内直接投資等には、次のいずれかの事態を生ずるおそれがある対内直接投資等が含まれる（法27条3項1号）。

> イ 国の安全を損ない、公の秩序の維持を妨げ、又は公衆の安全の保護に支障を来すことになること
> ロ 我が国経済の円滑な運営に著しい悪影響を及ぼすことになること

　国の安全等に関する特段の懸念がない取引の場合、外国投資家は、禁止期間の経過をもって取引の実行が可能になる。この場合、禁止期間は、最短で届出書を受理した日から4営業日を経過した日まで短縮される[12]（法27条2項参照）。

　一方、届出に係る取引について国の安全等に係る対内直接投資等に該当するおそれがあると判断される場合、財務大臣及び事業所管大臣は禁止期間を4か月まで延長することができる（法27条3項）。審査の結果、国の安全等に係る対内直接投資等に該当すると認められる場合、関税・外国為替等審議会の意見を聴いた上で、取引の変更又は中止を勧告することができる（同5項）。なお、関税・外国為替等審議会が4か月の期間内に意見を述べることが困難である旨を申し出た場合、禁止期間は5か月に延長される（同6項）。

　財務大臣及び事業所管大臣による勧告が行われた場合、外国投資家は、勧告を受けた日から起算して10日以内に、勧告を応諾するかしないかを財務大臣及び事業所管大臣に通知しなければならない（法27条7項）。勧告を応諾した場合には、当該勧告に係る対内直接投資等を行うことになる（同8項、9項）。一方、応諾しない場合には、財務大臣及び事業所管大臣は、外国投資家に対し、対内直接投資等の変更又は中止を命ずることができる（同10項）。勧告（応諾した場合）や命令に違反した場合には刑事罰の対象となる（法70条1項24号、25号）。

　以上が法令に定められた審査の流れであるが、実際の運用上は、当局が外国投資家に対して正式な勧告・命令まで行うことは極めて稀である[13]。す

---

[12] 日本銀行国際局国際収支課外為法手続グループ「外為法Q&A（対内直接投資・特定取得編）」（2023年4月）Q25-1
[13] 過去に勧告・命令が行われた唯一の事例として、2008年に、財務大臣及び経済産業大臣が、英国ファンドのザ・チルドレンズ・インベストメント・ファンド（TCI）による電源開発株式会社（Jパワー）株の買い増し計画について中止の勧告及び命令を行った例がある。

なわち、実務では、国の安全等の観点から懸念が払拭できない取引については、例えば30日の禁止期間の経過前に一旦届出を取り下げさせた上で、一定の遵守事項を記載させた届出書を再提出させ、当該誓約を踏まえてクリアランスが行われるといった対応がとられることが多い[14]。遵守事項は、外国投資家と事業所管官庁の間でケースバイケースで調整されるが、典型的には次のようなものが挙げられる。

- 株主総会において、国の安全を損なう事態を生ずる事業の譲渡・廃止、役員の選任等の提案をしないこと
- 外国政府等による経営への影響を排除すること
- 国の安全を損なう輸出取引をしないこと
- 秘密情報の管理やアクセス制限
- 上記に関する事前相談・報告義務

> **コラム** 財務省及び事業所管省庁が審査の際に考慮する要素
>
> 　事前届出に係る取引の審査の際に財務省及び事業所管省庁が考慮する要素については、事業所管官庁連名の文書により12の考慮要素が公表されている[15]。
> 　例えば、事前届出に係る取引が重要産業の生産基盤及び技術基盤の維持に与える影響の程度、技術や情報が流出する可能性、国の安全等のために必要な財・サービスの安定的供給に与える影響の程度、外国投資家の属性（資本構成、実質的支配者、法令の遵守状況）、取引の内容・目的（発行会社の経営への関与の程度）等が考慮されることとされている。

## (5) 取引の実行と実行報告

外国投資家が対内直接投資等の事前届出を行い、変更・中止の勧告や命

---

14) 大川信太郎『外為法に基づく投資管理―重要土地等調査法・FIRRMAも踏まえた理論と実務』（中央経済社、2022）266頁参照
15) 警察庁、金融庁、総務省、財務省、文部科学省、厚生労働省、農林水産省、経済産業省、国土交通省、環境省「外為法に基づく対内直接投資等の事前届出について財務省及び事業所管省庁が審査に際して考慮する要素」（2020年5月8日）（https://www.mof.go.jp/policy/international_policy/gaitame_kawase/gaitame/recent_revised/gaitamehou_20200508.htm）

令を受けることなく禁止期間が経過した場合には、外国投資家は届出に係る取引を実行することができる。取引の実行が可能になる日は日本銀行ウェブサイト上でエクセルファイル形式で公示され（直投命令8条参照）[16]、届出書の受理番号別に確認できる。ただし、取引は届出書の受理日から6か月以内に行わなければならない（直投令3条3項）。

　また、事前届出に係る取引（株式の取得や金銭の貸付け）の実行をはじめ、以下に掲げる行為を行った場合には、行為の日から45日以内に、所定の様式により、日本銀行を経由して財務大臣及び事業所管大臣に実行報告書を提出しなければならない（法55条の8、直投令6条の5、直投命令7条1項）。

① 事前届出に係る株式もしくは持分の取得、議決権の取得、株式への一任運用もしくは議決権行使等権限の取得又は当該株式もしくは持分の取得、当該議決権の取得、当該株式への一任運用もしくは当該議決権行使等権限の取得をした後における当該株式もしくは持分もしくは議決権の全部もしくは一部の処分
② 事前届出に係る金銭の貸付けもしくは社債の取得又は当該貸付けもしくは社債の取得をした後における当該貸付けもしくは社債の元本の全部もしくは一部の返済金もしくは償還金の受領（期限前返済又は期限前償還を受けた場合を含む）
③ 事前届出に係る支店等の設置の中止又は当該支店等の廃止
④ 事前届出に係る共同議決権行使同意取得又は当該共同議決権行使同意取得をした後における当該共同議決権行使同意取得の解除
⑤ 事前届出に係る事業の承継又は事業を承継した後における当該事業の処分

### (6) 事前届出免除制度

#### ア　概要

　事前届出免除制度とは、対内直接投資等に係る事前届出の3要件（上記(2)）を満たす取引を行おうとする場合であっても、一定の**免除基準**を遵守[17]

---

16) https://www.boj.or.jp/about/services/tame/index.htm
17) 厳密には、事前届出免除制度は、対内直接投資等のうち法26条2項1～4号及び9号（1～4号までに掲げる行為に準ずるものに限る）に掲げる行為に適用される（法27条の2第1項括弧書）。

することを前提に事前届出を免除し、事後の報告で足りるとする制度をいう（図表7-7）。事前届出免除制度を利用できるかどうかは、発行会社が指定業種のうち**コア業種**を営んでいるかによって異なる。

まず発行会社がコア業種を営んでいない場合、免除基準（後記イ）を遵守することを条件として、株式保有割合や議決権保有割合にかかわらず、事前届出免除制度を利用することができる。事前に特別の申請なども不要である（法27条の2第1項、直投令3条の2第2項）。

一方、コア業種を営んでいる場合、原則として事前届出免除制度は利用することができない。ただし、いわば「例外の例外」として、上場会社等の株式又は議決権の取得（3号対内直投又は4号対内直投）[18]等については、下記①②のいずれかに該当する場合には事前届出免除を受けることができる（直投令3条の2第2項3号イ、ロ）。このうち②の一般免除を利用する場合、通常の免除基準に加え、後述する**上乗せ免除基準**を遵守する必要がある。

① 外国金融機関が投資等を行う場合（**包括免除**）
② 株式保有割合及び議決権保有割合が10%未満である場合（**一般免除**）

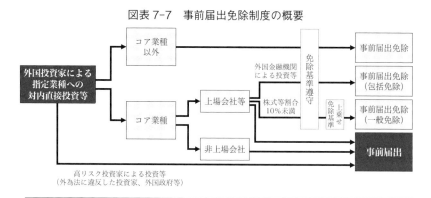

図表7-7　事前届出免除制度の概要

18）3号対内直投及び4号対内直投のほか、直投令2条16項3号に定める上場会社等の株式への一任運用及び5号に定める他のものが所有する上場会社等の株式に係る議決権行使等権限の取得も「例外の例外」の対象となる。

なお、後述する一定の高リスク投資家による対内直接投資等については、コア業種かどうかを問わず、事前届出免除制度を利用することができない。

**イ 免除基準**

事前届出免除制度の適用を受ける場合に遵守すべき**免除基準**は、**免除基準告示**に規定されている。免除基準には、発行会社がコア業種を営んでいない場合に適用される通常の免除基準と、コア業種を営んでいる場合（上場会社等の株式又は議決権の取得等に限る）に適用される**上乗せ免除基準**があり、それぞれ内容は図表7-8のとおりである。

図表7-8 免除基準

| 通常免除基準 |
|---|
| ① 外国投資家自ら又はその関係者が発行会社等[19]の取締役又は監査役に就任しないこと |
| ② 指定業種の事業譲渡等を株主総会に自ら提案しないこと |
| ③ 指定業種に係る秘密技術関連情報へのアクセスを行わないこと |
| **上乗せ免除基準** |
| ④ コア業種に属する事業に関し、発行会社等の取締役会又は重要な意思決定の権限を有する委員会に参加しないこと |
| ⑤ コア業種に属する事業に関し、発行会社等の取締役会又は重要な意思決定の権限を有する委員会に対し、期限を付して書面で提案を行わないこと |

**ウ 事前届出免除制度を利用できない外国投資家**

法27条の2第1項では、外国投資家のうち国による審査を行う必要性が高いものとして政令で定めるものは、事前届出免除制度の利用ができないこととされている。具体的には、直投令3条の2第1項1～5号により、外国投資家のうち以下のものが指定されている。

① 外為法違反による刑事罰等を受けてから5年を経過しないもの
② 過去に免除基準違反により財務大臣及び事業所管大臣から措置命令を受けたもの

---

19) 発行会社のほか、指定業種を営む子会社及びその親会社で発行会社以外のもの、並びに指定業種を営む議決権半数子会社をいう（免除基準告示1条8号）。

③ 外国政府及び関係機関・団体
④ 国有企業等
⑤ 上記③④に掲げる法人その他の団体の役員

ただし、外国政府等（上記③）や国有企業等（上記④）のうち、財務大臣が国の安全等に係る対内直接投資等を行うおそれが大きい外国投資家に該当しないものとして認証した外国投資家による投資については、事前届出免除制度の利用が可能とされている（直投令3条の2第1項柱書括弧書）。具体的には、純粋に経済的利益を目的として投資を行うソブリンウェルスファンド（SWF）等が含まれる。

### エ　免除事後報告

指定業種に係る対内直接投資等について事前届出免除制度を利用した場合、取引を行った日から45日以内に、日本銀行を通じて財務大臣及び事業所管大臣に**免除事後報告**を行う必要がある（法55条の5第1項、直投令6条の3、10条8号、直投命令6条の2）。

**非上場会社**について事前届出免除制度を利用して株式又は持分を取得した場合には、1株であっても免除事後報告が必要となる。一方、**上場会社**について事前届出免除制度を利用して株式等を取得した場合には、取得割合が以下となるときに報告が必要となる（直投命令別表第三3号・4号・6号）。ただし、包括免除を利用した場合は③の場合にのみ事後報告が必要になる（直投命令別表第三3号・4号第二欄参照）。

① 実質株式ベースの出資比率又は実質保有等議決権ベースの議決権比率が、密接関係者と合わせて初めて1％以上となるとき[20]
② 実質株式ベースの出資比率又は実質保有等議決権ベースの議決権比率が、密接関係者と合わせて初めて3％以上となるとき[21]

---

20) 株式売却等で一旦閾値を割り込み、その後の再取得で当該閾値を再び超えた場合は、当該再取得に係る事後報告は不要となる。
21) 同上

2　外為法に基づく「対内直接投資等」の審査制度

③　実質株式ベースの出資比率又は実質保有等議決権ベースの議決権比率が密接関係者と合わせて10％以上となるとき

## (7)　指定業種以外に係る対内直接投資等の場合——事後報告

上記(1)～(6)では、法27条1項に基づく事前届出の対象となる**指定業種**に係る対内直接投資等について述べた。これに対し、外国投資家による**指定業種以外の業種**への対内直接投資等については、同55条の5第1項に基づき、取引を行った日から45日以内に、財務大臣及び事業所管大臣に事後報告を行う必要がある（法55条の5第1項、直投令6条の3、10条8号、直投命令6条の2）。

ただし、非上場会社・上場会社等の株式の取得等のうち取引後の保有割合が**10％未満**のものは事後報告の対象から除かれている[22]。すなわち、保有割合が**10％以上**になる場合にのみ事後報告を行うことになる（図表7-9）。

外国投資家が指定業種に該当しないと判断して事後報告を行った案件について、当局が報告の内容を確認した上で指定業種に該当する疑いがあると判断した場合には、外国投資家に対して確認がなされることがある。

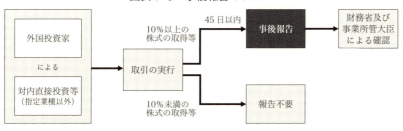

図表7-9　事後報告のフロー

---

22）条文操作は難解であるが、非上場会社については、法27条1項括弧書及び直投令3条1項4号に基づき、指定業種に係るもの以外の株式もしくは持分又は議決権の取得であって取引後の保有割合が10％未満のものは、法55条の5の事後報告の対象から除外されている。上場会社等については、直投命令別表第三5号において、指定業種以外の業種に係る株式の取得もしくは議決権の取得又は直投令2条16項3号に規定する株式への一任運用もしくは同項5号に規定する議決権行使等権限の取得については、取引後の保有割合が10％以上になる場合のみが報告の対象とされている。

### (8) 特定取得に関する規制

本節冒頭に述べたとおり、外為法に基づく事前届出の対象となる行為類型には、上記(1)～(7)で扱った「対内直接投資等」のほかに「**特定取得**」がある。特定取得とは、外国投資家が、上場会社等以外の会社（すなわち**非上場会社**）の株式又は持分を他の外国投資家からの譲受けによって取得することをいう（法26条3項）。

特定取得に係る事前届出制度は法28条に規定されている。形式上は法27条に基づく対内直接投資等に係る事前届出制度とは別建ての制度であるが、規制の構造は、告示など下位規範の建付けも含め、対内直接投資等とほぼ同様となっている。

すなわち、外国投資家が特定取得を行う場合において、投資先又はその子会社もしくは議決権半数子会社の事業に特定取得に係る**指定業種**（特定取得指定業種告示で指定）が含まれているときは、取得の前に、日本銀行を通じて財務大臣及び事業所管大臣に事前届出を行う必要がある（法28条1項）。届出から30日の禁止期間が設けられている点（法28条2項）、国の安全を損なう事態を生じるおそれが大きいと認められる特定取得について財務大臣及び事業所管大臣により変更・中止の勧告や命令がなされる可能性がある点（法28条5項、7項）、特定取得に係る**コア業種**（特定取得コア業種告示で指定）について原則として事前届出免除制度が利用できない点（法28条の2第1項括弧書）等も対内直接投資等と同様である。

ただし、対内直接投資等に係る審査制度と異なる点として、次の2点が挙げられる。第一に、対内直接投資等については「国の安全を損ない、公の秩序の維持を妨げ、又は公衆の安全の保護に支障を来すことになる」等のおそれがある対内直接投資等が規制対象となっているが（法27条3項）、特定取得の場合には「国の安全を損なう事態を生ずるおそれ」（公の秩序の維持や公衆の安全の保護に支障を来すことになるおそれは含まれない）が「大きい」特定取得のみが規制対象となる（法28条3項）。第二に、特定取得における指定業種（すなわち、特定取得指定業種告示別表に掲げられる業種）の範囲は、対内直接投資等に係る指定業種告示別表第一及び第二の

業種指定よりも狭くなっている。

## 3 米国CFIUSによる投資審査

諸外国の投資管理制度のうち実務上重要なものとして、米国の**対米外国投資委員会（CFIUS）** による投資審査制度がある。日本企業が当事者となるM&AにおいてCFIUSへの届出の要否が問題になることも多い。

### (1) CFIUSによる審査制度の概要

米国では、**1950年国防生産法721条**（50 USC §4565）に基づき、外国人による米国への投資についてCFIUSによる審査を実施している。CFIUSは、もともと1975年に大統領令第11858号により設立され、1988年に成立したエクソン・フロリオ条項による国防生産法721条の改正により法定設置機関となった。その後、2007年施行の外国投資及び国家安全保障法（FINSA）及び2018年施行の**外国投資リスク審査現代化法**（FIRRMA）による国防生産法721条の改正を経て、CFIUSの審査権限はさらに拡大された。

CFIUSによる審査手続は、国防生産法721条の授権に基づき、CFIUS規則（31 CFR Parts 800-802）に詳細が定められている。

### (2) CFIUSの審査対象となる取引

CFIUSの審査権限が及ぶ投資等の取引は「**対象取引**」（covered transaction）と呼ばれ、下記ア〜ウの3類型が含まれる。これらの取引について、CFIUSは、取引の前後を問わず、また、当事者からの届出の有無にかかわらず、大統領に代わって審査を行う権限を有する。審査の結果、米国の国家安全保障上の脅威となる懸念がある場合、CFIUSは大統領に対して必要な対応を勧告し、大統領は、これを踏まえて取引の中止その他

の措置を命じることができる。

### ア　対象支配取引（covered control transaction）

　外国人との間で行われる企業の合併、買収又は承継であって米国事業の支配権が外国に移るものをいい、JV 形式でなされるものを含む（50 USC §4565(a)(4)(B)(i); 31 CFR §800.210）。ここにいう「**外国人**」(foreign person) とは、①外国籍を持つ個人、外国政府、外国企業及び②これらの[23]者が現に支配し又は支配権を行使しうる団体をいい、③その他外国人が現に支配し又は支配権を行使しうる団体も外国人に含まれる（31 CFR §800.224）。一方、「**米国事業**」(U.S. business) とは、米国内で州際取引（州境をまたぐ製品、サービス、金銭等の取引）を行う団体をいい（31 CFR §800.252）、外国法人であってもこれらの活動を行っている場合には米国事業に該当する。

　また、「**支配権**」(control) は、株式の過半数保有のような形式基準ではなく、企業の重要事項に対して直接又は間接に決定・介入する権限を有するかという実質基準で判断される（50 USC §4565(a)(3); 31 CFR §800.208）。そのため、外国企業（例えば日本企業）が米国外の親会社を買収することによって米国子会社（米国事業）に対して間接的に影響力を持つことになるような場合、すなわち**間接取得**も CFIUS の審査対象に含まれうる。

### イ　対象投資（covered investment）

　外国人による下記３分野の米国事業（技術、インフラ、データの頭文字をとって「**TID 米国事業**」と呼ばれる）に対する投資（自社の子会社等に対するものを除く）であって支配権の取得に至らない一定の非パッシブ投資、すなわち重要な非公開技術情報へのアクセス権限もしくは役員等への就任や選任権を取得し、又は TID 米国事業に関する実体的な意思決定に関与することになるものをいう（50 USC §4565(a)(4)(B)(iii); 31 CFR §§800.211,

---

23) ただし、米国の個人・企業が直接又は間接に株式等の半数以上を有する外国の支店、組合、子会社等は「外国企業」概念から除外されており、外国人に該当しない（31 CFR §800.220）。

800.248)。

---
① **重要技術**（critical technology）の生産、設計、検査、製造、組立て又は開発を行う事業
② **重要インフラ**（critical infrastructure）の所有、運営、製造、供給又はサービスを行う事業
③ 米国市民の**機微個人データ**（sensitive personal data）であって、その利用によって国家安全保障への脅威が生じうるものを保有又は収集する事業

---

「重要技術」「重要インフラ」「機微個人データ」は、CFIUS規則でそれぞれ図表7-10のとおり定義されている。

図表7-10 重要技術、重要インフラ、機微個人データの定義

| 種類 | 条文番号 | 内容 |
|---|---|---|
| 重要技術 | 31 CFR §800.215 | ・国際武器取引規則（ITAR）における米国軍事品目リスト（USML）に含まれる防衛製品及び防衛サービス<br>・輸出管理規則（EAR）における商務省規制リスト（CCL）に含まれる一定の品目<br>・輸出管理改革法（ECRA）にいう新興・基盤技術 等 |
| 重要インフラ | 31 CFR §800.212 Appendix A | ・インターネットプロトコルネットワーク、情報通信サービス、海底ケーブル<br>・国防省用の衛星システム<br>・電気エネルギーの発生・伝送・配送・貯蔵のためのシステム<br>・石油・ガスパイプライン<br>・水道システム 等 |
| 機微個人データ | 31 CFR §800.241 | ・個人の経済状況に関するデータ<br>・消費者レポートに含まれるデータ<br>・健康保険、生命保険等の申請に含まれるデータ<br>・個人の健康状態に関するデータ<br>・メール、チャット等非公開の電子的通信<br>・位置情報<br>・生体認証情報 等 |

### ウ 対象不動産取引（covered real estate transaction）

米国内の民間又は公共の不動産のうち、空港・港湾内や近接地域、軍事施設近辺など安全保障上機微度の高い一定の不動産の購入、賃借又は使用権の取得をいう（50 USC §4565(a)(4)(B)(ii); 31 CFR §802.212）。

## (3) 任意届出と義務的届出

### ア　任意届出

　上記(2)に述べた対象取引3類型について、事前にCFIUSへの届出を行うかどうかは、下記イに該当する場合を除いて任意となる。もっとも、届出が任意とされる場合でも、CFIUSは取引の前後を問わず職権で審査を開始する権限を有するため、取引を実行した後になってCFIUSから問題を指摘される可能性もある。一方、任意届出を行ってCFIUSの承認を得た取引については、重要な情報について虚偽があった場合や承認条件への違反があった場合等を除いて、CFIUSは再度の審査を行うことができない（31 CFR §§800.701(b), 802.701）。そのため、安全保障上の懸念が払拭できない取引については、当事者が任意の届出を行って当局の承認を得ておくことで、取引が事後的に覆されるリスクを回避できる（セーフハーバー）というメリットがある。

### イ　義務的届出

　CFIUSへの届出はもともと任意届出のみとされていたが、2018年のFIRRMAの制定により、一部取引については届出が義務化された。具体的には、**対象支配取引**と**対象投資**のうち下記①②に該当する取引について、CFIUSへの事前届出が義務となる。一方、対象不動産取引は義務的届出の対象とされておらず、すべて任意届出となる。

> ① **外国政府が出資する外国人による投資**
> 　　外国政府が議決権の49％以上を直接又は間接に保有する外国人が、TID米国事業について議決権の25％以上を直接又は間接に取得する場合、CFIUSへの届出が義務となる（50 USC §4565(b)(1)(C)(V)(Ⅳ)(bb)(AA); 31 CFR §§800.401(b), 800.244(a)）。
>
> ② **重要技術関連事業への投資**
> 　　外国人が米国事業の支配権取得その他の一定の非パッシブ投資を行う場合であって、当該米国事業が重要技術の生産、設計、検査、製造、組立て又は開発を行っており、かつ、米国事業を支配することとなる者や一定の関係者に当該重要

技術を輸出、再輸出、国内移転又は再移転すると仮定した場合に米国当局による輸出承認が必要になる場合、CFIUS への届出が義務となる（31 CFR §800.401(c)）。

上にいう輸出承認には、国際武器取引規制（ITAR）に基づく国務省の許可、輸出管理規則（EAR）に基づく商務省の許可、10 CFR Part 810 に基づくエネルギー省による原子力関係の活動の承認、10 CFR Part 110 に基づく原子力規制委員会の許可が含まれる（31 CFR §800.254）。

義務的届出における届出の方法は略式申告（後記(4)）が原則となる。ただし、当事者の任意で正式申告を選択することもできる（31 CFR §800.401(a), (f)）。

### (4) 届出の方式──略式申告と正式申告

CFIUS への届出には**略式申告**（declaration）と**正式申告**（notice）の2種類があり（31 CFR §§800.402, 800.501(a), 802.401(a), 802.501(a)）、手続の所要期間や CFIUS による対応等が異なっている。どちらの方式をとるかは基本的に当事者の任意であるが、後述のとおり、略式申告を選択した場合には、CFIUS の判断により改めて正式申告の提出を求められる可能性がある。

### (5) CFIUS による審査のプロセス

CFIUS への届出と審査のプロセスは略式申告か正式申告かによって異なる。対象支配取引及び対象投資の場合を例に、手続の概要を示すと以下のとおりである（対象不動産取引についても概ね同様である）。

#### ア 略式申告の場合

略式申告を行う場合、申告書には、取引当事者の情報（名称、連絡先等）、取引内容（取引の性質、金額、スケジュール、外国人が取得することになる議

図表7-11　略式申告の検討フロー

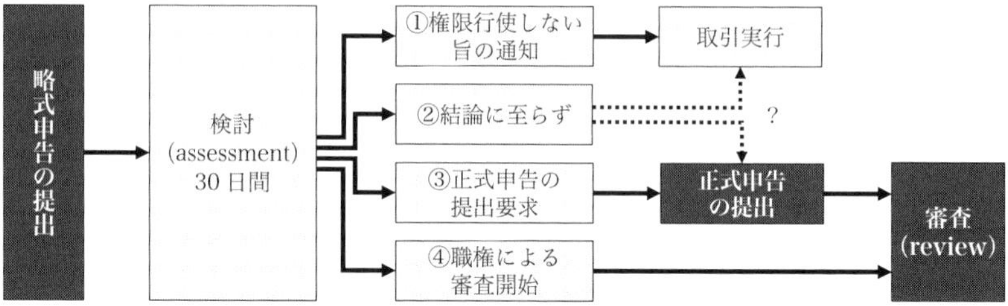

```
略式申告の提出 → 検討(assessment)30日間 → ①権限行使しない旨の通知 → 取引実行
                                      → ②結論に至らず ‥‥‥‥‥‥‥→ ?
                                      → ③正式申告の提出要求 → 正式申告の提出 → 審査(review)
                                      → ④職権による審査開始 ─────────────→
```

決権等の割合、取引の原資の出所等）、取引の対象取引該当性に関する情報、外国人の親会社等に関する情報等を記載する（31 CFR §800.404）。正式申告と異なり、手数料の納付は必要ない。

　略式申告を提出すると、通常、提出から1週間以内に事務担当官からCFIUSに回付され、30日の検討（assessment）期間が開始する（31 CFR §800.405）。CFIUSは、検討期間満了時に次のいずれかのアクションを行う（31 CFR §800.407）。

---
① 取引について権限を行使しない旨を当事者に通知する
② 情報が不十分なため結論に至らなかった旨を当事者に通知する
③ 安全保障上の懸念が払拭されないとして正式申告の提出要求をする
④ 職権により31 CFR §800.501(c)に基づく審査を開始する

---

　略式申告を行った取引当事者は、①の場合には取引について当局の「お墨付き」が得られる一方、②③④の場合には下記イに述べる審査（review）を経なければ最終的な結論を得ることができない。そのため、安全保障上懸念がある取引については、最初からCFIUSに正式申告を行うことも選択肢となる。

**イ　正式申告の場合**

　正式申告は、敵対的買収等の場合を除き、原則として取引当事者の共同名義で行う。申告書には、取引の内容、投資対象となる米国事業の内容、

3　米国CFIUSによる投資審査

図表 7-12　正式申告のフロー

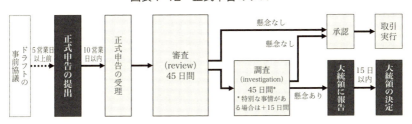

米国事業が保持している許認可の内容、外国人及びその親会社の事業内容、外国政府との関係、取引を行った後の米国事業の変更等に係る計画の内容、外国人及び親会社等の役員の個人情報等、多岐にわたる事項の記載が求められる（31 CFR §800.502）。

　正式申告を行う場合、提出の 5 営業日以上前に申告書のドラフトを CFIUS に提出して事前協議を行うことが推奨されている（31 CFR §800.501(g)）。実務では、検討の初期段階で CFIUS にドラフトを共有してすり合わせを開始することもあり、届出が受理されるまでに数週間から数か月を要することもある。なお、正式申告については、取引金額が 50 万ドル未満の場合には手数料は不要であるが、それ以上の場合、取引金額に応じて 750 ドルから最大 30 万ドル（取引金額が 750 百万ドル以上の場合）の手数料が必要になる（31 CFR §800.1101）。

　正式申告を提出すると、10 営業日以内に受理され、45 日間の審査（review）が開始する（31 CFR §800.503）。審査の結果、安全保障上の懸念がないと判断された場合、手続終了の通知がなされる（31 CFR §800.506）。一方、懸念が払拭できないと判断された場合にはさらに 45 日間（特別な事情がある場合には 15 日間を追加）の調査（investigation）に付される（31 CFR §§800.505, 800.507）。なお、外国政府等がかかわる取引と重要インフラ関係の一定の取引については原則として調査が行われる（50 USC §4565(b)(2)(B)(i)(II), (III)）。

　調査の結果、CFIUS が安全保障上の懸念がないと判断した場合には手続終了の通知がなされる（31 CFR §800.508(d)）。また、CFIUS と当事者の間で安全保障上の懸念を解消するための措置に関する合意（mitigation agreement）がなされ、これを踏まえて取引が承認されることもある。

　安全保障上の懸念が払拭できない場合、CFIUS は必要と考える措置（取引中止命令など）の勧告を付して大統領に報告する。大統領は 15 日以内に必要な決定を行う（50 USC §4565(d); 31 CFR §800.508）。

### ウ　審査における考慮要素

　CFIUS（及び大統領）による投資審査は、国家安全保障（national security）の観点から行われる。「国家安全保障」の概念は国防生産法 721 条では定義されていないが、CFIUS が考慮すべき要素として以下のものが挙げられている（50 USC §4565(f)）。

---

- 国防上の要求を満たすために必要な国内生産量
- 国防上の要求を満たすための国内産業の生産能力（人的資源、製品、技術、資材、その他の物資やサービスの利用可能性を含む）
- 外国市民による国内産業と商業活動の支配が米国が国家安全保障上の要求を満たすための能力に及ぼす影響
- 提案された取引又は実行予定の取引が懸念国への軍需品、装備、又は技術の販売に及ぼす潜在的な影響
- 米国の国家安全保障に影響を与える分野において、提案された取引又は実行予定の取引が米国の国際的な技術的リーダーシップに及ぼす潜在的な影響
- 主要なエネルギー資産を含む米国の重要なインフラに対する潜在的な国家安全保障関連の影響
- 米国の重要な技術に対する潜在的な国家安全保障関連の影響
- 対象取引が外国政府等が関与する取引であるか
- 外国政府が関与する取引の場合、米国と当該国との関係等
- エネルギー及び重要な資源・原材料に関する米国の需要の長期予測
- その他個別事案ごとに適切と考えられる事項

---

　個別事案における CFIUS の審査内容は非公開とされる。また、国防生産法 721 条に基づく大統領の決定の実体的妥当性は司法審査に服さず、手続的瑕疵のみを争うことができる[24]。なお、CFIUS は、2008 年以降、前年の審査に関する統計情報（略式申告や正式申告のセクター別・外国投資家

3 米国CFIUSによる投資審査

の拠点国別件数、調査や大統領決定に進んだ事案の件数等）をまとめた年次報告書を公表しており、審査のおおまかな傾向を確認することができる。[25]

> **コラム** CFIUS審査における政治の影響
>
> 米国では、外国投資家による米国事業の買収をめぐって、政治的な議論が生じることがある。
>
> 例えば、2005年の中国海洋石油によるユノカルの買収提案や2006年のドバイ・ポート・ワールド（DPW）社による米国内の港湾ターミナル運営企業（イギリス企業）の買収案件について、連邦議会から反発が起き、外国投資家が最終的に買収を断念した例がある。こうした事例において、CFIUSの審査が政治的圧力によって影響を受けることは公式には想定されていないものの、上記買収案件を受けて、2007年に連邦議会で国防生産法721条の改正法（FINSA）が可決され、外資審査における議会の関与が強化された経緯がある。
>
> より最近の事例として、2019年、動画プラットフォームTikTokの運営元である中国のバイトダンスによる米国動画アプリMusical.lyの買収に際し、CFIUSが、中国による米国ユーザーの個人情報の収集に関する懸念を理由として調査を開始した事例がある。この動きを巡っては、2020年8月に、トランプ大統領がTikTokの米国内での提供や利用を禁じる大統領令を発出し[26]、その後、バイトダンスと当局の間でTikTokの米国事業をオラクルやウォルマートを含むグループに売却する方向で交渉が行われたと報道された[27]。ただし、上記大統領令はバイデン政権になって撤回された。

---

24) *Ralls Corporation v Committee on Foreign Investment in the United States*, 926 F. Supp. 2d 71 (DDC 2013); *Ralls Corporation v Committee on Foreign Investment in the United States*, 758 F.3d 296, 325 (DC Cir 2014)
25) https://home.treasury.gov/policy-issues/international/the-committee-on-foreign-investment-in-the-united-states-cfius/cfius-reports-and-tables
26) The White House, *Executive Order on Addressing the Threat Posed by TikTok* (August 6, 2020)
27) The Wall Street Journal, *Trump Signs Off on TikTok Deal With Oracle, Walmart* (September 19, 2020)

第 7 章　投資管理

## 【参考文献】

- 新城友哉・松本拓編著『M&A・投資における外為法の実務』（中央経済社、2020）
- 今村英章・桜田雄紀編著『詳解 外為法 対内直接投資等・特定取得編』（商事法務、2021）
- 大川信太郎『外為法に基づく投資管理』（中央経済社、2022）
- 渡井理佳子『経済安全保障と対内直接投資―アメリカにおける規制の変遷と日本の動向』（信山社、2023）

第 *8* 章

# 経済制裁

第8章　経済制裁

## 本章で用いる経済制裁関係法令等の略称一覧

| **法律** | |
|---|---|
| 外為法 | 外国為替及び外国貿易法（昭和24年法律第228号） |
| 特定船舶入港禁止法 | 特定船舶の入港の禁止に関する特別措置法（平成16年法律第125号） |
| 国際テロリスト等財産凍結法 | 国際連合安全保障理事会決議第千二百六十七号等を踏まえ我が国が実施する財産の凍結等に関する特別措置法（平成26年法律第124号） |
| **政令** | |
| 外為令 | 外国為替令（昭和55年政令第260号） |
| 輸出令 | 輸出貿易管理令（昭和24年政令第378号） |
| 輸入令 | 輸入貿易管理令（昭和24年政令第414号） |
| **省令** | |
| 外為省令 | 外国為替に関する省令（昭和55年大蔵省令第44号） |
| 別表第二の三貨物省令 | 輸出貿易管理令別表第二の三の規定に基づき貨物を定める省令（令和4年経済産業省令第15号） |
| **告示** | |
| 大蔵省支払等規制告示 | 外国為替及び外国貿易法第十六条第一項又は第三項の規定に基づく財務大臣の許可を受けなければならない支払等を指定する件（平成10年3月大蔵省告示第97号） |
| 経産省支払等規制告示 | 外国為替及び外国貿易法第十六条第一項又は第三項の規定に基づく経済産業大臣の許可を受けなければならない支払等（平成21年経済産業省告示第229号） |
| 資本取引規制告示 | 外国為替及び外国貿易法第二十一条第一項の規定に基づく財務大臣の許可を受けなければならない資本取引を指定する件（平成10年3月大蔵省告示第99号） |
| 特定資本取引規制告示 | 外国為替令第十五条第一項の規定により経済産業大臣が指定する外国為替及び外国貿易法第二十四条第一項の許可を要する特定資本取引を指定する件（平成15年経済産業省告示第193号） |
| 大蔵省役務取引等規制告示 | 外国為替令第十八条第三項の規定に基づき、財務大臣の許可を受けなければならない役務取引等を指定する件（平成10年3月大蔵省告示第100号） |
| 経産省役務取引等規制告示 | 外国為替令第十八条第三項の経済産業大臣が指定する役務取引等（平成22年経済産業省告示第93号） |
| 輸入公表 | 輸入割当てを受けるべき貨物の品目、輸入の承認を受けるべき貨物の原産地又は船積地域その他貨物の輸入について必要な事項の公表（昭和41年4月30日通商産業省告示第170号） |
| **通達** | |
| 運用通達 | 経済産業省貿易経済協力局「輸出貿易管理令の運用について」（輸出注意事項62第11号・62貿局第322号（S62.11.6）） |

## 1　はじめに

　経済制裁（economic sanctions）とは、国際法違反等を行った国家や個人・団体に対し、非軍事的手段による圧力を加えて違反行為をやめさせたり、義務を履行させたりすることをいう。経済制裁の手段としては、資産凍結・金融取引禁止・投資禁止等の**金融制裁**、輸出入規制等の**貿易制裁**が多用されるが、このほかにも、二国間協定の履行停止、運輸・通信手段の途絶等、軍事措置以外のあらゆる手段が含まれうる。[1]

　経済制裁の枠組みには、大きく、①国連安保理決議等の**多国間協調**（multilateral）に基づく制裁、②G７のような**有志国協調**（plurilateral）に基づく制裁、③一国による**独自制裁**（unilateral）の３種類がある。日本における過去の経済制裁は、ほとんどが国際協調（中でも多国間協調）に基づく措置として行われてきた。一方、米国では、国際協調に基づく制裁に加え、キューバ、イラン等の敵対国に対する独自制裁も多用されている。

　従来、金融機関等を除く多くの日本企業にとって、経済制裁によるビジネスへの影響はどちらかといえば限定的であった。しかし、2022年２月のロシアによるウクライナ侵攻を受け、日・米・欧等の主要国が大規模な対ロシア経済制裁を発動したことにより、多くの企業が制裁対応に追われることになった。対ロシア以外の文脈でも、米国のOFAC規制をはじめ、主要国の制裁措置によるビジネスの影響は拡大しており、経済制裁対応は企業法務の必須項目となりつつある。

　本章では、まず日本の経済制裁の法体系を概観し（下記２）、中でも日本企業への影響が大きい対ロシア経済制裁について解説する（下記３）。また、日本以外の国の経済制裁のうち、実務上重要性が高い米国の経済制裁の基礎を概説する（下記４）。

---

[1] 国連憲章41条は、国連安保理決議に基づく経済制裁に関し、「安全保障理事会は、その決定を実施するために、兵力の使用を伴わないいかなる措置を使用すべきかを決定することができ、且つ、この措置を適用するように国際連合加盟国に要請することができる。この措置は、経済関係及び鉄道、航海、航空、郵便、電信、無線通信その他の運輸通信の手段の全部又は一部の中断並びに外交関係の断絶を含むことができる。」と規定している。

# 2 日本における経済制裁の法体系

## (1) 概要

日本の経済制裁は、主に外為法に基づいて実施されている。外為法には、国際平和の維持等の観点から必要があるときには、政令で定めるところにより、本邦から外国に向けた支払又は居住者と非居住者の間で行われる支払[2]等、資本取引、役務取引等をそれぞれ主務大臣の許可制とすることができる旨の規定が置かれている[3](法16条1項・3項、21条1項・24条1項、25条6項)。また、日本と外国の間で行われる貨物の輸出入について、政令で定めるところにより、経済産業大臣の承認制とすることが認められている(法48条3項、52条)。日本の制裁措置は、これらの規定に基づき、懸念行為に携わる国家や個人・団体との間で行われる金融取引や貿易取引を規制(禁止)するという形で実施される。

## (2) 協調制裁と独自制裁

上に掲げた外為法の制裁規定では、次のいずれかの事由があるときに制裁措置を発動することができるとされている。

- 我が国が締結した条約その他の国際約束を誠実に履行することを妨げ、もしくは国際平和のための国際的な努力に我が国として寄与することを妨げることとなる事態を生じ、外為法の目的を達成することが困難になると認めるとき
- 法10条1項の閣議決定が行われたとき

1点目は**国際協調**に基づく措置の実施に関する規定であり、多国間協調(国連安保理決議に基づく措置)と有志国協調の両方をカバーしている。一

---

2) 居住者・非居住者の概念については第6章2(2)イ参照
3) 支払及び支払の受領をいう(法8条括弧書)。

方、2点目は**独自制裁**を認めた規定である。従来、外為法の下では国際協調に基づく措置のみが認められていたが、北朝鮮による日本人拉致問題を機に2004年に外為法改正（議員立法）が行われ、我が国の平和及び安全の維持のため特に必要があるときには、法10条1項に基づく閣議決定を行うことにより、独自制裁を実施できることになった。

日本が実施している制裁プログラムを多国間協調（安保理決議）、有志国協調、独自制裁の種類別に一覧化すると図表8-1のとおりである。過去の制裁は大半が多国間協調に基づく措置として実施されてきたが、2022年2月のロシアによるウクライナ侵攻を受けて、G7協調に基づく大規模な対ロシア及び対ベラルーシ制裁が発動されたことにより、現在では有志

図表8-1　日本の経済制裁プログラム一覧（2024年6月時点）

| 対象 | 安保理決議 | 有志国協調 | 独自制裁 |
|---|---|---|---|
| ミロシェビッチ前ユーゴスラビア大統領及び関係者 | | ✓ | |
| タリバーン関係者等 | ✓ | | |
| テロリスト等 | ✓ | | |
| イラク前政権の機関、高官又はその関係者等 | ✓ | | |
| コンゴ民主共和国に対する武器禁輸措置等に違反した者等 | ✓ | | |
| スーダンにおけるダルフール和平阻害関与者等 | ✓ | | |
| 北朝鮮関係 | ✓ | ✓ | ✓ |
| ソマリアに対する武器禁輸措置等に違反した者等 | ✓ | | |
| リビアのカダフィ革命指導者及びその関係者 | ✓ | | |
| シリアのアル・アサド大統領及びその関係者等 | | ✓ | |
| クリミア「併合」又はロシアによる「編入」と称する行為に直接関与していると判断される者等 | | ✓ | |
| ロシア関係 | | ✓ | |
| ベラルーシ関係 | | ✓ | |
| 中央アフリカ共和国における平和等を損なう行為等に関与した者等 | ✓ | | |
| イエメン共和国における平和等を脅かす活動に関与した者等 | ✓ | | |
| 南スーダンにおける平和等を脅かす活動に関与した者等 | ✓ | | |
| イラン関係 | ✓ | | |
| マリ共和国における平和等を脅かす行為等に関与した者等 | ✓ | | |
| ハイチにおける平和等を脅かす行為等に関与した者等 | ✓ | | |

出典：財務省ウェブサイト「経済制裁措置及び対象者リスト」等を参考に作成

国協調の比重が大きくなっている。独自制裁については、外為法10条1項の閣議決定に基づく措置（国際協調に基づく制裁への上乗せ規制）として、北朝鮮の個人・団体に向けた支払の禁止や北朝鮮に対する全貨物の輸出入禁止等の措置が実施されている。

### (3) 規制対象取引の種類と法令の構造

外為法上、経済制裁として実施することが認められている主な措置には、支払等の許可制（16条1項・3項）、資本取引の許可制（21条1項、24条1項）、役務取引等（サービスや技術の提供）の許可制（25条6項）、貨物の

図表8-2　外為法に基づく制裁措置の種類と根拠規定

| 外為法 | 概要 | 規制対象にできる取引の例 | 具体的な規制対象・規制内容の指定 | |
|---|---|---|---|---|
| | | | 政令 | 告示・省令 |
| 16条1・3項 | 支払等の許可制 | ・支払<br>・支払の受領 | 外為令6条1項 | 大蔵省支払等規制告示<br>経産省支払等規制告示 |
| 21条1項 | 資本取引の許可制 | ・預金契約又は信託契約に基づく取引<br>・金銭の貸借契約又は債務の保証契約に基づく取引<br>・証券の取得又は譲渡<br>・対外直接投資 | 外為令11条1項 | 資本取引規制告示 |
| 24条1項 | 特定資本取引の許可制 | ・金銭の貸借契約又は保証契約に基づく取引であって、貨物の輸出又は輸入に直接伴ってするもの<br>・金銭の貸借契約又は保証契約に基づく取引であって、鉱業権、鉱業所有権等の移転又はこれらの権利の使用権の設定に係るもの | 外為令15条1項 | 特定資本取引規制告示 |
| 25条6項 | 役務取引等の許可制 | ・サービスの提供<br>・技術の提供<br>・仲介貿易 | 外為令18条3項 | 大蔵省役務取引等規制告示<br>経産省役務取引等規制告示 |
| 48条3項 | 貨物輸出の承認制 | ・貨物の輸出 | 輸出令2条1号の2～1号の8 | 別表第二の三貨物省令 |
| 52条 | 貨物輸入の承認制 | ・貨物の輸入 | 輸入令3条・4条1項2号 | 輸入公表 |

輸出入の承認制（48条3項、52条）がある。

外為法の下で導入可能な措置の種類と外為法の根拠条文、法律の委任に基づき具体的な制裁措置を定める下位規範（政令・告示・省令）を一覧化すると図表8-2のとおりである。

経済制裁に関する法体系の特徴として、法律（外為法）や政令には概括的な授権規定のみが置かれており、制裁対象となる国家・個人・団体や規制される行為・取引の具体的内容は、主務官庁の告示や省令で指定されるという点が挙げられる。[4] 例えばタリバーン関係者等に対する支払禁止措置を例にとると、図表8-3に示すような委任構造となっている。

### 図表8-3　法律・政令・告示の委任構造（支払規制の例）

**法律**

法16条1項
　主務大臣は、我が国が締結した条約その他の国際約束を誠実に履行するため必要があると認めるとき、国際平和のための国際的な努力に我が国として寄与するため特に必要があると認めるとき、又は第10条第1項の閣議決定が行われたときは、（中略）政令で定めるところにより、本邦から外国へ向けた支払をしようとする居住者若しくは非居住者又は非居住者との間で支払等をしようとする居住者に対し、当該支払又は支払等について、許可を受ける義務を課すことができる。

**政令**

外為令6条1項
　財務大臣又は経済産業大臣は、法第16条第1項から第3項までの規定に基づき居住者若しくは非居住者による本邦から外国へ向けた支払又は居住者と非居住者との間の支払等（支払又は支払の受領をいう。以下同じ。）について許可を受ける義務を課する場合には、あらかじめ、告示により、これらの規定のうちいずれの規定に基づき許可を受ける義務を課するかを明らかにした上で、その許可を受けなければならない支払等を指定してするものとする。

**告示**

大蔵省支払等規制告示
　外国為替令（中略）第6条第1項の規定に基づき、外国為替及び外国貿易法（中略）第16条第1項又は第3項の規定に基づく財務大臣の許可を受けなければならない支払等（支払又は支払の受領をいう。以下同じ。）を次のように指定（中略）する。
一　法第16条第1項の規定に基づくもの（中略）
　　イ　居住者若しくは非居住者による本邦から外国へ向けた支払又は居住者による非居住者との間の支払であって、タリバーン関係者等として外務大臣が定めるもの（国際連合安全保障理事会決議に基づく資産凍結等の措置の対象となるタリバーン関係者等を指定する件（平成13年9月外務省告示第332号）で定めるものをいう。）（以下このイにおいて「対象者」という。）に対しするもの及び対象者による本邦から外国へ向けた支払（以下略）

---

4）制裁対象が告示や省令で指定されている理由としては、法改正（国会審議を要する）や政令改正（内閣法制局審査と閣議決定を要する）には時間を要するため、安全保障環境の変化に応じた機動的な措置を可能にする観点からこのような建付けが採用されていると考えられる。なお、日本以外の諸外国でも、具体的な制裁対象の決定は行政部門に委任されていることが多い。

## ⑷ 「点」の制裁と「面」の制裁

　日本をはじめ主要国の経済制裁で最も頻繁に使われる手法として、特定の個人や団体に対する**資産凍結**がある。これは、懸念活動を行う特定の個人や団体をピンポイントで制裁指定した上で金銭の支払や金融取引を禁止するものであり、いわば、「点」の制裁といえる。

　外為法の運用上は、①法16条1項・3項に基づく**支払等の許可制**と、②法21条1号及び24条1項に基づく**資本取引の許可制**、中でも居住者と非居住者の間で行われる預金契約、信託契約又は金銭の貸借契約に基づく債権の発生、変更又は消滅（以下本章において「債権の発生等」という）に係る取引の許可制を組み合わせたものを「資産凍結等」と呼んでいる（ただし、個別のプログラムによって、具体的にどこまでの行為を規制対象とするかの範囲は微妙に異なる）。通常、資産凍結等の対象者は外務省告示で指定され、主務官庁の告示により、外務省告示を参照する形で対象者との間の一定の取引が許可制とされる。

　一方、特定の個人や団体の行為を超えて、国家自体の懸念活動を問題にする場合には、当該国の特定の産業分野や特定の取引類型を対象に、「面」での制裁が行われることもある。例えば、後述する対ロシア経済制裁では、ロシア事業に関連する対外直接投資（外国法人の株式の取得や金銭の貸付け等）、ロシアに向けた一定のサービス提供（会計・監査、経営コンサルティング、土木建築等）、特定の貨物の輸出入等が規制されている。また、対北朝鮮経済制裁では、2024年6月時点において、北朝鮮に所在するすべての自然人及び団体に対してする支払及び北朝鮮との間の全貨物の輸出入が原則として禁止されている（大蔵省支払等規制告示1号ヘ、経産省支払等規制告示3号、輸出令附則3項、輸入公表二・表第1）。

> **コラム**　**資本取引について**
>
> 　「**資本取引**」という語は直感的に理解しにくい部分もあるが、外為法上、モノの移動（輸出入）やサービスの移転（役務取引）を伴わない対外的な金融取引（すな

わちカネの移動に関する取引）を指す言葉として使われている。法 20 条で定義されており、例えば以下のものが含まれる。

- 居住者と非居住者との間の預金契約又は信託契約に基づく債権の発生等に係る取引
- 居住者と非居住者との間の金銭の貸借契約又は債務の保証契約に基づく債権の発生等に係る取引
- 居住者と非居住者との間の対外支払手段又は債権の売買契約に基づく債権の発生等に係る取引
- 居住者と他の居住者との間の預金契約、信託契約、金銭の貸借契約、債務の保証契約又は対外支払手段もしくは債権その他の売買契約に基づく外国通貨をもって支払を受けることができる債権の発生等に係る取引
- 居住者による非居住者からの証券の取得又は居住者による非居住者に対する証券の譲渡
- 居住者による外国における証券の発行もしくは募集もしくは本邦における外貨証券の発行もしくは募集又は非居住者による本邦における証券の発行もしくは募集
- 非居住者による本邦通貨をもって表示され、又は支払われる証券の外国における発行又は募集
- 居住者による外国にある不動産もしくはこれに関する権利の取得又は非居住者による本邦にある不動産もしくはこれに関する権利の取得

　資本取引は原則として財務大臣の所管とされているが、資本取引のうち、貨物の輸出入及び鉱業権・工業所有権その他これらに類する権利の移転又はこれらの権利の使用権の設定に係る一定の取引は「**特定資本取引**」と呼ばれ、経済産業大臣の所管とされている（外為法 24 条 1 項、外為令 14 条 1 項 1 ～ 5 号）。

> **コラム**　経済制裁措置の主務大臣
>
> 　外為法に基づく経済制裁は、**主務大臣**が、一定の取引を行おうとする居住者又は非居住者に対して許可又は承認を受ける義務を課すという形で発動される。
> 　主務大臣は**財務大臣**又は**経済産業大臣**のいずれかとなる。外為法の条文でどちらかが明示されている場合もあるが（法 21 条 1 項、24 条 1 項、48 条 3 項、52 条）、それ以外の場合には「外国為替及び外国貿易法における主務大臣を定める政令」

（昭和55年政令第259号）を参照する必要がある。これらの規定に基づく主務大臣を一覧化すると図表8-4のとおりである。

大きな整理としては、①支払等、資本取引、役務取引など金融ないし非貿易系の取引（貿易外取引）については主に財務大臣が、②貨物の輸出入など貿易系の取引については経済産業大臣が所管するという建付けになっている。ただし、①のうち、貨物の輸出入や鉱業権・工業所有権等の移転に直接伴ってする取引・行為は経済産業大臣が所管することとされている。

図表8-4　経済制裁措置の主務大臣

| 外為法 | 概　要 | 取引の種類 | 主務大臣 |
|---|---|---|---|
| 16条1・3項 | 支払等の許可制 | 下記以外の支払等 | 財務大臣 |
| | | 次に掲げる取引又は行為に直接伴ってする支払等<br>・貨物を輸出し、又は輸入する者が貨物の輸出又は輸入に直接伴ってする取引又は行為<br>・鉱業権、工業所有権その他これらに類する権利の移転又はこれらの権利の使用権の設定に係る取引又は行為<br>・法25条1〜3項までに規定する取引又は行為<br>・外国相互間における貨物の移動を伴う貨物の売買、貸借又は贈与に関する取引に直接伴ってする支払等 | 経済産業大臣 |
| 21条1項 | 資本取引の許可制 | 法20条に掲げる資本取引のうち特定資本取引以外のもの | 財務大臣 |
| 24条1項 | 特定資本取引の許可制 | 居住者と非居住者との間の金銭の貸借契約又は債務の保証契約に基づく債権の発生等に係る取引のうち次のもの<br>・貨物を輸出し、又は輸入する者が貨物の輸出又は輸入に直接伴ってする取引又は行為として政令で定めるもの<br>・鉱業権、工業所有権その他これらに類する権利の移転又はこれらの権利の使用権の設定に係る取引又は行為として政令で定めるもの | 経済産業大臣 |
| 25条6項 | 役務取引等の許可制 | 下記以外の役務取引等 | 財務大臣 |
| | | ・貨物を輸出し、又は輸入する者が貨物の輸出又は輸入に直接伴ってする役務取引<br>・鉱業権、工業所有権その他これらに類する権利の移転又はこれらの権利の使用権の設定に係る役務取引<br>・外国相互間における貨物の移動を伴う貨物の売買、貸借又は贈与に関する取引 | 経済産業大臣 |
| 48条3項 | | 貨物輸出の承認制 | 経済産業大臣 |
| 52条 | | 貨物輸入の承認制 | |

### (5) 外為法以外の法令に基づく制裁

外為法以外の法律に基づく日本の経済制裁措置としては、2004年6月に議員立法により制定された特定船舶入港禁止法に基づく北朝鮮籍船舶の日本国内への入港禁止、国際テロリスト等財産凍結法に基づく国際テロリストの資産凍結、関税暫定措置法3条1項及び「国際関係の緊急時に特定の国を原産地とする物品に課する関税に関する政令」（令和4年政令第179号）に基づくロシア原産品に対する最恵国待遇の停止等が存在する。

# 3 日本の対ロシア経済制裁

### (1) 概要

2022年2月21日、ロシアのプーチン大統領は、ウクライナ東部の親ロシア派「ドネツク人民共和国」と「ルハンスク人民共和国」（いずれも自称。以下「両共和国」という）の独立を承認する大統領令に署名し、同月24日にウクライナ全土への軍事侵攻を開始した。これを受けて、G7諸国は直ちにロシアに対する経済制裁を発動し、現在まで累次にわたって措置の強化・拡大を行ってきた。ロシアに協力的な姿勢をとるベラルーシに対しても一定の制裁が実施されている。

日本も、G7の一員として、金融制裁・貿易制裁の両面から対ロシア経済制裁を導入している。現行の法制度の下で使用可能なあらゆる手法を総動員した広範な措置が導入されており、日本企業のビジネスにも大きな影響が生じている。

2024年6月時点で日本が導入している対ロシア経済制裁は、図表8-5に示すように、大きく①金融（非貿易）系の制裁、②貿易系の制裁、③それ以外に分けられる。以下、それぞれについて概要を解説する。なお、制裁措置を定める告示等は頻繁に改正されるため、実際の制裁対応に際しては、必ず最新の告示等の原文を確認されたい。

図表 8-5　日本の対ロシア経済制裁の全体像（主なもの）

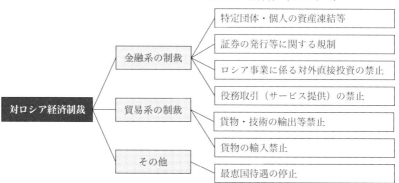

## コラム　対ロシア経済制裁拡大の時系列

　ロシアに対する本格的な経済制裁は、2022年2月のロシアによる両共和国の独立承認及びウクライナへの侵攻直後に導入され、その後繰り返し拡大・強化が行われている。主な動きを時系列でまとめると図表8-6のとおりである。特に2022年前半は、日米欧等の主要国において、数日〜数週間という極めて短いスパンで次々に新しい措置が発表され、日本企業も昼夜を問わず対応に追われることになった。仮に今後、日本周辺で別の有事が発生した場合にも、同様のタイムラインで厳しい対応を迫られる可能性があり、日頃から即応体制を調えておくことが重要といえる。

図表 8-6　対ロシア経済制裁拡大の時系列

| 2022年 | |
|---|---|
| 2.26 | ロシアによる両共和国の独立承認を受け、①両共和国関係者の資産凍結等、②両共和国に対する輸出入禁止、③ロシアの政府・政府機関による我が国における新規の証券の発行・流通の禁止、④ロシアの特定銀行による我が国における証券の発行等の禁止、⑤国際輸出管理レジーム対象品目のロシア向け輸出等の禁止を発表 |
| 3.1 | ロシアによるウクライナ全土への軍事侵攻開始を受け、①プーチン大統領、ラヴロフ外相ら6個人と3銀行の資産凍結等、②ロシアの特定団体への輸出等の禁止、③ロシアの軍事能力等の強化に資すると考えられる汎用品の輸出等禁止措置を発表 |
| 3.3 | ①資産凍結等の対象拡大、②国際輸出管理レジーム対象品目のベラルーシ向け輸出禁止措置を発表 |

| | |
|---|---|
| 3.8 | ①資産凍結等の対象拡大、②ロシア向け石油精製用装置等の輸出禁止、③ベラルーシの特定団体への輸出禁止、④ベラルーシ向け汎用品輸出禁止を発表 |
| 3.11～18 | 資産凍結等の対象拡大 |
| 3.25 | ①資産凍結等の対象拡大、②ロシアの特定81団体への輸出禁止、③ロシアへの奢侈品の輸出禁止を発表 |
| 4.12 | キーウ近郊のブチャ等で民間人の犠牲が判明したことを受け、①資産凍結等の対象拡大（最大手銀行ズベルバンクの追加）、②ロシア向け対外直接投資の禁止、③ロシアからのアルコール飲料・木材・機械類・電気機械の輸入禁止を発表 |
| 4.20 | ①ロシアへの最恵国待遇（MFN）停止に関する改正法（改正関税暫定措置法、4.21施行）、②暗号資産の移転規制に関する改正法（改正外為法）が国会で成立 |
| 5.10 | ①資産凍結等の対象拡大、②ロシアの特定71団体への輸出禁止、③先端的な物品等（量子コンピューター等）の輸出等の禁止を発表 |
| 6.7 | ①資産凍結等の対象拡大、②ロシアの産業基盤強化に資する物品の輸出禁止を発表 |
| 7.5 | ①資産凍結等の対象拡大、②ロシア等の特定団体への輸出禁止、③ロシア向け信託、会計・監査、経営コンサルティングサービスの許可制、④ロシアからの貴金属の輸入禁止を発表 |
| 9.26 | ①ロシアの特定21団体への輸出等禁止、②ロシアへの化学兵器等関連品目の輸出禁止を発表 |
| 10.7 | 資産凍結等の対象拡大を発表 |
| 12.5 | ロシアを原産地とする原油について、上限価格を超える価格で取引される原油の輸入禁止（プライスキャップ制度）等を発表 |
| 2023年 | |
| 1.27 | ①資産凍結等の対象拡大、②ロシアの特定49団体への輸出等に係る禁止措置、③ロシアへの軍事能力等強化関連汎用品等の輸出等の禁止措置を発表 |
| 2.28 | ①資産凍結等の対象拡大、②ロシアの特定21団体への輸出等の禁止、③ロシアの産業基盤強化に資する物品の輸出禁止を発表 |
| 5.26 | ①資産凍結等の対象拡大、②ロシアの特定80団体への輸出等の禁止、③ロシアの産業基盤強化に資する物品の輸出禁止、④ロシア向け建築サービス及びエンジニアリングサービスの提供の禁止を発表 |
| 12.15 | ①資産凍結等の対象拡大、②ロシアの特定団体並びにロシア及びベラルーシ以外の国の特定団体への輸出等に係る禁止措置、③ロシアからの非工業用ダイヤモンドの輸入禁止を発表 |
| 12.20 | ロシア及びベラルーシ以外の国の特定団体に対する役務取引（技術提供）の禁止措置を発表 |
| 2024年 | |
| 2.2 | プライスキャップ制度に関するコンプライアンス強化のため、原油又は石油製品に係る航海ごとの宣誓書の入手義務等を課すことを発表 |
| 3.1 | ①資産凍結等の対象拡大、②ロシアの特定団体への輸出等の禁止、③ロシアの産業基盤強化に資する物品の輸出禁止、④ロシアを原産地とする非工業用ダイヤモンド（ロシア国外で加工されたものを含む）の輸入禁止を発表 |

| | |
|---|---|
| 5.24 | 資産凍結等の対象拡大を発表 |
| 6.21 | ①資産凍結等の対象拡大、②ロシアの特定団体並びにロシア及びベラルーシ以外の国の特定団体への輸出等に係る禁止措置を発表 |

## (2) 金融系の制裁

### ア 資産凍結等

　2022年2月のロシアによる両共和国の独立承認及びウクライナへの軍事侵攻を受けて、ロシア及びベラルーシの個人・団体を対象とする資産凍結等の措置が導入された。資産凍結等の対象者は、図表8-7に示すカテゴリー別に外務省告示によって指定されている。例えばロシアのプーチン大統領やラヴロフ外相、ベラルーシのルカシェンコ大統領等の個人のほか、両国の軍事企業等の団体が対象者に含まれる。現在まで多数回にわたって対象者の追加が行われているところ、最新の対象者リストは財務省ウェブサイトで確認できる。[5]

　資産凍結等の具体的内容としては、法16条1項に基づく支払等の許可

図表8-7　資産凍結等の対象者を指定する外務省告示

| 外務省告示 | 対象者 |
|---|---|
| 平成26年<br>外務省告示第267号 | 資産凍結等の措置の対象となるクリミア自治共和国及びセヴァストーポリ特別市のロシア連邦への「併合」又はウクライナ東部の不安定化に直接関与していると判断される者並びにロシア連邦による「編入」と称する行為に直接関与していると判断されるウクライナの東部・南部地域の関係者と判断される者 |
| 令和4年<br>外務省告示第79号 | 資産凍結等の措置の対象となるロシア連邦の団体及び個人 |
| 令和4年<br>外務省告示第91号 | 資産凍結等の措置の対象となるベラルーシ共和国の個人及び団体 |
| 令和5年<br>外務省告示第445号 | 資産凍結等の措置の対象となるロシア連邦及びベラルーシ共和国以外の国の団体 |

---

5) https://www.mof.go.jp/policy/international_policy/gaitame_kawase/gaitame/economic_sanctions/list.html

図表 8-8　ロシア・ベラルーシの個人・団体を対象とする資産凍結等

| |
|---|
| **支払等の許可制（法16条1項、外為令6条1項）** |
| ・居住者もしくは非居住者による本邦から外国へ向けた支払又は居住者による非居住者との間の支払であって、資産凍結等対象者に対してするもの<br>・資産凍結等対象者による本邦から外国へ向けた支払<br>　　　　　　（大蔵省支払等規制告示1号ヲ〜レ、経産省支払等規制告示1号チ〜ル） |
| **資本取引の許可制（法21条1項、外為令11条1項）** |
| ・居住者と資産凍結等対象者との間の預金契約に基づく債権の発生等に係る取引<br>・居住者と資産凍結等対象者との間の信託契約に基づく債権の発生等に係る取引<br>・居住者と資産凍結等対象者との間の金銭の貸付契約に基づく債権の発生等に係る取引<br>　　　　　　（資本取引規制告示1号ワ〜ソ、2号ヲ〜レ、3号リ〜カ） |
| **特定資本取引の許可制（法24条1項、外為令15条1項）** |
| ・居住者が資産凍結等対象者との間で行う特定資本取引（外為令14条1項2号に掲げる契約又は同項4号に掲げる契約のうち金銭の借入契約に該当するものに基づく特定資本取引を除く）<br>　　　　　　　　　　　　　　　　　　　（特定資本取引規制告示2号リ〜ヲ） |

制並びに法21条1項及び24条1項に基づく資本取引の許可制として、図表8-8に示す行為が規制されている。なお、外為法上「支払等」には**支払**と**支払の受領**が含まれるが（法8条括弧書）、対ロシア経済制裁を含む多くの制裁プログラムではこのうち「支払」のみが規制されている。

日本企業がロシア関連の取引を行う際には、取引の相手方に資産凍結等の対象者が含まれていないか、財務省ウェブサイトで最新のリストを確認することが重要である。その際には、制裁対象として指定されたロシア及びベラルーシの団体により株式の総数又は出資の総額に占める割合の50％以上を直接に所有されている団体も、資産凍結等の対象になる点に注意する必要がある（令和4年外務省告示第79号、令和4年外務省告示第91号）。

### イ　ロシア政府・政府機関等及び主要銀行による証券の発行等の禁止

ロシアの政府・政府機関等[6]が発行する証券（ソブリン債）及びロシアの主要5銀行[7]が発行する証券について、日本における発行や流通を禁止する措置が導入されている。具体的には、法21条1項に基づく資本取引の許

---

6) 令和4年2月26日外務省告示第80号により、ロシアの政府・政府機関及びロシア連邦中央銀行が指定されている。

可制及び法25条6項に基づく役務取引の許可制として、図表8-9に示す行為が規制されている。

　このうちロシアの政府・政府機関等による証券の発行・流通の禁止措置は、2022年2月21日のロシアによる両共和国の独立承認を受けて同月26日に導入された。一方、主要5銀行による証券の発行等の禁止措置は、もともと2014年にロシアによるクリミア併合等を受けて導入された措置が2022年に強化されたものである。[8]

図表8-9　ロシア政府・政府機関等及び主要銀行による証券の発行等の禁止

| 資本取引の許可制（法21条1項、外為令11条1項） |
| --- |
| ① ロシア連邦の政府・政府機関等が発行した証券の居住者による非居住者からの取得又は居住者による非居住者に対する譲渡 |
| ② ロシア連邦の主要5銀行による本邦における証券の発行又は募集 |
| ③ ロシア連邦の政府・政府機関等が本邦で行う証券の発行又は募集 |
| （資本取引規制告示6～8号） |
| **役務取引の許可制（法25条6項、外為令18条3項）** |
| ① ロシア連邦の主要5銀行が本邦において証券を発行し、又は募集するために行われる労務又は便益の提供 |
| ② ロシア連邦の政府・政府機関等が本邦において証券を発行し、又は募集するために行われる労務又は便益の提供 |
| （大蔵省役務取引等規制告示3号、4号） |

### ウ　ロシア事業に関連する対外直接投資の禁止

　2022年4月12日付で発表された措置で、法21条1項及び24条1項に基づき、資本取引のうち「**対外直接投資**」に該当し、かつロシア事業に関連するものを財務大臣又は経済産業大臣の許可制とするものである（図表8-10）。2022年5月12日以降に行われる取引・行為が規制対象とされ

---

7）平成26年外務省告示第314号により、「証券の発行等の禁止措置の対象となるロシア連邦の団体」として、ズベルバンク（Sberbank）、対外貿易銀行（VTB Bank）、対外経済銀行（Vnesheconombank）、ガスプロムバンク（Gazprombank）、ロシア農業銀行（Russian Agricultural Bank）の5銀行が指定されている。

8）この措置の対象となる証券の範囲については、2014年の規制では、償還期限の定めのある証券については償還期限が90日を超えるものに限定されていたところ、2022年の措置では、証券の償還期限が30日を超えるものに対象が拡大した（資本取引規制告示7号括弧書、大蔵省役務取引等規制告示3号括弧書）。

図表 8-10 ロシア事業に関連する対外直接投資の規制（イメージ）

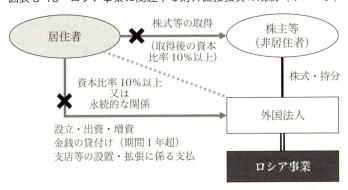

ている。また、補完的な規制として、外為法16条3項に基づき、居住者によるロシアにおけるジョイントベンチャー事業への出資や、ロシア法人と行うロシア以外の外国での事業に充てるための支払も財務大臣の許可制とされている。

具体的な規制対象行為は図表 8-11 に示すとおりである。

外為法にいう「**対外直接投資**」とは、資本取引のうち経営参加を目的とした居住者による外国への投資をいい、具体的には、①居住者による外国法人の発行に係る証券の取得であって出資比率が10%以上になるもの（100%子会社を通じた取得を含む）、②居住者が10%以上出資する外国法人への期間1年超の金銭の貸付け、③本邦法人の外国における支店・工場その他の事業所の設置・拡張に係る資金の支払が該当する。より詳細には、外為法23条2項、外為令12条4項及び外為省令23条で図表 8-12 のとおり定義されている。

図表 8-11 に示したとおり、対ロシア経済制裁としての対外直接投資規制では、ロシア法人向けの出資や融資だけでなく、ロシアにおいて行われる事業「に係る」対外直接投資が広く規制対象となっている。すなわち、**ロシア以外の第三国**で設立された法人（例えばシンガポール法人）への出資や融資であっても、当該法人がロシア関連の事業を行っている場合には規制に抵触する可能性がある。

実際に日本企業でよく見られたパターンとして、従来、欧州の子会社を

図表 8-11　ロシア事業に関連する対外直接投資の禁止

**資本取引の許可制（法 21 条 1 項、外為令 11 条 1 項）**
① 居住者による対外直接投資のうち、ロシア連邦において行われる事業に係るもの
② 居住者による対外直接投資のうち、ロシア連邦の法令に基づいて設立された法人（当該法人の外国（ロシア連邦を除く）にある支店、出張所その他の事務所を含む）又は当該法人に実質的に支配されている法人により外国（ロシア連邦を除く）において行われる事業に係るもの

（資本取引規制告示 9 号）

**特定資本取引の許可制（法 24 条 1 項、外為令 15 条 1 項）**
① 居住者による特定資本取引のうち、対外直接投資に該当するものであって、ロシア連邦において行われる事業に係るもの
② 居住者による特定資本取引のうち、対外直接投資に該当するものであって、ロシア連邦の法令に基づいて設立された法人（当該法人の外国（ロシア連邦を除く）にある支店、出張所その他の事務所を含む）又は当該法人に実質的に支配されている法人により外国（ロシア連邦を除く）において行われる事業に係るもの

（特定資本取引規制告示 3 号）

**支払等の許可制（法 16 条 3 項、外為令 6 条 1 項）**
① 居住者が他の居住者又は非居住者と共同して設立する組合その他の団体によるロシア連邦における事業活動に充てるための支払
② 居住者がロシア連邦に住所もしくは居所を有する自然人もしくはロシア連邦の法令に基づいて設立された法人その他の団体（当該法人その他の団体の外国にある支店、出張所その他の事務所を含む）又は当該自然人もしくは当該法人その他の団体に実質的に支配されている法人その他の団体と共同して設立する組合その他の団体による外国における事業活動に充てるための支払

（大蔵省支払等規制告示 2 号ロ～ハ）

通じてロシア現地法人（孫会社）の事業を行っていたところ、欧州における対ロシア経済制裁の厳格化に伴い欧州経由でのオペレーションが困難になったため、欧州子会社が保有していたロシア現地法人の株式を日本本社が引き取ることを検討するといった例が見られた。このような場合、日本法人によるロシア現地法人の株式の取得はロシア事業「に係る」対外直接投資に該当し、財務大臣の許可が必要となる。また、シンガポールなどの第三国に受け皿となる法人（子会社）を設立して、当該法人がロシア法人の株式を引き取る場合にも、第三国における法人設立に伴う株式等の取得自体がロシア事業「に係る」対外直接投資に該当することに注意が必要である。

## 図表 8-12 「対外直接投資」の定義

**法律**

**法 23 条 2 項**
この条において「対外直接投資」とは、居住者による外国法令に基づいて設立された法人の発行に係る証券の取得若しくは当該法人に対する金銭の貸付けであつて当該法人との間に永続的な経済関係を樹立するために行われるものとして政令で定めるもの又は外国における支店、工場その他の事業所(以下「支店等」という。)の設置若しくは拡張に係る資金の支払をいう。

**政令**

**外為令 12 条 4 項**
法第 23 条第 2 項に規定する政令で定める証券の取得又は金銭の貸付けは、居住者による次に掲げる証券の取得又は金銭の貸付け(貸付期間が一年を超えるものに限る。)とする。
一　当該居住者により所有される外国法令に基づいて設立された法人(以下この項において「外国法人」という。)の株式の数又は出資の金額の当該外国法人の発行済株式の総数又は出資の金額の総額に占める割合が百分の十以上となる場合及びこれに準ずる場合として財務省令で定める場合に該当する場合における当該外国法人の発行に係る証券の取得
二　当該居住者により所有される外国法人の株式の数若しくは出資の金額の当該外国法人の発行済株式の総数若しくは出資の金額の総額に占める割合が百分の十以上である外国法人及びこれに準ずるものとして財務省令で定める外国法人の発行に係る証券の取得又はこれらの外国法人に対する金銭の貸付け
三　前二号に掲げるもののほか、当該居住者との間において役員の派遣、長期にわたる原材料の供給その他の財務省令で定める永続的な関係がある外国法人の発行に係る証券の取得又は当該外国法人に対する金銭の貸付け

**省令**

**外為省令 23 条**
令第 12 条第 4 項第 1 号に規定する財務省令で定める場合は、証券の取得をしようとする居住者により所有される外国法令に基づいて設立された法人(以下この条において「外国法人」という。)の株式の数又は出資の金額(以下この条において「株式等」という。)と次に掲げる者により所有される当該外国法人の株式等とを合計した株式等の当該外国法人の発行済株式の総数又は出資の金額の総額(以下この条において「発行済株式等」という。)に占める割合が百分の十以上となる場合とする。
一　当該居住者により発行済株式等の全部を直接に所有されている者
二　前号に掲げる者のほか、当該居住者と共同して当該外国法人の経営に参加することを目的として当該外国法人の株式等を所有する者
2　令第 12 条第 4 項第 2 号に規定する財務省令で定める外国法人は、証券の取得又は金銭の貸付けをしようとする居住者により所有される外国法人の株式等と当該居住者と前項各号に定める関係にある者により所有される当該外国法人の株式等とを合計した株式等の当該外国法人の発行済株式等に占める割合が百分の十以上である外国法人とする。
3　令第 12 条第 4 項第 3 号に規定する財務省令で定める永続的な関係は、次に掲げる関係とする。
一　役員の派遣
二　長期にわたる原材料の供給又は製品の売買
三　重要な製造技術の提供

### エ　役務取引（サービス提供）の禁止

　法25条6項に基づく役務取引の規制として、ロシア向けの信託、会計・監査、経営コンサルティング、土木建築、機械設計、プラントエンジニアリング等の**サービス提供**が財務大臣の許可制とされている。サービス提供規制は、もともと2022年9月5日に導入（施行）され、その後、対象となるサービスの範囲が拡大された。規制対象行為は図表8-13 ①～③のとおりである。このうち③は、後述するロシア産原油及び石油製品に関する**プライスキャップ制度**の補完規制という性質を有する。

図表8-13　ロシア向けサービス提供の禁止

| 役務取引等の許可制（法25条6項、外為令18条3項） |
| --- |
| ① 居住者が非居住者との間で行う役務取引であって、ロシア連邦の政府その他の関係機関、ロシア連邦の法令に基づき設立された法人その他の団体又はロシア連邦内に住所又は居所を有する自然人に対し行う信託業法2条1項に規定する信託業に係る労務又は便益の提供 |
| ② 居住者が非居住者との間で行う役務取引であって、ロシア連邦の政府その他の関係機関又はロシア連邦の法令に基づき設立された法人その他の団体に対し行う次に掲げる業務に係る労務又は便益の提供<br>　イ　公認会計士法2条1項に規定する業務及び財務書類の調製、財務に関する調査又は立案、財務に関する相談対応その他財務に関する事務を行う業務<br>　ロ　日本標準産業分類7281—経営コンサルタント業に係る業務のうち、専らマネジメントに関する診断、指導、教育訓練及び調査研究を行う業務<br>　ハ　日本標準産業分類742—土木建築サービス業に係る業務<br>　ニ　日本標準産業分類7431—機械設計業に係る業務及び7499—その他の技術サービス業に係る業務のうちプラントエンジニアリング業を行う業務 |
| ③ 居住者が非居住者との間で行う役務取引であって、ロシア連邦を原産地とし、海上において輸送される原油又は石油製品の購入価格が上限価格を超える購入に関連するもののうち、次に掲げる業務に係る当該非居住者に対し行う労務又は便益の提供<br>　イ　海上運送法2条1項に規定する海上運送事業その他の海上において船舶により貨物を運送する業務もしくは当該貨物の運送を委託する業務又はこれらの業務を行う者を補助する業務<br>　ロ　通関業法2条1号に規定する業務又は外国において行う当該業務に相当する業務<br>　ハ　銀行法10条2項1号に規定する業務その他これに類するもののうち、信用状を発行する業務<br>　ニ　保険業法2条30項に規定する損害保険業務及び船主相互保険組合法2条3項に規定する損害保険事業に関する業務（船舶保険、外航貨物海上保険及び船主責任保険並びにこれらの再保険に関する業務に限る） |

（大蔵省役務取引等規制告示8～10号）

なお、①及び②については、居住者の出資比率が10%以上である法人・団体又は役員派遣、長期にわたる原材料の供給等の永続的な経済関係を有する法人・団体に対する労務又は便益の提供については、禁止対象から除外されている（大蔵省役務取引等規制告示8号但書、9号但書）。さらに、②については、日本のエネルギー安全保障のために特に必要と認める一定の役務取引は許可制から除外されている。

### (3) 貿易系の制裁

ロシアに対する貿易制裁として、①法48条3項に基づく**貨物の輸出の承認制**と②法52条に基づく**貨物の輸入の承認制**の枠組みの下で、一定の貨物の輸出入が禁止されている。また、①に関連する規制として、輸出規制対象貨物の設計、製造又は使用に係る一定の技術（プログラムを含む）の提供が、法25条6項に基づく役務取引の許可制とされている（以下、貨物の輸出と技術の提供を総称して「輸出等」という）。ロシアのほか、ベラルーシについても、一定の品目について輸出入禁止措置が導入されている。

#### ア　ロシア及びベラルーシを仕向地とする特定の貨物・技術の輸出等禁止

軍事転用可能品目をはじめとする特定の貨物及び技術を対象として、ロシア及びベラルーシを仕向地とする輸出等が法48条3項及び25条6項に基づく承認制又は許可制の対象とされている。

2024年6月時点における規制対象品目は、図表8-14に示すとおり、①国際輸出管理レジームの対象品目等、②軍事能力等の強化に資すると考えられる汎用品、③化学・生物兵器関連物品等、④先端的な物品等、⑤産業基盤強化に資する物品、⑥石油精製用の装置等、⑦奢侈品の7類型と

---

9) 規定の文言上、間接的に10%以上を出資している法人・団体（例えば孫会社）については除外対象にならないと考えられる。
10) 具体的には、原油及び可燃性天然ガスの探鉱、採取、液化、貯蔵、輸送及び積替並びにこれらに附帯する業務に係る役務取引であって、サハリン1、サハリン2及びアークティックLNG 2プロジェクトに係るものが除外されている。
11)「技術の提供」の定義については、第6章「輸出管理」2(2)イを参照

図表 8-14　ロシア及びベラルーシ向け輸出等禁止の対象品目（2024年6月現在）

| 対象品目の種類 | ロシア | | ベラルーシ | |
|---|---|---|---|---|
| | 貨物 | 技術 | 貨物 | 技術 |
| ①国際輸出管理レジームの対象品目等<br>　例）工作機械、炭素繊維、高性能の半導体等及び関連技術 | ○ | ○ | ○ | ○ |
| ②軍事能力等の強化に資すると考えられる汎用品<br>　例）半導体、コンピュータ、通信機器等の一般的な汎用品<br>　　　及び関連技術、催涙ガス、ロボット、レーザー溶接機 | ○ | ○ | ○ | ○ |
| ③化学・生物兵器関連物品等<br>　例）化学物質、化学・生物兵器製造用の装置 | ○ | ─ | ─ | ─ |
| ④先端的な物品等<br>　例）量子コンピュータ、3D プリンター等及び関連技術 | ○ | ○ | ─ | ─ |
| ⑤産業基盤強化に資する物品<br>　例）貨物自動車、ブルドーザー、1900cc を超える自動車、<br>　　　ハイブリッドエンジン式乗用車 | ○ | ─ | ─ | ─ |
| ⑥石油精製用の装置等 | ○ | ○ | ─ | ─ |
| ⑦奢侈品<br>　例）酒類、宝飾品、高級自動車 | ○ | ─ | ─ | ─ |

　なっている。これらの品目のうち①及び②の一部についてはベラルーシ向けの輸出等も規制されている。ロシアによるウクライナの侵攻直後にまず①の品目について輸出等の禁止が発表され、その後順次対象品目が追加された。

　輸出等の承認制・許可制に関する法令の構造は図表 8-15 に示すとおりである。まず貨物の輸出については、法48条3項の委任を受け、輸出令2条1項1号の3〜4に基づき、輸出令別表第二の三に掲げる品目のロシア及びベラルーシを仕向地とする輸出が経済産業大臣の承認制とされている（ただし、ベラルーシ向けは品目が限定されている）。さらに、これらの品目の多くについて、別表第二の三貨物省令により、スペック又はHSコードに基づく規制対象の絞り込みがなされている。一方、技術の提供については、法25条6項及び外為令18条3項の委任に基づき、経産省役務取

---

12) 奢侈品（⑦）との関係では、法48条3項に基づく輸出の承認制に加えて、ロシア向けの貴金属の輸出について法19条2項、外為令8条1項及び平成18年財務省告示第443号3号に基づき、銀行券及び政府紙幣の輸出について法19条1項、外為令8条1項及び平成21年財務省告示第225号2号に基づき、それぞれ財務大臣の許可制とされている。

図表8-15　ロシア及びベラルーシ向け輸出等禁止措置の根拠規定

| 対象行為 | ロシア | ベラルーシ |
|---|---|---|
| 貨物の輸出 | ・輸出令2条1項1号の4、別表第二の三<br>・別表第二の三貨物省令 | ・輸出令2条1項1号の3、別表第二の三<br>・別表第二の三貨物省令 |
| 技術の提供 | ・経産省役務取引等規制告示2号の4、別表第一<br>・大蔵省役務取引等規制告示5号 | ・経産省役務取引等規制告示2号の2、別表第一<br>・大蔵省役務取引等規制告示11号 |

引等規制告示2号の2・2号の4・別表第一及び大蔵省役務取引等規制告示5号により、特定の技術のロシア及びベラルーシ向け提供が許可制とされている。

　ロシア向け輸出禁止対象の貨物には、戦争遂行能力に直接関係する品目（軍事転用可能品目）以外にも、乗用自動車やブルドーザーといった一般的な品目が含まれていることに注意が必要である。また、ロシア以外の国に向けて貨物を輸出する場合でも、当該貨物が最終的に消費又は加工される国がロシアである場合には、ロシアを仕向地とする輸出とみなされ承認制の対象となりうる（運用通達1―4―1参照）。すなわち、第三国経由での**迂回輸出**も禁止される。

### イ　ロシアを原産地とする特定の貨物の輸入禁止

　法52条及び輸入令3条1項・4条1項2号に基づき、①ロシアを原産地又は船積地域とするアルコール飲料、木材（チップ、丸太及び単板）、機械類・電気機械、非工業用ダイヤモンドの輸入と、②ロシアを原産地とする原油及び石油製品のうち上限価格を超えるものの輸入が、経済産業大臣の承認制（いわゆる二号承認）とされている。具体的な対象品目は、輸入公表二・表第1によりHSコードベースで指定されている。

　上記②の規制は、2022年9月のG7財務大臣間の大枠合意に基づくプ**ライスキャップ制度**と呼ばれる制度で、世界的な石油の供給不安によるエネルギー価格の高騰が懸念される中、上限価格以下のロシア産原油及び石

---

13）上限価格は令和4年外務省告示第404号で公示されている。

油製品については取引を認めることで、世界的なエネルギー価格の高騰を防ぎつつ、ロシアのエネルギー収入を減少させることを目的とする[14]。ただし、サハリン2プロジェクトにおいて生産された原油は承認制の対象外（ただし、経済産業大臣の確認が必要となる）とされている（輸入公表三7(9)）。

法52条に基づく輸入承認制のほか、法19条2項、外為令8条1項に基づく支払手段等の輸入規制として、平成18年財務省告示第443号4号に基づき、居住者又は非居住者によるロシアを原産地とする貴金属（金）の輸入が財務大臣の許可制とされている。

### ウ　特定団体向けの輸出等の禁止

ロシア、ベラルーシ及び第三国の軍事関連団体を「特定団体」に指定した上で、すべての貨物の輸出（直接・間接を問わない）が法48条3項に基づく承認制の対象とされている（輸出令2条1項1号の6～7）。また、特定団体に対する技術（公知の技術を除く）の提供も、法25条6項に基づく許可制の対象とされている（経産省役務取引等規制告示2号の3・2号の5、大蔵省役務取引等規制告示6号・12号）。

特定団体は令和4年経済産業大臣告示第46号（貨物）及び令和4年外務省告示第82号・第104号（技術）で指定されており、経済産業省のウェブサイトからも確認できる[15]。

### エ　両共和国に対する包括的輸出入禁止措置

両共和国を仕向地とするすべての貨物の輸出と、両共和国を原産地又は船積地域とするすべての貨物の輸入が、法48条3項及び法52条に基づく経済産業大臣の承認制とされている（輸出について輸出令2条1項及び令和4年経済産業大臣告示第45号、輸入について輸入令3条1項・4条1項2号及び輸入公表二・表第1）。

---

14) 上限価格を超えるロシア産原油等に関連する取引については、法52条に基づく輸入禁止措置に加えて、ロシアから第三国に向けた仲介貿易取引や、上限価格を超えるロシア産原油等の購入等に関連して本邦の居住者が非居住者に対し行う取引又はサービスの提供も禁止される（経産省役務取引等規制告示4号、大蔵省役務取引等規制告示10号）。

15) https://www.meti.go.jp/policy/external_economy/trade_control/01_seido/04_seisai/crimea.html

### オ 審査方針

ロシア及びベラルーシ向けの輸出入の承認及び役務取引の許可は原則として行わないこととされている[16]。ただし、食品・医薬品の輸出、人道支援目的的の輸出、我が国のエネルギー安全保障のため特に必要なものその他一定の場合には、例外的に承認・許可がなされる場合がある[17]。

### (4) 外為法以外の措置──最恵国待遇（MFN）の停止

外為法以外の法令に基づく措置として、2022 年 3 月 11 日付の G 7 首脳声明に基づき、ロシアからの貨物の輸入に際し、WTO 協定に基づく関税率の適用が停止されている。具体的には、2022 年 4 月 20 日に国会で成立した関税暫定措置法 3 条を改正する法律と、同月 21 日に施行された国際関係の緊急時に特定の国を原産地とする物品に課する関税に関する政令に基づき、一定期間にわたり、ロシアからの輸入品に対して WTO 譲許税率（MFN 税率）の適用が停止されることとなった（→ WTO 譲許税率については第 3 章 3(3)ウ参照）。この結果、ロシアからの輸入品に対しては、関税定率法 3 条及び別表に基づく**基本税率**が適用されることとなった。

## 4 米国の経済制裁

主要国による大規模な対ロシア経済制裁の導入や国際的な安全保障環境の変化も背景に、外国の経済制裁措置が日本企業のビジネスに影響を与える場面が増えている。本節では、外国の経済制裁の中でも特に問題になる

---

16) 輸出注意事項 2023 第 24 号（R5.12.20）、輸出注意事項 2023 第 25 号（R5.12.20）、輸入注意事項 2022 第 2 号（R4.2.26）、輸入注意事項 2022 第 5 号（R4.4.12）、輸入注意事項 2022 第 14 号（R4.12.5）、輸入注意事項 2023 第 1 号（R5.2.6）、輸入注意事項 2023 第 19 号（R5.12.20）、輸入注意事項 2024 第 5 号（R6.4.10）
17) ロシアの軍事侵略能力への直接的な貢献が認められない場合であって、サハリン 1、サハリン 2 及びアークティック LNG 2 プロジェクトの遂行上欠くことのできないものとして資源エネルギー庁が認めるものに限る。

ことが多い米国の経済制裁について簡単に紹介する。米国の経済制裁が実務上重要な理由として、①主要国の中でも経済制裁を積極的に活用しており、国際協調に基づく措置はもちろん独自制裁も活発に実施していること、②自国の規制を広く域外適用しており、日本企業の行為も一定の場合に規制に抵触する可能性があること、③諸外国と比べても執行が活発で、違反が摘発された場合のインパクトが大きいことが挙げられる。

## (1) 概要

### ア 制裁措置の種類と所管官庁

日本と同様、米国でも、経済制裁の手段としては、特定の個人・団体の資産凍結、投資禁止、サービス提供の禁止、一定の産品の輸出入規制等が典型的に使われる。[18]

米国における経済制裁措置の多く(特に金融系の制裁)は**財務省外国資産管理局(OFAC)**が所管している。ただし、貿易制裁(輸出規制)の一部は輸出管理(詳細は第6章参照)の枠組みの中で実施されており、それらについては**商務省産業安全保障局(BIS)**等が所管する。また、制裁対象者の指定等には国務省(DOS)が、制裁違反に関する捜査や訴追の手続には司法省(DOJ)も関与する。

### イ 経済制裁に関する法令の構造

米国における経済制裁の根拠法としては、**国際緊急経済権限法(IEEPA)**、国家緊急事態法(NEA)、対敵通商法(TWEA)、合衆国法典第3篇301条(3 U.S.C. §301)、国連参加法などが存在する。日本の外為法と同様、これらの法律は行政部門に包括的に制裁発動権限を授権することを基本的内容としており、制裁対象者の選定や制裁内容の決定は行政部門に委ねられている。具体的には、個別の制裁プログラムの発動に際しては、大統領が

---

18) このほか、米国に特徴的な制度として、外国政府が米国の友好国に対して取っているボイコット政策(例えば、イスラエルに対するアラブ連盟のボイコット)に米国人・企業が加担することを禁止する反ボイコット法などがある。

IEEPA 等に基づき**大統領令（EO）**を発出し、国家緊急事態（国家安全保障、外交政策又は経済に対する重大な脅威）[19]を宣言した上で規制措置を導入するという形式が採られることが多い。

ただし、IEEPA のような一般的な法律に基づく制裁に加えて、連邦議会が特別法を制定することにより、大統領に対し具体的な制裁発動を直接義務付けるケースもある。例えば、トランプ政権下の 2020 年に成立した香港自治法やオバマ政権下の 2010 年に成立したイラン包括制裁法に基づく制裁が挙げられる。

いずれの場合にも、個別措置の詳細については、法律又は大統領令の委任に基づき、関係省庁が行政規則やガイダンスを策定することが一般的である。特に OFAC が所管する制裁措置については、連邦規則集 31 CFR Parts 501～599 に対象国（制裁プログラム）別の詳細な規則が置かれている。また、貿易制裁（輸出規制）については、EAR の Part 746（15 CFR Part 746）にキューバ、イラク、北朝鮮、ウクライナの一部地域、イラン、ロシア、ベラルーシ、シリアに対する禁輸措置に関する規定が置かれている。

**ウ　包括的制裁と標的型制裁**

米国が実施している経済制裁について、**包括的制裁**（comprehensive sanctions）と**標的型制裁**（targeted sanctions）という区別がなされることがある。

包括的制裁は、特定の国との金融・貿易取引を包括的に禁止するもので、イラン、キューバ、北朝鮮、シリア、ウクライナの一部地域（クリミア及び両共和国）が対象とされている。一方、標的型制裁は、特定の個人・団体に対する資産凍結のほか、特定の産業分野や取引類型に的を絞って規制を行うことにより、一般市民への負の影響を抑制しつつ国家指導層に対する打撃を極大化することを目指すもので、**スマート・サンクション**と呼ば

---

19) IEEPA では「unusual and extraordinary threat ... to the national security, foreign policy, or economy of the United States」という語が使われている（50 U.S.C. §1701）。

れることもある。ロシア、ミャンマー、ベネズエラ等への制裁でこの手法が用いられている。

## (2) 金融制裁

上記のとおり、金融制裁は主に財務省外国資産管理局（OFAC）が管轄する。このため、**OFAC 制裁**ないし **OFAC 規制**と呼ばれることもある。

### ア リストベースの制裁

金融制裁の典型として、OFAC が制裁指定した個人及び団体に対する**資産凍結**がある。OFAC による制裁指定にはいくつかのレベルがあるが、最も強力なものとして、国家安全保障を脅かす個人・団体のリストである **SDN リスト**（Specially Designated Nationals and Blocked Persons List）がある。このリストに掲載された個人や団体については、米国内に保有する資産や財産権の移転・処分がすべて禁止されるほか、米国の個人・法人（U.S. person）とのあらゆる経済的取引が禁止される[20]。また、OFAC のいわゆる「**50% ルール**」により、制裁対象者によって株式・持分の 50% 以上を直接又は間接に保有されている団体（複数の制裁対象者が共同で持分を保有する場合を含む）も資産凍結の対象となる[21]。

SDN リスト以外の制裁リスト（Non-SDN List）としては、ロシア経済の特定セクターで活動する個人のリストである SSI リスト（Sectoral Sanctions Identification List)、制裁回避者リスト（Foreign Sanctions Evaders List）などがある。これらのリストは、規制目的に応じて具体的な制裁措置の内容が異なっており、例えば SSI リスト掲載者については、U.S. person との一定期間を超える新規債務取引や融資が禁止される一方、資産凍結（包括的な取引禁止）の対象とはされていない。

---

20) 例えば対ロシア経済制裁に関する大統領令第 14024 号 §§1 and 2 参照
21) See Department of the Treasury, *Revised Guidance on Entities Owned by Persons Whose Property and Interests in Property Are Blocked* (August 13, 2014)

### イ　制裁の適用範囲——一次制裁

　米国の経済制裁は、通常、米国の領域内で行われる取引・行為及び「U.S. person」が行う行為（米国外で行うものを含む）に適用される。すなわち、米国と地理的又は人的なつながり（nexus）を有する取引・行為に米国の規制権限が及び、これを**一次制裁**（primary sanction）と呼ぶ。「U.S. person」に該当する者の範囲は個別の制裁プログラムに係る大統領令等で定義されるが、通常、次の者が含まれる[22]。

> ① 米国市民
> ② 米国永住権者（グリーンカード保持者等）
> ③ 米国法又は米国内の法域の法律に基づいて設立された法人その他の団体（外国の支店を含む）
> ④ 米国内に物理的に所在する個人又は団体

　また、米国の制裁法の下では、一種の**共犯規定**として、U.S. person 以外の者が U.S. person に禁止行為を行わせる行為や U.S. person と共謀して禁止行為を行うことも禁止されている[23]。この関係で、日本企業が制裁対象者との取引を行う際には、仮に取引自体が米国と無関係であっても、**決済通貨としてドルを使う場合**には米国制裁（一次制裁）に抵触する可能性があることに注意を要する。すなわち、ドル送金については、通常、米国の金融機関（**コルレス銀行**）を中継して資金決済が行われるところ（→第２章４⑴参照）、制裁対象者との取引でドル決済を利用した場合、U.S. person である米国金融機関に禁止取引に関与させることになるためである。

---

22) 例えば対ロシア経済制裁に関する大統領令第 14024 号 §6(e)参照
23) 例えば IEEPA では、同法に基づいて発出された大統領令や行政規則等の違反について共謀（conspire to violate）を行うことや違反を惹起（cause a violation）することが違法とされている（50 U.S.C. §1705(a)）。個別の大統領令でも、例えば対ロシア経済制裁に関する大統領令第 14024 号では、同大統領令に基づく資産凍結等の違反を惹起する取引や禁止行為を行うための共謀が禁止されている（同大統領令§4(a), (b)）。

## ウ 二次制裁

非U.S. person同士の取引で、かつドル以外の通貨で決済を行う場合など、米国と何らの接点がない取引には、原則として米国の管轄権が及ばない。しかし、一定の場合には**二次制裁**（secondary sanction）の対象となる場合がある。

二次制裁とは、制裁対象者（SDNなど）との間で重大な取引を行った者を芋づる式に制裁対象に指定したり、輸出特権の剥奪や米国金融機関との取引禁止といった不利益措置を課すことをいう。例えば、対ロシア経済制裁に関する大統領令第14024号では、次のとおり、財務長官は、制裁対象者に対し重大な支援などを行った者を追加的に制裁指定できる旨の規定が置かれている。

> Section 1. All property and interests in property that are in the United States, that hereafter come within the United States, or that are or hereafter come within the possession or control of any United States person of the following persons are blocked and may not be transferred, paid, exported, withdrawn, or otherwise dealt in:
> (a) any person determined by the Secretary of the Treasury …:
>   (vi) to have materially assisted, sponsored, or provided financial, material, or technological support for, or goods or services to or in support of:
>     (A) any activity described in subsection (a)(ii) of this section; or
>     (B) any person whose property and interests in property are blocked pursuant to this order;

上記のほかに二次制裁規定が設けられている制裁プログラムとしては、対イラン制裁や対北朝鮮制裁がある[24]。なお、過去の二次制裁の発動事例はこの2国に関係するものが多くを占めている。

二次制裁に特徴的な点として、一次制裁と異なり、対象行為（SDNとの取引等）を行うこと自体が直ちに違法行為となるわけではなく、対象行為

---

24) See e.g. 22 U.S.C. §8803 (c)(2) (for Iran); EO 13810 §1 (a)(v) (for North Korea)

を行った者に対して実際に制裁の発動（芋づる式の制裁指定等）を行うかどうかは米国当局の裁量に委ねられていることが挙げられる。そのため、制裁対象者との取引を一律に差し控える必要はなく、取引の性質・規模・回数等を勘案して二次制裁リスクが低いと判断される場合には、取引を行うことも可能である。ただし、特に金融機関の実務では、二次制裁リスクを考慮して、SDN などの制裁対象者が関与する取引の送金は受け付けてもらえないことが多い。

### (3) 貿易制裁

#### ア　輸出規制

　米国の貿易制裁のうち輸出規制については、①特定の国を対象に包括的に全品目の輸出を禁止するもの、②特定の国を対象に一部の品目について輸出を禁止するもの、③特定の個人や団体を対象に輸出を禁止するものが存在する。これらの措置の多くは EAR に基づく輸出管理（→詳細は第 6 章 3 参照）の枠組みの下で実施されており、BIS の所管に属する。ただし、イラン向け禁輸措置については主に OFAC が所管している[25]。①の具体例としてはキューバ、イラン、北朝鮮及びシリア向け制裁が、②の具体例としては対ロシア・ベラルーシ制裁が挙げられる。③としては、BIS のエンティティリストに掲載された団体向けの事実上の禁輸措置がある（→第 6 章 3(5)参照）。

　なお、第 6 章 3 で詳述したとおり、米国の輸出管理法令の下では、米国原産品、組込品及び直接製品については、米国からの輸出だけでなく、日本など第三国から規制対象仕向地に向けた**再輸出**も規制対象となることに注意が必要である。

#### イ　輸入規制

　輸入規制としては、例えばキューバ、イラン、ロシア等を対象とする輸

---

25) See Iranian Transactions Regulations (31 CFR part 560) §§560.204, 560.205; EAR § 746.1 (a)(2)

入禁止措置が存在し、主に OFAC が管轄している[26]。

また、厳密な意味での経済制裁とは少し異なるが、**ウイグル強制労働防止法（UFLPA）**に基づき、中国の新疆ウイグル自治区で全部又は一部が製造等された産品について、一律に強制労働によって製造等されたものと推定し、米国への輸入を禁止する措置が実施されている（→第9章2(2)参照）。

これらの輸入規制のうち、キューバや新疆ウイグル自治区に由来する産品の輸入禁止措置では、第三国から輸入される製品に該当地域産の原材料等が含まれている場合にも米国への輸入禁止の対象となり、かつ、原材料等の使用割合に関する閾値（デミニミス基準）が設けられていない[27]。米国向けに製品輸出を行っている企業は、自社の製品に該当地域産の原材料等が含まれている場合、たとえわずかであっても意図せず法令違反を引き起こしてしまう可能性があるため、サプライチェーン管理に十分留意する必要がある。

## (4) 米国制裁対応に関するガイドライン及びツール

米国の経済制裁は広範かつ複雑であり、日本企業がすべてについて完璧な対応を行うことは難しい。もっとも、懸念国が絡む取引や SDN リスト掲載者との取引など特にリスクが高いと考えられる取引には十分注意し、思わぬ違反をしないよう慎重に対処することが求められる。この点、OFAC が公表しているガイドラインでは、リスクベースアプローチを前提としつつ、①経営層によるコミットメント、②リスク評価、③内部統制、④検査及び監査、⑤トレーニング（研修）を不可欠の要素としながら経済制裁対応を行うことが推奨されている[28]。

日本企業が国際的な取引に携わる際の対応としては、取引の相手方、株主、役員、代理人その他の関係者が、米国政府から制裁指定されていない

---

26) 国ごとの措置の詳細は OFAC ウェブサイト（https://ofac.treasury.gov/sanctions-programs-and-country-information）参照
27) キューバについて 31 CFR §515.204(a)、新疆ウイグル自治区について UFLPA 3条(a)
28) Department of the Treasury, *A Framework for OFAC Compliance Commitments* (May 2, 2019)（https://home.treasury.gov/news/press-releases/sm680）

かの確認が重要である。有料のサービスもあるが、無料で使えるツールとしては、SDN リスト、SSI リスト、エンティティリストなど米国政府の13種の制裁リストを一元的に検索できるようにした「Consolidated Screening List」(CSL) が米国商務省国際貿易局のウェブサイトで公開されており[29]、これを用いてスクリーニングを行うのが便利である。

---

29) International Trade Administration, *Consolidated Screening List* (https://www.trade.gov/consolidated-screening-list)

第 8 章　経済制裁

## 【参考文献】
- 大川信太郎『企業法務のための経済安全保障入門』(中央経済社、2023)
- 杉田弘毅『アメリカの制裁外交』(岩波新書、2020)
- 吉村祥子編著『国連の金融制裁　法と実務』(東信堂、2018)

# 第9章
## 国際通商法のフロンティア

第9章　国際通商法のフロンティア

# 1　はじめに

　本書の最終章では、国際通商法実務のフロンティアとして、**人権**、**環境・気候変動**、**デジタル貿易**について解説する。

　第2章から第8章で解説したトピックは、国際通商法実務の中でも、日本をはじめとする主要国で法制度が概ね確立され、実務の「型」がある程度定まった分野であった。一方、本章で扱う分野は、一部の先進的な国で既に一定の法制度が導入されているものの、日本を含め多くの国で法制度が未整備であるか、又は現在進行形で整備されつつある分野であり、国際ルールも発展途上の部分が多い。しかし、今後ますます重要性を増すことが予想され、企業としてもフォローしておくことが望まれる。

# 2　人権

　2011年に国連人権理事会で「ビジネスと人権に関する指導原則」が全会一致で支持されて以来、企業に人権尊重を求める動きが加速している。OECD（経済協力開発機構）による「OECD多国籍企業行動指針」の2011年改訂、ILO（国際労働機関）による「多国籍企業及び社会政策に関する原則の三者宣言」の2017年改訂でも、国家の人権保護義務に加え、企業にも人権尊重の責任があることが確認されている。

　こうした動きを背景に、欧州を中心に、「ビジネスと人権」の観点から、企業に対し、**人権デュー・ディリジェンス（DD）**をはじめとする人権尊重のための取組みを義務付ける法制が導入されつつある。一方、日本では今のところ人権DDの法制化までは行われていないものの、2020年に国連指導原則を踏まえた「『ビジネスと人権』に関する行動計画（2020—2025）」（NAP）が策定され、また、2022年9月には「責任あるサプライチェーン等における人権尊重のためのガイドライン」（**人権尊重ガイドライン**）が策定・公表された。

人権は、それ自体は非通商的な価値であるが、人権の観点からの法制度の中には、国境を越えるビジネスに影響を与え、国際通商法上の問題を生じさせるものも含まれる。そうした交錯が生じる場面の典型例として、以下、①人権 DD 法制、②強制労働産品の輸入規制、③人権の観点からの輸出管理について述べる。なお、これらのうち①は非通商措置（国内規制）が国際通商に影響を及ぼす場面であるが、②③は通商措置そのものであり、人権政策における**通商的アプローチ**と呼ばれることもある。

## (1) 人権 DD 法制

**人権 DD** とは、企業がサプライチェーンを含めた事業における人権へのリスク（悪影響）を特定し、その予防・軽減を図り、対応の実効性の追跡調査、外部への情報発信や説明を行う一連のサイクルをいう。特に欧州を中心に、人権 DD の実施や実施結果の公表を企業に義務付ける法制の導入が進んでいる。海外で制定されている主な人権 DD 関連法制を整理すると図表 9-1 のとおりである。

人権 DD 関連の法制は、大きく、①人権 DD の実施自体を義務付けるもの（フランスの注意義務法、オランダの児童労働デュー・ディリジェンス法、ドイツのサプライチェーン法、EU の企業サステナビリティ・デュー・ディリジェンス指令案（CSDDD）など）と、②人権 DD の実施までは義務付けず、その実施状況・実施結果の開示を求めるにとどまるもの（英国やオーストラリアの現代奴隷法、EU の企業持続可能性指令、カリフォルニア州サプライチェーン透明法など）の 2 つに分けられる。後者は前者と比較して相対的に負担が軽いといえるが、取引先・消費者等のステークホルダーに取組状況の開示がなされることを通じて、企業に対し間接的に人権 DD の実施を促す効果がある。

外国における人権 DD 法制の導入は、日本企業のビジネスにも影響を与えている。まず、日本企業が対象法域で事業を行っており、自社又は現地子会社等が直接現地法令の適用対象となる場合には、当然ながら、法令の要件に従った人権 DD の実施や情報開示が求められることになる。また、

図表 9-1　海外における人権 DD 関連の法制（2024 年 6 月現在）

| 国名 | 法令名 | 制定年 | 概要 |
|---|---|---|---|
| 英国 | 現代奴隷法 | 2015 | 英国で事業を行う一定規模以上の企業を対象に、奴隷労働と人身取引に関する取組みの開示を義務化。グローバルなサプライチェーン上の人権リスクを確認し、「奴隷と人身取引に関する声明」を毎年公表することを義務付けている。 |
| フランス | 注意義務法 | 2017 | 所在地がフランス国内にある一定規模以上の企業を対象に、人権・環境リスクの特定・回避を目的とした注意義務に関する計画の作成、実施、開示を義務付けている。 |
| オランダ | 児童労働デュー・ディリジェンス法 | 2019 1) | オランダに拠点を有し、同国市場に製品やサービスを提供する企業などを対象に、サプライチェーン全体にわたって児童労働を使用して商品やサービスが生産されているかどうかの調査及び調査を実施したことの表明文書の提出を義務付けている。 |
| ドイツ | サプライチェーン法 | 2021 | ドイツに拠点を有し一定以上の従業員規模を有する企業を対象に、人権方針の策定、社内におけるリスク管理体制の整備、リスク評価の実施、予防措置の実施、人権侵害が確認された場合の是正・救済措置、苦情処理手続の確立、DD 実施結果の公表などを義務付けている。 |
| ノルウェー | 透明化法 | 2021 | ノルウェーで事業活動を行う一定規模以上の企業（外国企業を含む）を対象に、OECD 多国籍企業行動指針に沿った人権 DD の実施及び結果の報告を義務付けている。 |
| EU | 企業サステナビリティ・デュー・ディリジェンス指令案（CSDDD） | 制定中 | EU 域内における統一的な人権・環境 DD 法制を整備することを目指し、EU 加盟国に対し DD 義務化等に関する国内立法を求めるもの。立法の内容として、EU 域内の一定規模以上の企業（域内で事業を行う外国企業を含む）を対象に、DD の企業ポリシーへの統合、人権・環境に対する実在する又は潜在的な悪影響の特定、DD ポリシーの策定、DD 結果の公表などを義務付けることを要求している。 |
| EU | 企業持続可能性指令（CSRD） | 2023 | 2014 年の非財務情報開示指令（NFRD）により会計指令に導入された非財務報告に関する規則を強化するもの。大企業及び上場した中小企業を対象に、環境権、社会権、人権、ガバナンス要因など、持続可能性（サステナビリティ）に関する事項の報告を義務付けている。 |
| 米国 | カリフォルニア州サプライチェーン透明法（CTSCA） | 2010 | カリフォルニア州で事業を行う一定規模以上の企業を対象に、製品のサプライチェーンにおける奴隷制や人身売買への取組みを開示することを義務付けている。 |
| オーストラリア | 現代奴隷法 | 2018 | オーストラリアで事業を行う一定規模以上の企業を対象に、企業の事業活動とサプライチェーンにおいて、現代奴隷のリスク評価と、リスクに対象する措置の報告を義務付けている。 |
| カナダ | サプライチェーンにおける強制労働・児童労働の防止に関する法律（S-211） | 2023 | カナダで物品の生産や輸入を行う一定規模以上の企業を対象に、自社及びサプライチェーン上での強制労働・児童労働リスクに関する報告を義務付けている。 |

出典：人権尊重ガイドライン添付「海外法制の概要」その他各種公表資料を基に作成

自社が直接適用を受けない場合でも、適用対象となる現地企業と直接・間接に取引を行っている場合、例えば次のような形で間接的に法令の影響を受けることがある[2]。

- 適用対象企業による調査の一環として、日本企業における人権尊重の取組状況の回答を求められる
- 上記調査で提出した情報が適用対象企業による公表の対象となる
- 適用対象企業から、契約上、人権関連の誓約事項の遵守又は表明保証を求められる
- 適用対象企業が日本企業の取組みが十分でない又はリスクがあると判断した場合、取引を停止される

### (2) 強制労働産品の輸入規制

　人権分野における通商的アプローチのひとつとして、**強制労働**により製造等された産品の輸入規制が挙げられる。中でも日本企業のビジネスにも影響が大きいものとして、米国の **1930 年関税法 307 条**と、これを踏まえた**ウイグル強制労働防止法（UFLPA）**に基づく輸入規制が挙げられる[3]。

　米国では、従前から、1930 年関税法 307 条に基づき、米国に輸入される産品の全部又は一部について強制労働によって製造等されたことの合理的な疑いがあるときには、**税関国境警備局（CBP）**が、職権で輸入を差し止めることができるとされていた。2021 年 12 月に成立した UFLPA は、1930 年関税法 307 条を前提としつつ、中国の**新疆ウイグル自治区**由来の産品については一律に強制労働によって製造等された産品であると推定し、1930 年関税法 307 条に基づく輸入禁止の対象とすることを内容とする。より具体的には、UFLPA の下では、次の①及び②の産品は、強制労働によって製造等されたと推定される（3 条(a)）。

---

1) 2024 年 6 月現在未施行
2) 人権尊重ガイドライン添付「海外法制の概要」、塚田智宏『「ビジネスと人権」―基本から実践まで』（商事法務、2024）205〜208 頁参照
3) 19 U.S.C. §1307

① 中国の新疆ウイグル自治区で全部又は一部が採掘、生産又は製造された産品
② 米国強制労働執行タスクフォース[4]が強制労働への関与の疑いがある団体のリスト（**UFLPA エンティティリスト**）に掲載した者により製造等された産品

　UFLPA に基づいて CBP により輸入が差し止められた場合、輸入者としては、次のいずれかの対応を行うことにより、例外的に産品を米国に輸入することができる（3条(b)）。

- 製品の製造等が新疆ウイグル自治区で行われておらず（上記①非該当）、UFLPA エンティティリスト掲載の団体とも無関係であるため（上記②非該当）、UFLPA の適用対象外であることを示す
- UFLPA の適用対象（上記①②のいずれかに該当）ではあるが、強制労働により製造等されていないことを「**明白かつ説得力ある証拠**」によって示す

　このように、UFLPA は、新疆ウイグル自治区にかかわりのある産品について、1930 年関税法 307 条の原則と例外を逆転し、生産過程で強制労働がないこと等の立証責任を輸入者に転換する制度となっている。規制対象の閾値（デミニミス基準）も設けられておらず、原材料等にごくわずかでもウイグル原産品が混入していれば輸入禁止の対象となる点で、極めて厳格な規制といえる。

　UFLPA に基づく輸入禁止措置は、直接的には、米国国内の輸入者を名宛人とするものであるが、米国関連のビジネスを行う日本企業にも次のような形で影響が生じる可能性がある。

- 取引先（米国の輸入者、又は米国に製品を輸出している企業）から、製品に新疆ウイグル自治区産の原材料や部品が使用されていないことや生産過程で強制労働がないことの誓約ないし表明保証を求められる
- 取引先からリスクがあると判断された場合、取引を停止される

---

4）米国強制労働執行タスクフォースは、2020 年 5 月 15 日に米国・メキシコ・カナダ協定（USMCA）に基づいて設立された、強制労働に関連する産品等の輸入禁止を監督する機関。米国の国土安全保障省（DHS）次官が議長となり、関係する知見を有する他の政府機関等の代表者によって構成される。

- 取引停止リスクなども背景に、サプライチェーン管理の厳格化、原材料調達先の見直し、人権 DD の実施等の対応を迫られる

　また、米国ほど厳しい規制ではないものの、ほかの国でも、欧米諸国を中心に、強制労働産品の輸入規制を導入する動きが見られる。図表 9-2 は、米国を含めた主要国の輸入規制を整理したものである。

図表 9-2　強制労働産品の輸入に関する各国規制（2024 年 6 月現在）

| 国名 | 法令名 | 制定年 | 概　要 |
|---|---|---|---|
| 米国 | 1930 年関税法 307 条 | 1930 | 米国外で強制労働、児童労働等により全て又は一部が採掘、生産又は製造された合理的疑いがある産品について、CBP による輸入差止めを認める。 |
| | ウイグル強制労働防止法（UFLPA） | 2021 | 中国の新疆ウイグル自治区で全て又は一部が採掘、生産又は製造された産品及び UFLPA エンティティリスト掲載企業が製造等した産品について、強制労働により製造等された産品とみなし、1930 年関税法 307 条に基づき輸入を禁止する。 |
| カナダ | 関税定率法 136 条 | 2020[5] | 強制労働又は児童労働によって全部又は一部が採掘、生産又は製造された産品の輸入を禁止する。 |
| EU | 強制労働産品流通禁止規則案 | 未定[6] | サプライチェーンのいずれかの段階で強制労働が用いられた産品について、EU 市場への上市及び EU からの輸出を禁止する。 |
| オーストラリア | 強制労働産品の輸入禁止（検討中） | 未定 | 強制労働によって全部又は一部が採掘、生産又は製造された産品の輸入を禁止する。 |

出典：各種公表資料を基に作成

## (3)　人権の観点からの輸出管理

　第 6 章で詳述したように、**輸出管理**は、もともと、武器及びデュアルユース品目の輸出を安全保障の観点から規制する仕組みである。しかし、近時、欧米主要国の間で、輸出管理を人権に「転用」する動きが見られる。

---

5) 米国・メキシコ・カナダ協定（USMCA）の 2020 年 7 月 1 日の発効に合わせて、関税定率法 136 条 1 項が改正され、同項の輸入禁止品目に「強制労働によって全体的又は部分的に採掘、製造、又は生産された物品」が追加された。児童労働については、2023 年 5 月に成立した「サプライチェーンにおける強制労働・児童労働の防止に関する法律（S-211）」によって追加された。
6) 2024 年 3 月に EU 理事会と欧州議会が暫定規則案について政治合意に達している。

例えば、2021年9月に施行されたEUの新輸出管理規則[7]では、人権尊重が輸出管理の目的のひとつとして明記されるとともに、**サイバー監視品目**の輸出について、当該品目が国内弾圧、人権侵害又は国際人道法違反行為に用いられるおそれがある場合には、リスト規制対象品目でなくても許可申請の対象とする仕組み（**人権侵害エンドユース規制**）が導入された[8]。

一方、米国では、2019年以降、人権抑圧への関与等を理由として、中国企業を中心に多くの企業・団体が米国輸出管理規則（EAR）に基づくエンティティリストに追加され[9]（→エンティティリストについては第6章3(5)参照）、米国原産品や組込品（EAR対象品目）をこれらの企業・団体向けに提供（輸出・再輸出・国内移転）することが事実上禁止されている（**エンドユーザー規制**）。

さらに、人権を理由とする輸出管理の国際的な取組みとして、2021年12月に米国、オーストラリア、デンマーク、ノルウェーの4か国が立ち上げた「**輸出管理と人権イニシアチブ**」（ECHRI）が存在する。ECHRIは、デュアルユース品目が人権侵害に用いられることのないよう協力するための枠組みで、日本も2023年3月に参加した。

なお、日本における人権の観点からの輸出管理の導入に関しては、現行の外為法では、輸出管理の目的として「国際的な平和及び安全の維持」のみが掲げられ、人権は明記されていない（外為法48条1項、25条1項）。そのため、正面から人権を理由とした輸出管理を行うためには、外為法の改正を行うか、別の根拠法に基づいて措置を実施する必要があると考えられる。もっとも、外国における人権侵害行為には、往々にして国際的な平和及び安全を脅かすものが含まれうるところ、人権保護と安全保障とが重なる限度であれば、現行の外為法の下でも、人権を考慮した規制の導入は

---

7) Regulation (EU) 2021/821 of the European Parliament and of the Council of 20 May 2021 setting up a Union regime for the control of exports, brokering, technical assistance, transit and transfer of dual-use items (recast)
8) 前掲注7・5条
9) 例えばハイクビジョン（監視カメラ大手）、アイフライテック（AI音声認識大手）、中国公安部法医学研究所、DJI（ドローン大手）、合盛硅業（太陽光パネル材料メーカー）、新疆生産建設兵団（XPCC）などが含まれる。

可能と考えられる。

## 3　環境・気候変動

　環境保護は、従来から企業法務の重要な課題であるが、近時は、人間の活動によって排出される$CO_2$等の温室効果ガスによる**地球温暖化**ないし**気候変動**への対策が特に重要な国際的課題となっている。

　温室効果ガス削減に関する国際的な枠組みとしては、2015年に採択された**パリ協定**がある。同協定では、世界の気温上昇を工業化以前より摂氏2℃高い水準を十分に下回る水準に抑えるとともに、摂氏1.5℃高い水準に抑えるための努力を継続するという「**2℃目標**」と「**1.5℃の追求**」が掲げられた。さらに、「**気候変動に関する政府間パネル**」（IPCC）[10]が2018年に公表した「**1.5℃特別報告書**」[11]では、気候変動リスクを受忍可能な水準に抑えるためには、地球温暖化の程度を1.5℃にとどめる必要があり、そのためには2050年ころまでに人間活動に伴う$CO_2$排出を実質ゼロにする必要があることが示された。この「**2050年カーボンニュートラル**」の考え方は、現時点における国際的コンセンサスとなっている。[12]

　一方、パリ協定は、排出削減に向けた取組みについてトップダウン式に一律の義務を課すのではなく、国別の排出削減目標の設定や、当該目標の達成に向けた具体的な施策を各国の裁量に委ねている。そのため、各国の施策は、目標のレベル感や具体的な手法も区々となっている。また、各国の施策には、2050年カーボンニュートラルを自国の産業競争力の強化・拡大のための機会と位置付け、他国に先駆けて重要な産業、技術、資源を押さえることを企図しているものもある。こうした国ごとの施策のレベル感の違いは、必然的に国際的な競争条件に影響を及ぼし、国際通商法との

---

10) IPCCは、WMO（世界気象機関）とUNEP（国連環境計画）により1988年に設立された政府間組織。世界の政策決定者等に対して科学的知見を提供し、気候変動枠組条約の活動を支援している。
11) IPCC, *Special Report on Global Warming of 1.5℃* (October 2018)
12) 2021年11月時点で日本を含む世界154の国・1地域（$CO_2$排出量で世界全体の79％）が2050年カーボンニュートラル目標にコミットしている。

交錯が生じることになる。

　環境・気候変動と国際通商法が交錯する場面の代表例として、以下、①炭素国境調整メカニズム（CBAM）、②補助金、③製品の環境負荷に着目した規制を取り上げる。

## (1) 炭素国境調整メカニズム（CBAM）

　2050年カーボンニュートラル目標の達成に向けて各国が$CO_2$排出規制を強化してゆく中で、これに伴う「カーボンリーケージ」のリスクを防止し、規制の実効性を担保するための措置として、**炭素国境調整メカニズム**（**CBAM**：carbon border adjustment mechanism）と呼ばれる仕組みが議論されている。

　カーボンリーケージとは、ある国の域内で、$CO_2$排出削減のため、**炭素税**や**国内排出量取引制度（ETS）**を通じたコスト賦課（カーボンプライシング、後掲コラム参照）を行った場合に、そのままでは、国内事業者の生産コストが増大し、排出コストの賦課をされない外国の事業者と比較して競争上不利になることから生じるリスクをいう。具体的には、国内生産者が、排出コストのかからない外国に生産拠点を移転させたり、外国から排出コストの含まれない安価な製品が流入し、結果的に脱炭素に向けた政策効果が削がれてしまうという問題である。

　CBAMは、こうしたカーボンリーケージに対処するため、①外国の産品についても、国内で生産される産品と同等の排出コストを輸入時に賦課金の形に徴収する、あるいは②国内で生産された産品の輸出に際し、国内で負担した排出コストを還付することにより、国内生産者と外国生産者の競争条件を平準化するメカニズムをいう[13]（図表9-3参照）。

　CBAMの実例として、既にEUで、世界に先駆けてCBAMに関する法制が整備されている[14]。すなわち、EUでは、域内の生産活動による$CO_2$排

---

13) ただし、②については、輸出品に対してコスト賦課がなされず、$CO_2$削減の政策効果がその分減殺されてしまうため、気候変動対策の実効性の観点から批判がある。EUのCBAMでも今のところ①のみが採用されている。

図表 9-3　CBAM のイメージ

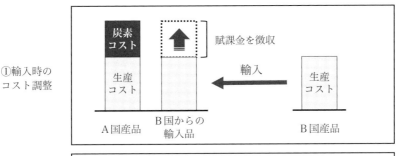

出の規制として、**EU 域内排出量取引制度（EU-ETS）**が導入されている。この制度の下で、対象産品の域内生産者が工場等の施設で $CO_2$ を排出するためには、排出量に相当する**排出枠（排出権）**を調達する必要があり、コスト負担が発生する。EU-ETS は段階的に強化されており、域内生産者のコスト負担も年々増している。これに伴うカーボンリーケージリスクに対処するため、CBAM の導入により、域外で生産された産品を EU に輸入する際に、EU-ETS のコスト負担に相当する排出量比例の賦課金を課すこととしたものである。

　EU の CBAM については、既に 2023 年 10 月から、移行措置として輸入品に関する排出量の報告義務の適用が開始されている。2026 年からは

---

14) Regulation (EU) 2023/956 of the European Parliament and of the Council of 10 May 2023 establishing a carbon border adjustment mechanism

賦課金の徴収を含む全面的な制度施行が予定されている。CBAM の対象産品は、今のところセメント、鉄鋼、アルミ、肥料、電力及び水素であるが、今後、さらに対象産品が拡大する可能性がある。

> **コラム** 経済的手法とカーボンプライシング
>
> 　環境政策・気候変動対策を実施するための政策手法には様々なものがあるが、中でも近年重要性を増している政策手法として、**経済的手法**がある。これは、市場メカニズムを前提に、経済的インセンティブを介して企業や個人の経済合理性に沿った行動を誘導することで目的を達成しようとする政策手法をいう。[15]
>
> 　経済的手法のうち、気候変動対策に資する活動に**正のインセンティブ**を与える措置として、後記(2)に述べる政府等による**補助金**がある。
>
> 　一方、炭素排出に**負のインセンティブ**を与える措置として、**カーボンプライシング**がある。カーボンプライシングとは、炭素排出にコスト負担を課す制度全般をいい、排出量に比例したコストを課すものを「**明示的カーボンプライシング**」、それ以外のものを「**暗示的カーボンプライシング**」と呼んでいる。明示的カーボンプライシングの代表例としては①**炭素税**（炭素賦課金）と②**排出量取引制度**が挙げられる。
>
> 　まず**炭素税**は、企業等に対し、排出量に比例した税や課徴金を課す制度をいう。政府によって炭素価格が決定されるという意味で**価格アプローチ**と呼ばれることもある（政府が価格を決定する一方で、それによって実現される排出削減量には不確実性がある）。日本では、炭素税類似の既存制度として地球温暖化対策税（温対税）が存在するほか、2028 年度以降、化石燃料輸入者等を対象とした「炭素に対する賦課金」を導入することも予定されている。[16][17]
>
> 　これに対し、**排出量取引制度**（**ETS**：emission trading system）とは、政府が国内の炭素排出総量に上限を設定した上で、事業者間で「排出できる権利」（排出枠）に値段を付けて取引する制度（**キャップ・アンド・トレード**）をいう。政府が

---

[15] 例えば、「第六次環境基本計画」（2024 年 5 月 21 日閣議決定）49 ～ 50 頁では、環境政策の代表的な手法として、直接規制的手法、枠組規制的手法、経済的手法、自主的取組手法、情報的手法、手続的手法、事業的手法が掲げられ、環境政策上の課題を解決するためには、新たな政策実現手法を開発することとともに、多様な政策手法の中から政策目的の性質や特性を勘案して適切なものを選択し、政策パッケージを形成することが不可欠であるとされている。

[16] 原油、ガス、石炭等の全化石燃料に対して $CO_2$ 排出量に応じた税率を課す制度。2012 年に導入され、2024 年 6 月現在、$CO_2$ 排出 1 トンあたり 289 円に等しくなるよう税率が設定されている。

[17] 「GX 実現に向けた基本方針」（2023 年 2 月 10 日閣議決定）19 頁

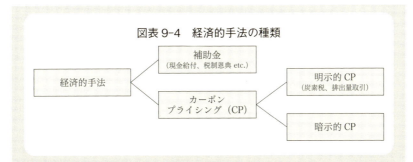

図表 9-4　経済的手法の種類

排出総量を決定するという意味で**数量アプローチ**とも呼ばれる（一方、価格は市場原理で決定される）。

　排出量取引制度の下では、事業者は、自社ないし自社施設から $CO_2$ を排出するためには「排出する権利」すなわち排出枠を確保する必要がある。この排出枠の割当方式には、①過去の排出実績や一定のベンチマークに基づいて政府が予め企業に無償で排出枠を配分した上で、実績値との乖離（過不足）分のみを企業間で有償で取引するという**無償割当方式**と、②企業が排出枠を全て取引市場から有償で調達する**有償割当（オークション）方式**とがある。当然、後者の方が規制としてはより厳しい。EU など主要国における運用上は、制度の導入時には負担の比較的軽い無償割当方式からスタートし、段階的に有償割当方式に移行することが多い。

　排出量取引制度の代表例として、上に述べた EU-ETS がある。一方、日本では、日本版排出量取引制度である **GX-ETS** が 2023 年度から試行されており[18]、2026 年度から本格稼働が、2033 年度からは段階的な有償化が予定されている。

　CBAM は、輸入品に対して国境で賦課金を徴収する制度であり、経済的には、追加関税を賦課することと同等の効果を有する。このため、CBAM の WTO 協定整合性については様々な議論がある。例えば、CBAM に基づく賦課金を関税類似の課徴金とみなした場合には、関税譲許原則（GATT 2 条）との整合性が問題となる。一方、関税ではなく一種の内国税であると整理した場合には、輸入品のみに賦課金を課す点において内国民待遇（同 3 条）の問題が生じうる[19]。ただし、仮にこれらの規定に抵触する場合でも、気候変動対策を目的とする施策として、GATT20 条

---

18) 参加企業が自主的に排出削減目標を設定し、目標達成状況を報告・公表する方式が採用されている。

が定める一般的例外（例えば人の生命・健康の保護のために必要な措置を定めた(b)項や、有限天然資源の保全を定めた(g)項）によって正当化される可能性がある。また、輸出国（例えば日本）側でもカーボンプライシング等による排出コストの賦課が行われている場合、輸出国側で負担済みのコストと、輸入国（例えばEU）側で賦課されるCBAM賦課金の二重負担の問題をどう調整するかも難しい問題であり、この点に関する国際ルールの整備が望まれる。

日本では、今のところCBAM導入の具体的な予定はないが、今後、本格的な排出量取引制度や炭素賦課金が導入された場合には、国境調整措置としてのCBAMの導入も検討課題のひとつになると考えられる。

## (2) 補助金

本格的な脱炭素社会の到来に向け、各国で、EV、バッテリー、再生可能エネルギー等の分野における産業振興策が次々に打ち出されている。中でも**補助金**は代表的な政策手段である。補助金には、政府等による現金その他の財物の直接給付はもちろん、税の減免（税制恩典）、低利融資など、事業者に対し市場の条件よりも有利な経済的地位を与える措置が広く含まれる。また、補助金の交付主体には、狭義の政府だけでなく、政府系金融機関などの**公的機関**も含まれうる（→第1章コラム「補助金に関する規律」参照）。

補助金の形態は、大きく、生産者に交付される補助金（**生産補助金**）と、購入者・消費者に対する補助金（**購入補助金**）に分けられる。日本における**生産補助金**の例としては、例えば2022年5月に成立した経済安全保障推進法第2章が定める「特定重要物資の安定的な供給の確保」に関する制度（2022年8月1日施行）に基づく補助金が挙げられる。この枠組みの下

---

19) ただし、CBAMは、国産品について既にカーボンプライシング等によるコスト賦課がなされていることを前提として、輸入品に対しても同等の賦課金を徴収することによって競争条件を均等化する制度である。したがって、そもそも国産品と輸入品の扱いは実質的に同等であり、内国民待遇違反の前提となる国産品・輸入品間の差別が存在しない、との議論もありうる。

で、2022年12月、政令により、蓄電池（バッテリー）、EVモーターの基幹部品である永久磁石、蓄電池・高性能モーター等に欠かせない重要鉱物（レアメタル）を含む11物資が**「特定重要物資」**に指定され[20]、安定供給確保に向けた企業の取り組みについて、各種の助成を受けることが可能になった[21]。一方、**購入補助金**の具体例としては、EV等のエコカー購入者に対する補助金や、既存住宅の省エネ・省$CO_2$加速化のための断熱窓への改修に対する補助金などが挙げられる。

各国における脱炭素関連の補助金は、多くの場合、気候変動対策としての側面に加えて、特定の国内産業の保護・振興、さらには**経済安全保障**の実現（自律性・優位性・不可欠性の獲得）といった目的も有している。その意味で、国際的な競争環境に影響を与えるものであり、通商措置的な性格も含まれうる。

環境・気候変動対策に関連した補助金は、直ちにWTO協定等の国際ルールに違反するものではないが、制度の設計次第では違反の問題が生じる可能性もある。例えば、国内の生産者に対して過度な優遇（あまりにも多額ないし市場歪曲的な補助金の交付）がなされた場合、WTO補助金協定上の**イエロー補助金**（同協定5条）として、協定違反が生じる可能性がある。また、購入補助金について、例えば製品が国内で生産されたことを補助金の支給要件としたり、国産原材料・部品を一定程度組み込んだ製品のみを支援対象とする**ローカルコンテント要求**と組み合わされた場合には、GATT3条が定める**内国民待遇義務**や補助金協定3.1条(b)が定める**国産品優先使用補助金**の禁止に違反する可能性がある。

> **コラム** 米国インフレ抑制法に基づくEV補助金
>
> 米国における近時（特にバイデン政権以降）の環境政策の特徴として、気候変動を経済安全保障の問題と捉え、サプライチェーンの強靱性確保（自律性）、産業競

---

20) 経済施策を一体的に講ずることによる安全保障の確保の推進に関する法律施行令1条
21) 具体的には、安定供給確保支援法人又は安定供給確保支援独立行政法人による助成、日本政策金融公庫による長期・低利のツーステップローンを原資とした指定金融機関からの融資などがある。

争力の強化（優位性）の観点からの施策を導入していることが挙げられる。

　こうした米国の考え方が色濃く反映された政策として、2022 年 8 月 16 日に成立した**インフレ抑制法（IRA）**に基づく EV 補助プログラムがある。これは、「**クリーン自動車**」（EV とほぼ同義）の普及を図るため、米国内で販売される一定の要件を満たした EV の購入者に対し、1 台あたり最大 7,500 ドルの所得税額控除の形で補助金を付与することを内容とするプログラムである。ただし、補助金支給の要件として、関連する製品を米国・友好国で生産することなどが求められている（一種のローカルコンテント要求）点に特徴がある。

　具体的には、7,500 ドルの補助を受けるための条件として、下記①〜③の地理的要件が定められている。①を含む所定の要件を満たした EV が「クリーン自動車」として補助プログラムの適用対象となり、これらの EV がさらに②と③の要件を満たすことにより、それぞれ 3,750 ドル（合計 7,500 ドル）の所得税額控除が認められるという建付けになっている。

> ①　EV 完成車の組み立てが北米で行われていること
> ②　EV の車載バッテリーに含まれる重要鉱物について、米国もしくは米国と自由貿易協定を締結している国[22]で採掘・加工されたもの、又は北米でリサイクルされたものが価額ベースで所定割合以上であること
> ③　EV の車載バッテリーに含まれる部品のうち、北米で製造又は組み立てられたものの割合が、価額ベースで所定割合以上であること

　また、EV に搭載されるバッテリーに含まれる重要鉱物や部品のサプライチェーンに「懸念される外国事業体」が関与している場合には、当該 EV が「クリーン自動車」の定義から除外され、補助金の対象外とされる（重要鉱物について 2025 年から、バッテリー部品について 2024 年から適用される）。「懸念される事業体」には、中国、ロシア、イラン、北朝鮮で設立された企業やその関連会社が広く含まれる[23]。すなわち、EV バッテリーのサプライチェーンに中国企業が関与している場合、補助プログラムから排除される。

　このように、インフレ抑制法に基づく EV 補助プログラムは、米国や友好国におけるバッテリーのサプライチェーンを強化し、米国への投資を呼び込むとともに、

---

22) 2023 年 3 月に日米間で「重要鉱物のサプライチェーンの強化に関する日本国政府とアメリカ合衆国政府との間の協定」（日米重要鉱物サプライチェーン強化協定）が締結されたことも踏まえ、日本も対象国に含まれることとされた。

23) See Department of Energy, *Interpretation of Foreign Entity of Concern* (final interpretative rule, May 3, 2024)

脱・中国依存を図ることを目的としており、多分に産業政策的、経済安全保障的な色彩を持つ施策といえる。特に地理的要件については、ローカルコンテント要求及び中国産部品・原材料の排除という要素を含んでいるため、GATTが定める内国民待遇・最恵国待遇や補助金協定の国産品優先使用補助金禁止規定に違反する可能性が議論されている。中国は2024年3月に本措置についてWTO提訴を行っている。

## (3) 製品の環境負荷に着目した規制

　環境・気候変動対策の文脈で、国内の**基準・認証制度**等を通じて、環境負荷に着目した規制が行われることがある。こうした規制は基本的には正当な政策手段であるが、制度の設計次第では、外国の事業者への参入障壁ないしは国内産業保護政策として作用することもある。

　主要国の中でも特にEUは、基準・認証の分野で積極的な施策を打ち出している。日本企業にも影響が大きい措置として、例えば**バッテリー規則**[24]が挙げられる。これは、脱炭素社会を実現する上で不可欠な物資であるバッテリーを対象に、製品の製造や廃棄を含むライフサイクルにおける排出量に上限値を設け、それを超えるバッテリーのEU市場へのアクセスを制限することなどを内容とする。同規則は2023年8月に施行され、2024年以降、段階的に各義務が適用されることになっている。バッテリー規則の内容は多岐にわたるが、主なところでは下記のような要件が含まれる。これらの要件の狙いとしては、環境・気候変動対策としての側面に加え、ルールメイキングを通じてEV産業の主導権を握る目的や、バッテリーに含まれる希少鉱物の再利用義務を通じてEU域内での資源循環を確立するという観点があるともいわれ、域外生産者にとっては参入障壁として働く部分もある。

① バッテリーの製造・廃棄時の温室効果ガス排出量（カーボンフットプリント）

---

[24] Regulation (EU) 2023/1542 of the European Parliament and of the Council of 12 July 2023 concerning batteries and waste batteries, amending Directive 2008/98/EC and Regulation (EU) 2019/1020 and repealing Directive 2006/66/EC

の表示義務、及排出量が一定以上のバッテリーの市場アクセス制限（7条）
② バッテリー中の再利用原材料（コバルト、鉛、リチウム、ニッケル）の含有率に関する最低基準（8条）
③ バッテリー生産者に対する使用済みバッテリーの回収義務（59〜61条）
④ 使用済みバッテリーからの原材料（コバルト、銅、鉛、リチウム、ニッケル）の回収・再利用（71条）
⑤ バッテリーの性能、カーボンフットプリント、再利用された原材料等に関する情報を電磁記録化した「バッテリーパスポート」の導入によるトレーサビリティ確保や消費者への情報提供（77〜78条）
⑥ バッテリーに使用されるコバルト、リチウム、鉛、ニッケル等の原材料について、環境・人権等に配慮した調達を促すためのデュー・ディリジェンスの義務付け（47〜48条）

このほかにも、EUでは、オゾン層への悪影響や温室効果をもたらすフロンなどのFガス（フッ化水素ガス）の規制や[25]、EU域内で販売される産品について、生産過程で森林破壊が行われていないことを確認するデュー・ディリジェンス義務化規則[26]など、日本企業の欧州関連ビジネスにも影響を及ぼす規制導入が続いている。

EUの規制に限らず、環境負荷に着目した規制は、環境・気候変動対策の文脈で、今後ますます多用されると考えられる。一方で、これらの規制は、制度の具体的な運用次第では、外国事業者の事実上の排除や国内産業保護といった貿易制限効果も伴う。そのため、WTO協定上、GATTの内国民待遇やTBT協定における無差別原則（同協定2.1条等）との抵触などが潜在的に問題になる可能性もある[27]。

---

[25] Regulation (EU) 2024/573 of the European Parliament and of the Council of 7 February 2024 on fluorinated greenhouse gases, amending Directive (EU) 2019/1937 and repealing Regulation (EU) No 517/2014

[26] Regulation (EU) 2023/1115 of the European Parliament and of the Council of 31 May 2023 on the making available on the Union market and the export from the Union of certain commodities and products associated with deforestation and forest degradation and repealing Regulation (EU) No 995/2010

[27] 詳細は宮岡邦生「『2050年カーボンニュートラル』と国際通商法」（国際経済法雑誌刊行委員会「国際経済法雑誌」創刊号（2023年）所収）351頁以下参照

**4 デジタル貿易**

　情報通信技術（ICT）の発達により、インターネットを通じた電子的な商品取引や、技術情報・個人情報を含む様々なデータが国境を越えて行き来することが日常化して久しい。最近では、IoT[28]の広がりも背景に、経済活動に関連する膨大なデータをインターネットを通じて収集・分析することにより、新たなビジネスや経済価値が次々に生まれている。さらに、生成型 AI を含む AI（人工知能）の急速な発達は、人類の価値観や社会構造自体に大きな変化をもたらしつつある。

　こうした経済・社会のデジタル化の急速な進展は**第4次産業革命**とも呼ばれ、国境を越える電子商取引、データの越境移転、サイバーセキュリティの確保など、デジタル貿易に関する新たな課題が浮上している。国際的なルールの整備に向けた議論も活発化している。

## (1) データの越境移転と DFFT

　ビジネスがグローバル化し、企業活動におけるデータの越境移転が日常的になった現在、データの自由な越境移転は、経済発展や技術革新の前提といえる。一方で、個人情報をはじめとする機微データの保護も、信頼あるデジタル経済の発展には欠かせない。このバランスをどう取るかは難しい課題であり、主要国のアプローチも異なっている。

　例えば**米国**は、ビッグ・テックと呼ばれる IT 界の巨大企業を擁することも背景に、伝統的にデータの自由な越境移転を推進してきた。しかし、近時は、中国の経済成長や先端技術分野における台頭も背景に、輸出管理や投資管理の強化など、データ・技術に関する規制を強化する傾向も見られる。

---

28) Internet of Things の略。センサーと通信機能を持ったモノ（家電製品、車、建物など）をインターネットとつないで活用する技術をいう。

一方、EU は、個人情報保護を基本的権利とみなし、**EU 一般データ保護規則**（GDPR）に代表される強力な個人情報保護法制を整備している。AI についても、その有用性の半面、健康・安全・基本権といった基本的価値へのリスクにもなりうるとの認識の下、AI システムのリスクレベルに応じて、EU 市場への上市やサービス提供を規制する **AI 規制法**が 2024 年 5 月に EU 理事会（閣僚理事会）で採択されている（2026 年から全面適用予定）。

　**中国**は、国家安全保障の観点からデータ移転を規制しており、個人情報保護法、サイバーセキュリティ法（ネットワーク安全法）、データセキュリティ法（いわゆる**データ 3 法**）に基づき、個人情報及び重要データについて、越境移転規制や国内保存義務（データローカライゼーション要求）を課している。

　国際的なルールづくりとの関係では、2019 年 1 月のダボス会議で安倍首相（当時）が提唱した「**信頼性のある自由なデータ流通**」（DFFT：Data Free Flow with Trust）の概念がある。これは、プライバシーやセキュリティ・知的財産権に関する信頼を確保しつつ、ビジネスや社会課題の解決に有益なデータが、国境を意識することなく自由に行き来できることを目指す考え方をいう[30]。2019 年 6 月に開催された G20 大阪サミットでも DFFT が首脳宣言に盛り込まれた。

　データの自由な越境移転に関するルールは、既に、日米デジタル貿易協定、日英 EPA、CPTPP、日 EU EPA をはじめとする EPA に先行して盛り込まれているが[31]、多数国間貿易協定である WTO の場でも、電子商取引有志国会合を中心に議論が進められている。

---

29) Regulation of the European Parliament and of the Council laying down harmonised rules on artificial intelligence and amending Regulations (EC) No 300/2008, (EU) No 167/2013, (EU) No 168/2013, (EU) 2018/858, (EU) 2018/1139 and (EU) 2019/2144 and Directives 2014/90/EU, (EU) 2016/797 and (EU) 2020/1828 (Artificial Intelligence Act)

30) 安倍総理大臣による世界経済フォーラム年次総会演説『希望が生み出す経済』の新しい時代に向かって」（2019 年 1 月 23 日）（https://www.mofa.go.jp/mofaj/ecm/ec/page4_004675.html）参照

31) 2024 年 1 月 31 日に署名された日 EU 経済連携協定改正議定書により、同 EPA に「データの自由な流通に関する規定」が追加された。

## (2) 電子送信に関する課税

　従来、デジタルコンテンツは、CD-ROMなどの物理的媒体に格納されてモノの形で取引されることが多く、輸入時の関税賦課の対象となっていた。しかし、現在では、インターネット上で電子データとして授受される取引が一般的になっているところ、これらの取引について関税を賦課すべきかという議論がある。

　国際的には、これらの電子送信を徴税機関が捕捉することが物理的に困難であることに加え、デジタル貿易の発展の観点からも関税を賦課すべきではないとの考え方が一般的である。WTO第2回閣僚会議（1998年）で合意された「グローバルな電子商取引に関する閣僚宣言」では、電子送信に対して関税を賦課しないとの慣行（**関税不賦課のモラトリアム**）が確認され、その後のWTO閣僚会議でも延長が繰り返されてきた。直近では、2024年の第13回閣僚会議で、次回閣僚会議の開催又は2026年3月31日までのいずれかの早い日まで継続することが合意されている。

　そのほか、電子送信に関する課税が問題となる場面として、インターネット等を通じた電子的なサービス提供（例えば電子書籍・音楽・動画の配信）について、付加価値税（VAT）をサービスの提供（輸出）国側で課税するか、サービスの受領（輸入）国側で課税するかという問題がある。この点については、OECD租税委員会が、1998年のオタワ電子商取引会議で、越境取引に関してはサービスの消費が行われた国でVATを課税すべきことを定める基本的枠組みを発表し、2003年にこれを踏まえた勧告を公表している。日本では、従前、国内事業者が提供するサービスには消費税が課されるのに対し、国外事業者がインターネット等を通じて提供するサービスは非課税となるという不均衡が存在したが、2015年施行の消費税法改正により、後者にも日本の消費税が課税されることとなった。

## (3) デジタル・プロダクトのWTO協定上の扱い

　インターネット等を通じて取引されるデジタル・プロダクト（電子書籍、

音楽、動画など）をWTO協定上どのように位置付けるかについては、異なる考え方が対立している。

　ひとつの考え方として、デジタル・プロダクトがCD-ROM等の物理媒体に記録されて取引される場合には、GATTにおける物品貿易に関する規律（最恵国待遇、内国民待遇など）が適用されるところ、インターネット等を通じて電子的に取引される場合にも同様の規律に服すべきとの考え方がある。日本や米国は基本的にこの考え方を主張している。

　一方、EUは、デジタル・プロダクトの取引をサービス貿易と捉え、サービスに関する規律であるGATSが適用されると主張している。この考え方を採用した場合、国によっては、内国民待遇・市場アクセスについて、約束表で留保が付されているケースがあることから、GATTと比較して市場アクセスの程度が後退し、貿易障壁として作用する可能性もある。[32]

## 【参考文献】

- 大村恵実・佐藤暁子・髙橋大祐『人権デュー・ディリジェンスの実務』（一般社団法人金融財政事情研究会、2023）
- 塚田智宏『「ビジネスと人権」基本から実践まで』（商事法務、2024）
- 西村あさひ法律事務所国際通商・投資プラクティスグループ編『人権・環境・経済安全保障——国際通商規制の新潮流と企業戦略』（商事法務、2023）
- 福原あゆみ『基礎からわかる「ビジネスと人権」の法務』（中央経済社、2023）
- 宮岡邦生「『2050年カーボンニュートラル』と国際通商法」（国際経済法雑誌刊行委員会『国際経済法雑誌 創刊号』所収、2023）

---

32) 詳細については経済産業省「2023年版不公正貿易報告書」482〜483頁参照

# 事項索引

## 数字

1.5℃特別報告書 ................ 277
1.5℃の追求 ........................ 277
1930 年関税法 307 条 ......... 273, 275
1950 年国防生産法 721 条 ......... 225
1962 年通商拡大法 232 条 ......... 124
1974 年通商法 301 条 ......... 124
2 ℃目標 ............................. 277
50% ルール ....................... 262

## A

AD 協定 ...................... 125, 127
AEO 制度 .................. 63, 64, 69
AG .................................... 163
AI 規制法 ........................... 288
AI（人工知能） .................... 287
AJCEP 協定 ........................ 101

## B

BIS ....................... 190, 260, 265
B/C ..................................... 54
B/L ................................ 47, 48

## C

CBAM ................................ 278
CBP ................................... 274
CCL（Commerce Control List）
 ............................... 195, 197
CFIUS ......................... 205, 225
CIF ..................................... 43
CIF 価格 .................. 70, 82, 84
CISG .................................. 43
CISTEC ............... 174, 176, 189
Consolidated Screening List（CSL） ... 267
CP ..................................... 181
CPTPP ................. 5, 94, 99, 288
CP 受理票 .................. 181, 189

CSDDD .............................. 272
CSRD ................................. 272
CTC ................................... 109
CVD ............................ 124, 125

## D

D/A .................................... 54
Denied Persons List（DPL） ... 191
DFFT .......................... 287, 288
DOJ ................................... 260
DOS ............................ 190, 260
D/P ..................................... 54
DSU .................................... 10

## E

EAR ........ 164, 190, 227, 229, 261, 265
EAR99 ................ 191, 193, 197, 199
EAR 適用対象品目 ......... 191, 195
ECCN ................................. 196
ECHRI ................................ 276
EO ..................................... 261
EPA .......................... 4, 11, 94
EPA 税率 ..................... 86, 90
ETS .............................. 278, 280
EU 域内排出量取引制度（EU-ETS）
 ..................................... 279
EU 一般データ保護規則（GDPR） ... 288
EXW ................................... 40

## F

FDPR ................................. 194
FINSA ................................ 225
FIRRMA ............................. 225
FOB .................................... 42
FOB 価格 ............................ 64
Form A ............................... 89
FTA ........................... 4, 11, 95
F ガス ............................... 286

291

## G

GATS ... 10
GATT ... 5, 10, 22, 25, 89, 90, 96, 125, 281, 283, 285, 286, 290
GDPR ... 288
GSP ... 12, 70, 73, 78, 88
GX-ETS ... 281

## H

HSコード
... 71, 79, 86, 87, 103, 145, 154, 256

## I

IEEPA ... 260, 263
Incoterms ... 39
IPCC ... 277
IRA ... 284
ISDS ... 18
ITAR ... 190, 227, 229

## L

L/C ... 55

## M

MFN ... 11, 96, 105, 259
MFN均霑 ... 11
MTCR ... 163

## N

NACCS ... 60, 179
NAFTA ... 101
NAP ... 270
NEXI ... 51
NME特例 ... 129, 130, 158
NSG ... 163
NT ... 12
NVOCC ... 49

## O

OECD多国籍企業行動指針 ... 270

OEE ... 202
OFAC
... 38, 237, 260, 261, 262, 265, 266

## P

PSR ... 109

## R

RCEP協定 ... 5, 6, 90, 94, 97, 100
RTA ... 95

## S

SDN ... 199, 262, 266
SG協定 ... 125, 139
SSI ... 262, 267
subject to the EAR ... 191, 201

## T

TBT協定 ... 286
TID米国事業 ... 226
TPP協定 ... 97, 99
TRIPS協定 ... 10, 17
T/T ... 38, 53
T-T比較方式 ... 128

## U

UCP600 ... 57
UFLPA ... 266, 273, 275
UFLPAエンティティリスト ... 274
USMCA ... 101, 102, 274, 275
U.S. person ... 201, 262, 263
UVL ... 200

## V

VAT ... 13, 68, 289
VSD ... 202

## W

WA ... 163, 164
World Tariff ... 106
WTO ... 4, 5, 9, 22

事項索引

WTO 協定……3, 4, 9, 17, 25, 68, 78, 94, 96, 124, 259, 281, 283, 286, 289
WTO 譲許税率……86, 87, 89, 105, 259
WTO 設立協定……9
WTO 紛争解決手続（DS）……18, 19, 150
WTO 紛争解決了解（DSU）……150
W-T 比較方式……128
W-W 比較方式……128

## あ

アメリカ合衆国、メキシコ合衆国及びカナダとの協定（USMCA）……102
暗示的カーボンプライシング……280
安全保障貿易管理……163
安全保障例外……16, 25, 90
アンチダンピング（AD）……7, 124, 125, 126
アンチダンピング（AD）協定……125, 127
アンチダンピング関税……133
アンチダンピング申請……151, 154
アンチダンピング調査……143

## い

イエロー補助金……15, 283
域外適用……191
一次制裁……263
一般禁止事項……199, 200
一般国……183, 186
一般財団法人安全保障貿易情報センター（CISTEC）……174
一般的の例外……16, 25, 282
一般特恵税率（GSP）……70
一般特恵関税（GSP）……12, 78, 88
一般取引条件……33
一般包括許可……181, 189
一般免除……220
イラン包括制裁法……261
インコタームズ……6, 31, 39
印刷条項……33
インフォーム要件……183, 185, 186

インフレ抑制法（IRA）……284
インボイス……65

## う

ウィーン売買条約（CISG）……6, 35, 43
ウイグル強制労働防止法（UFLPA）……266, 273, 275
迂回……155, 156
迂回輸出……257
受取船荷証券……48
ウルグアイ・ラウンド交渉……5
上乗せ免除基準……220, 221
運送要件証明書……117

## え

役務通達……169
役務取引……238, 240, 254
エクソン・フロリオ条項……225
越境移転……287, 288
エンティティリスト……199, 265, 267, 276
エンドユーザー……199
エンドユーザー規制……201, 276
エンドユース……199
エンドユース規制……201

## お

オーストラリアグループ（AG）……163
乙仲……61
オナー……57

## か

カーボンプライシング……278, 280, 282
カーボンリーケージ……278
海外 PL 保険……52
海貨業者……61
外航貨物海上保険……50
外国貨物……62, 68
外国資産管理局（OFAC）……260
外国送金……52
外国投資及び国家安全保障法（FINSA）……225

外国投資家 208, 209, 221
外国投資リスク審査現代化法（FIRRMA） 225
外国判決の承認・執行 45
外国ユーザーリスト 185
外資規制 25
海上運送状 50
海上危険 50
海上保険 31, 50
海上保険証券 48
海上輸送 46
外為法 24, 25, 66, 74, 165, 205, 206, 238, 276
外為法等遵守事項 189
開発途上国 88
該非確認 173
該非確認責任者 176
該非判定 173, 176, 187
該非判定書 176
価格効果 131, 158
拡張的納税義務者 80
加工工程基準（SP） 108, 113
加算要素 83
課税価格 83
課税標準 82, 83
家畜伝染病予防法 74
貨物等省令 173
貨物の輸出 167
貨物利用運送事業者 61
空上訴（appeal into the void） 20
仮決定・暫定措置 149
為替予約 38
簡易税率 90
関税 60, 69
関税および貿易に関する一般協定（GATT） 5
関税・外国為替等審議会 208, 217
関税譲許 14, 90, 281
関税評価協定 83
関税不賦課のモラトリアム 289
関税分類 71, 109

関税分類変更基準（CTC） 108, 109
関税率 82, 104
間接取得 214, 226
完全生産品 78, 107
環太平洋パートナーシップ（TPP） 99
環太平洋パートナーシップに関する包括的及び先進的な協定（CPTPP） 5, 90, 94, 99
カントリーグループ 198, 199
カントリーチャート 198

## き

基幹インフラ 24
企業サステナビリティ・デュー・ディリジェンス指令案（CSDDD） 271, 272
企業持続可能性指令（CSRD） 271, 272
議決権半数子会社 210
気候変動に関する政府間パネル（IPCC） 277
技術の提供 168, 255
基準・認証 8, 285
規制の手法 23
規格売買 36
機微個人データ 227
基本税率 86, 87, 89, 259
義務的届出 228
記名式船荷証券（straight B/L） 47
逆 CFIUS 206
逆転現象 105
客観要件 183, 185
キャッチオール規制 164, 165, 182
旧ホワイト国 183
協会貨物約款 50
強制労働 273
強制労働産品流通禁止規則案 275
競争・代替関係 131, 146
協調制裁 238
協定原産 108
協定税率 86

許可例外 177, 178, 199
居住者 168, 169, 238
緊急関税等 125
緊急輸入割当て 125
禁止期間 208, 216, 217
僅少の非原産材料（デミニミス） 115
金融制裁 237, 245, 248, 262

## く

国の安全等に係る対内直接投資等
 208, 216
組込比率 193
組込品 193
クリーン自動車 284
グループA国 178, 181, 183, 186, 189

## け

経済安全保障
 9, 18, 20, 22, 164, 172, 211, 283
経済安全保障推進法 24, 211, 282
経済制裁 6, 7, 17, 21, 25, 66, 89, 237
経済的威圧 23
経済的手法 280
経済連携協定（EPA） 4, 70, 94
経済連携協定税率 90
厳格一致の原則 57
原産材料のみから生産される産品 108
原産地 77, 78
原産地基準 107
原産地規則 78, 106
原産地規則協定 78
原産地証明 90
原産地証明書 48, 73, 89, 102, 107, 117
原産地申告書 118
原産品判定 119, 120
現実支払価格 83
原子力供給国グループ（NGS） 163
現代奴隷法 271, 272
現地調査 145, 148

## こ

コア業種 211, 220, 224
コア業種告示 211
航空運送状 49
航空輸送 48
控除方式 111
構成価格 129
更正の請求 81
公知の技術 178
公聴会（ヒアリング） 149
公的機関 15, 137
購入補助金 282
後発開発途上国（LDC） 88
項目別対比表 174, 176
港湾運送事業 61
国際協調 237, 238
国際緊急経済権限法（IEEPA） 260
国際商事仲裁 44
国際通商法 2
国際テロリスト等財産凍結法 245
国際武器取引規則（ITAR）
 190, 227, 229
国際複合一貫輸送 49
国際物品売買契約に関する国際連合条
 約（CISG） 43
国際輸出管理レジーム 6, 163, 255
国産品優先使用補助金 15, 283, 285
告示貨物 179
国定税率 86, 87
国内移転 195
防衛取引管理局（DDTC） 190
国務省（DOS） 190, 260
国連安保理決議 6, 237, 238
国連武器禁輸国 183, 185
ココム 164
国境措置 7, 23
個別許可 179, 186
コルレス銀行 53, 263
コルレス契約 53
混合税 82

混載貨物輸送……………………49
混載航空運送状……………………49
コンテナ……………………………39
コンテナ船…………………………46

### さ

サービス貿易…………………………2
サービス貿易に関する一般協定(GATS)
　………………………………………10
最恵国待遇（MFN）
　………………11, 90, 96, 245, 259, 285
サイバー監視品目……………………276
サイバーセキュリティ……211, 212, 287
再輸出…………………………190, 195
再輸出規制……………………164, 191
在来船…………………………………46
指図式船荷証券 (order B/L)…………47
サプライチェーン
　………………21, 22, 97, 266, 271, 275, 284
産業安全保障局（BIS）…………190, 260
サンセットレビュー………133, 138, 151
暫定税率…………………………86, 87

### し

仕入書……………………………48, 65, 73
事業所管大臣…………………207, 216
資金的貢献………………………15, 137
自己申告制度……………117, 118, 121
事後審査………………………………202
事後報告………………………………223
資産凍結………………242, 248, 260, 262
市場アクセス義務……………………25
事情の予見されなかった発展………140
事前届出免除制度………208, 211, 219
実行関税率表………………72, 87, 104
実行報告………………………………218
実質的な損害…………………………130
実質的変更基準…………………78, 108
質問状…………………………………146
指定業種……………………207, 210, 224
指定業種告示…………………………210

指定検疫物……………………………74
指定保税地域…………………………63
支払等………………238, 240, 242, 249
支払渡し………………………………54
市販プログラム………………………178
司法省（DOJ）………………………260
資本取引……………………238, 240, 242
仕向地…………………………165, 166, 257
仕向地基準………………………68, 71
仕向地マトリクス……………………181
従価従量税……………………………82
従価税…………………………………82
修正申告………………………………81
重大な損害……………………………141
自由貿易協定（FTA）……………4, 95, 284
重要インフラ……………………211, 227
重要技術………………………………227
重要鉱物…………………………283, 284
重要事実の開示………………………150
従量税…………………………………82
出荷管理………………………………187
主務大臣………………………………243
需要者要件……………………………184
準拠法…………………………………44
遵守事項………………………………218
少額特例………………………………178
少額輸入貨物…………………………90
上級委員会…………………………18, 19
上級委員会問題………………………19
商業送り状……………………………48
譲許表……………………………14, 104
上場会社等……………………………213
仕様書売買……………………………36
少数国連携……………………………173
消費税……………………………68, 71, 83
商務省規制リスト（CCL）………190, 227
食品衛生法……………………………74
食品等輸入届出………………………74
植物防疫所……………………………74
植物防疫法……………………………74
書式の戦い…………………………34, 43

書類取引の原則 …………………… 57
自律性 …………………………… 21
新疆ウイグル自治区 ………… 266, 273
人権侵害エンドユース規制 …… 276
人権尊重ガイドライン ………… 270
人権デュー・ディリジェンス（DD）
　………………………… 270, 271
新興・基盤技術 ………………… 227
申告納税方式 …………………… 80
審査（review）………………… 230
信用状（L/C）………… 31, 38, 55
信用状統一規則 ………………… 57
信用状独立の原則 ……………… 57
信頼性のある自由なデータ流通（DFFT）
　………………………………… 288

## す

数量過不足容認条件 …………… 37
数量効果 ………………… 131, 158
数量制限の一般的廃止 ………… 14
ストライキ危険 ………………… 50
スパゲティボウル現象 ………… 6
スマート・サンクション ……… 261

## せ

税関国境警備局（CBP）……… 273
生産行為の累積 ………………… 114
生産補助金 ……………………… 282
正式申告（notice）…………… 229
正常価格 ………………… 126, 127
政府調達 ………………………… 13
政府調達協定 ……………… 10, 13
セーフガード（SG）…… 124, 125, 139
セーフガード（SG）協定 …… 125
世界貿易機関（WTO）………… 4
世界貿易機関を設立するマラケシュ協定
　………………………………… 9
積送基準 ………………… 89, 107, 116
責任あるサプライチェーン等における
　人権尊重のためのガイドライン …… 270
絶対的担保 ……………………… 69

戦争危険 ………………………… 50

## そ

総合保税地域 …………………… 63
相殺関税（CVD）
　……………… 15, 124, 125, 135, 138
促進的手法 ……………………… 23
ソブリンウェルスファンド（SWF）…222
損害要件 ………………… 130, 138, 141

## た

第一種特定原産地証明書 …… 118, 119
対外直接投資 …… 205, 250, 252, 253
対共産圏輸出統制委員会（ココム）…164
第三国迂回 ……………………… 156
第三国輸出価格 ………………… 129
第三者証明制度 ………… 117, 119
対質 ……………………………… 149
対象支配取引 …………………… 226
対象投資 ………………………… 226
対象取引 ………………………… 225
対象不動産取引 ………………… 227
代替ベンチマーク ……………… 128
大統領令 ………………… 261, 264
対内直接投資規制 ……………… 205
対内直接投資等 …… 206, 207, 208, 212
第二種特定原産地証明書 …… 118, 120
タイプ条項 ……………………… 32
対米外国投資委員会（CFIUS）……225
大量破壊兵器キャッチオール規制
　………………………… 182, 183
大量破壊兵器等 ………………… 184
対ロシア経済制裁 …… 89, 237, 245
多角的貿易体制 ………………… 5
多国間協調 ……………………… 237
多国籍企業及び社会政策に関する原則
　の三者宣言 …………………… 270
他所蔵置許可場所 ……………… 62
他法令手続 ………………… 65, 73
炭素国境調整メカニズム（CBAM）…278
炭素税 …………………… 278, 280

ダンピング················································127
ダンピングマージン·······················127, 156
ダンピング要件·······································127

## ち

地域的な包括的経済連携（RCEP）協定
　　································5, 94, 100
地域貿易協定（RTA）······························95
知的所有権の貿易関連の側面に関する
　協定（TRIPS 協定）·····························10
チャーター輸送········································49
仲介貿易·····································167, 258
中国製造 2025··········································22
中国の市場経済国問題··························130
仲裁···························································44
注文請書···················································32
注文書·······················································32
調査（investigation）·····························231
調査対象期間（POI）····························146
調査対象産品········································145
直接貨物輸送··········································49
直接製品······································193, 194
直接製品規則（FDPR）···············194, 201
直送条件················································116

## つ

通関·················································7, 60
通関業者···················································61
通関士·······················································61
通商措置···················································23
通常兵器キャッチオール規制······182, 185
積上げ方式············································111

## て

定期船·······················································46
ディスクレ···············································57
締約国原産············································108
データ 3 法············································288
データローカライゼーション要求····288
適商品質条件··········································36
デジタル・プロダクト························289

デジタル貿易········································287
デミニミス···········113, 115, 193, 266, 274
デュアルユース品目·····················163, 190
電子商取引············································287
電子送信················································289
電信送金（T/T）·······························38, 53

## と

投資家・国家間紛争解決（ISDS）········18
投資管理·········································25, 205
投資関連協定············································6
投資規制····················································7
投資協定··········································6, 18
動物検疫所··············································74
独自制裁···················237, 238, 239, 260
特定委託輸出者······································63
特定技術················································168
特定記録媒体等····································171
特定原産品申告書·······················118, 121
特定子会社包括許可····························181
特定資本取引·······························240, 243
特定重要貨物等····································187
特定重要貨物等輸出者等····················187
特定重要物資·······························211, 283
特定取得······································206, 224
特定取得コア業種告示························224
特定取得指定業種告示························224
特定性····················································137
特定船舶入港禁止法····························245
特定団体················································258
特定包括許可········································181
特定保税運送者制度······························64
特定保税承認者制度······························64
特定輸出者··············································63
特定輸出者制度······································64
特定輸出申告制度··································63
特定類型················································169
特別一般包括許可································181
特別特恵受益国······································88
特別納税義務者······································80
特別返品包括許可································181

298

独立行政法人日本貿易保険（NEXI）…51
特例委託輸入者……………69, 71, 81
特例申告書…………………………81
特例輸入者…………………69, 71, 81
特例輸入者制度……………………64
特例輸入申告制度…………………69
特恵関税……………………………94
特恵原産地規則……………………78
特恵受益国等………………………88
特恵税率………………86, 88, 94, 104
取引審査…………………………187

## な

内国貨物……………………………62
内国民待遇（NT）
　　………………12, 25, 281, 283, 285, 286

## に

荷為替信用状………………………55
荷為替手形（B/C）………………54
二次制裁…………………………264
2050年カーボンニュートラル……277
日・ASEAN包括的経済連携（AJCEP）
　協定……………………………101
日EU経済連携協定（EPA）
　　…………………………5, 94, 100, 288
日タイEPA………………………101
日米重要鉱物サプライチェーン強化協定
　…………………………………284
日米デジタル貿易協定…………288
日本銀行………………53, 216, 219, 222
日本商工会議所…………………118, 119
日本標準産業分類………………211
ニューヨーク条約…………………45
任意届出…………………………228
認定製造者制度……………………64
認定通関業者…………………63, 69
認定通関業者制度…………………64
認定輸出者自己証明制度…117, 118, 120

## の

納税申告……………………………70
ノーアクションレター…………202
ノックアウト・ルール……………34

## は

バーゼル条約………………………6
排出量取引制度（ETS）……278, 280
パッキングリスト……………48, 65
発行会社…………………………208
バッテリー規則…………………285
パネル………………………………18
パラメータシート…………174, 176
パリ協定……………………7, 277
半導体………22, 164, 172, 194, 201, 206
半導体製造装置……………172, 198, 201
反ボイコット法…………………260

## ひ

引受渡し……………………………54
非居住者…………………168, 169, 238
非国境措置……………………7, 8, 24
非市場経済国……………………129
ビジネスと人権…………………270
「ビジネスと人権」に関する行動計画
　（NAP）………………………270
ビジネスと人権に関する指導原則…7, 270
非上場会社………………………222
微小変更・後発品迂回…………156
非通商措置…………………………24
非特恵原産地規則…………………78
秘密情報…………………………158
標準品売買…………………………35
標的型制裁………………………261
品質検査証明書………………36, 48
品目別規則（PSR）……………109

## ふ

ファクツ・アヴェイラブル……147
フォワーダー………………………61

付加価値基準（VA）················ 108, 110
付加価値税（VAT）············· 13, 68, 289
不拡散型輸出管理······························ 164
不可欠性············································· 21
賦課納税方式······································ 80
不帰責分析······································ 131
複合運送人········································ 49
複合運送船荷証券······························ 50
複数国間協定······························· 10, 13
物品貿易·············································· 2
不定期船············································ 46
不当廉売関税························· 125, 126
不当廉売関税を課することを求める書面
　····················································· 154
船積重量条件···································· 37
船積書類······································ 48, 56
船積品質条件···································· 36
船積船荷証券···································· 48
船荷証券（B/L）························ 47, 48
部分品・附属品····························· 175
部分品特例···································· 178
プライスキャップ制度············ 254, 257
紛争解決条項···································· 44

### へ

平均中等品質条件······························ 36
米国軍事品目リスト（USML）
　·········································· 190, 227
米国原産品目································· 192
米国事業········································ 226
米国・メキシコ・カナダ協定（USMCA）
　································ 102, 274, 275
米国輸出管理規則·························· 164

### ほ

貿易救済····································· 7, 124
貿易制裁···················· 237, 245, 255, 265
貿易取引············································ 30
貿易保険············································ 51
包括許可······························· 180, 189
包括許可マトリクス······················ 182

包括的制裁···································· 261
包括免除·································· 220, 222
包装明細書···························· 48, 65, 73
補完的規制···································· 199
補完的輸出規制························ 164, 165
北米自由貿易協定·························· 101
補助金··············· 8, 14, 135, 137, 278, 280, 282
補助金協定········· 8, 14, 125, 136, 283, 285
補助金マージン···························· 137
保税工場············································ 63
保税蔵置場········································ 63
保税地域··························· 61, 62, 68, 69
保税展示場········································ 63
ホワイト包括································ 181
香港自治法···································· 261

### ま

マトリクス表································ 174

### み

ミサイル技術管理レジーム（MTCR）
　····················································· 163
みなし再輸出································ 195
みなし輸出···························· 168, 195
見本売買············································ 35
民間航空機協定································ 10

### む

無償特例································ 178, 179
無償割当方式································ 281

### め

銘柄売買············································ 36
明示的カーボンプライシング········· 280
明白かつ説得力ある証拠··············· 274
メガ EPA································ 5, 6, 94, 97
免除基準················· 208, 219, 220, 221
免除事後報告································ 222

### も

モデル CP······································ 189

## 事項索引

モデル申請書 154
モノの累積 114

### や

約束表 13

### ゆ

優位性 21
有志国協調 164, 237, 238
有償割当（オークション）方式 281
輸出関税 79
輸出管理 7, 17, 25, 66, 163
輸出管理改革法（ECRA） 227
輸出管理規則（EAR）
　 164, 190, 227, 229, 276
輸出管理と人権イニシアチブ（ECHRI）
　 276
輸出管理内部規程（CP） 180, 189
輸出免税制度 68
輸出者等概要・自己管理チェックリス
　ト受理票 181, 189
輸出者等遵守基準 187, 188
輸出申告 60
輸出申告書 64
輸出通関 61
輸出等 164, 255
輸出統計品目表 72, 104
輸出取引信用保険 51
輸出入統計品目番号 71
輸出補助金 15, 68
輸入関税 79
輸入許可前引取り 69
輸入国迂回 156
輸入数量制限 142
輸入通関 68
輸入統計品目表 72, 87, 104
輸入（納税）申告 60, 68
輸入（納税）申告書 70
輸入割当て 142

### よ

容積重量証明書 37, 48
用途要件 184, 186

### ら

ラウンド交渉 5, 14
ラストショット・ルール 34

### り

利益 15, 137
陸揚重量条件 37
陸揚品質条件 36
リスト規制 165, 171, 195, 201
裏面約款 33
略式申告（declaration） 229
利用航空運送事業者 49

### る

累積 113

### れ

レッサーデューティー・ルール
　 133, 138
レッド補助金 15

### ろ

ローカルコンテント補助金 15
ローカルコンテント要求
　 13, 26, 283, 284
ロールアップ 112
ロールダウン 112

### わ

ワシントン条約 6
ワッセナーアレンジメント（WA）
　 163, 164

国際通商法実務の教科書
｜WTO｜貿易実務｜輸出入通関・関税｜
｜EPA・FTA｜貿易救済・アンチダンピング｜
｜輸出管理｜投資管理｜経済制裁｜
｜人権・環境・デジタル貿易｜

2024年11月7日　初版発行

著　者　宮　岡　邦　生
発行者　和　田　　裕

発行所　日本加除出版株式会社
　　　　本　社　〒171-8516
　　　　　　　　東京都豊島区南長崎3丁目16番6号

組版・印刷　㈱亨有堂印刷所　　製本　牧製本印刷㈱

定価はカバー等に表示してあります。
落丁本・乱丁本は当社にてお取替えいたします。
お問合せの他、ご意見・感想等がございましたら、下記まで
お知らせください。

〒171-8516
東京都豊島区南長崎3丁目16番6号
日本加除出版株式会社　営業企画課
電話　　03-3953-5642
FAX　　03-3953-2061
e-mail　toiawase@kajo.co.jp
URL　　www.kajo.co.jp

© Kunio Miyaoka 2024
Printed in Japan
ISBN978-4-8178-4983-0

JCOPY　〈出版者著作権管理機構　委託出版物〉
本書を無断で複写複製（電子化を含む）することは、著作権法上の例外を除
き、禁じられています。複写される場合は、そのつど事前に出版者著作権管理
機構（JCOPY）の許諾を得てください。
また本書を代行業者等の第三者に依頼してスキャンやデジタル化することは、
たとえ個人や家庭内での利用であっても一切認められておりません。
〈JCOPY〉HP：https://www.jcopy.or.jp，e-mail：info@jcopy.or.jp
電話：03-5244-5088，FAX：03-5244-5089

# 現代国際ビジネス法 第2版

浜辺陽一郎 著
2021年3月刊 A5判 304頁 定価3,190円（本体2,900円）978-4-8178-4709-6

- 基礎から実務まで、この一冊で国際ビジネス法がわかる。
- 国際取引法の分野に精通した著者が、図解・判例・コラムを多数用いて、複雑な国際ビジネスの仕組みをわかりやすく解説。
- 国際ビジネスに大きな影響を与える最新のテーマに対応した第2版。

# 国際ビジネス法務のベストプラクティス
## 法律英語習得から契約・交渉までの実践スキル

David WALSH 著
田子真也 監修代表　別府文弥・岩田圭祐 監修
2020年1月刊 A5判 268頁 定価3,300円（本体3,000円）978-4-8178-4619-8

- 国際ビジネス契約の基礎、外国の大企業との交渉術から、海外弁護士やクライアントのハンドリング、法務関係の翻訳・通訳活用術までを一冊に収録。ニューヨークのローファーム勤務経験を有する岩田合同法律事務所のコンサルタントが国際ビジネス取引における実践的なスキルを紹介・解説。

# ポイントがわかる！国際ビジネス契約の基本・文例・交渉

樋口一磨 著
2019年9月刊 A5判 272頁 定価3,190円（本体2,900円）978-4-8178-4585-6

- 国際ビジネスや海外展開の基本的な類型、特徴、リスクに触れた上で、国際ビジネス契約に特有の留意点等について解説。実務において登場する頻度が高い契約類型の各条項につき、標準的な条項例はもちろん、立場に応じた留意点・条項例・交渉のコツまで、要点を押さえつつ紹介。

---

日本加除出版

〒171-8516　東京都豊島区南長崎3丁目16番6号
営業部　TEL（03）3953-5642　FAX（03）3953-2061
www.kajo.co.jp